이야기 성경관통

구약편

이야기 성경관통

구약편

초판1쇄 발행 | 2016년 10월 28일

지은이 | 이대희
펴낸이 | 김학룡
펴낸곳 | 엔크리스토
마케팅 | 이동석, 유영진
관리부 | 김동인, 신순영, 정재연, 박상진

출판등록 | 2004년 12월 8일(제2004-116호)
주소 | 경기도 고양시 일산동구 장대길 74-10(장항동)
이메일 | 9191@korea.com
공급처 | 기독교출판유통
전화(031) 906-9191 팩스0505-365-9191

ISBN 979-11-5594-027-3 03230

* 잘못된 책은 바꾸어 드립니다.
* 책값은 뒤표지에 있습니다.

하나님의 나라 관점으로 성경의 핵심을 잡는

이야기 성경관통

구약편

| 이대희 지음 |

엔크리스토

| 프롤로그 |

나를 살리는 행복한 말씀 여행

"66권의 방대한 성경을 어떻게 하면 쉽고 재미있게 술술 읽을 수 있을까?"

이것은 그리스도인이라면 누구나 고민하는 질문이다. 새해만 되면 성경을 일독해 보겠다고 결심하고 도전하지만 얼마가지 못해 그만 두는 경우가 대부분이다. 왜 그럴까? 그것은 성경 읽기가 만만하지 않기 때문이다. 우선 역사와 문화와 배경에서 적어도 4000년 이상의 오랜 간격이 있다. 언어 역시 아람어, 히브리어와 헬라어로 기록되었기에 우리에게는 생소하다. 구약은 고대근동의 배경 속에서, 신약은 로마시대의 역사적 배경 속에서 쓰였다.

성경은 하나의 거대한 역사 이야기다. 수천 년 전의 고대 이야기를 현대에서 읽어낸다는 것은 결코 쉽지 않다. 마음에 와 닿는 부분을 부분적으로 읽을 수는 있지만 성경을 관통하면서 흐름을 잡고 읽는 것은 어려운 일이다.

성경은 불교경전처럼 계속 반복하여 읽다 보면 깨달아지는 수양 책이 아니다. 성경은 거대한 역사의 흐름 속에서 벌어지는 흥미진진한 하나님과 인류의 이야기다. 인간들의 역사를 뛰어넘어 하나님이 주도하시는 역사를 읽는 것이 성경의 핵심이다.

수천 년 동안에 일어난 수많은 이야기를 우리가 다 알아야 할 필요는 없다. 그런 점에서 성경은 모든 이야기를 다 제공하지 않는다. 하나님의 관점에서 선택된 이야기를 중심으로 기술되어 있다. 그러므로 성경을 읽을 때는 하나님이 선택한 텍스트를 관심 있게 보면서 성경이 이끌어가는 구성(plot)을 따라 성경 저자가 말하고자 하는 의도를 찾는 것이 중요하다. 그것을 통해 오늘 우리에게도 동일하게 전하는 하나님의 메시지를 찾는 것이 필요하다.

이 책은 그리스도인들이 성경을 보다 쉽고 재미있게 읽도록 도움을 주는 안내서이다. 성경을 술술 읽으려면 성경의 핵심 내용을 붙잡고 이야기식으로 읽어야 한다. 성경의 핵심주제를 잡고 거대한 하나님의 드라마를 보듯이 흐름을 타고 읽으면 성경이 좀더 쉬워지며 점점 말씀의 즐거움에 빠져들 수 있다. 성경 전체를 관통한 후에 시간을 다시 정해서 성경구절을 찾으면서 성경을 자세하게 읽고 내용을 정리하면 성경의 맥과 줄기를 잡을 수 있다.

필자는 분리되어 있는 각권 성경을 어떻게 하면 한 권의 성경으로 흐름을 타면서 이야기식으로 술술 읽힐 수 있을까를 고민하면서 집필했다. 물론 핵심을 정리하면서 서로 연결된 이야기로 풀어나가는 것이 만만치 않았다. 이런 이유로 성경에 나와 있는 많은 지식과 정보들은 다루지 못했다. 그것은 이 책의 목적이 아니기 때문이다. 이 책은 마냥 읽기만 하는 것이 아니라 성경을 다시 살펴보고 나의 생각을 정리하는 데 초점을 두었다. 말씀을 읽고 공부했다면 조금이라도 실천적인 방향으로 나가야 한다는 생각에서 매번 내용이 끝날 때 말씀과 자신을 돌아보는 시간을 갖도록 페이지를 여유 있게 할애했다.

이런 필요를 해결하기 위해 몇 가지 방법을 책 속에 담았다.

"망원경으로 전체 조망하기"에서는 성경 전체를 조망하는 데 도움을 주는 도표를 통해 전체 지도를 마음에 그리고 성경을 읽도록 했다. 이때 독자는 그림 도표를 보고 미리 내용을 정리해 볼 수 있다. 만약 도표의 내용이 잘 이해된다면 나름대로 성경의 핵심을 알고 있는 것이지만 그렇지 않으면 내용을 잘 모르는 것이다. 모르는 내용을 알고 익힌 후에 다음 장을 읽는 것과 내용을 모른 채 그냥 책을 읽는 것은 큰 차이가 있다. 내가 무엇을 모르고 무엇을 아는지를 먼저 마음속에 그리고 다음 장을 읽으면 집중이 잘되고 내용을 보다 쉽게 이해할 수 있다. 일단 동기 부여가 되기 때문이다.

"현미경으로 말씀 관통하기"에서는 성경을 관통하는 4-5가지 핵심 항목을 이야기식으로 정리했다. 내용을 읽다 보면 성경의 핵심 내용이 마음에 들어오게 될 것이다. 그리고 해당되는 성경구절을 읽으면서 말씀 속에서 은혜를 받을 것이다. 이 책은 성경 전체를 다 읽지 못해도 핵심적인 성경구절을 읽음으로써 자연스럽게 성경의 줄기를 잡을 수 있는 방식을 택했다.

"돋보기로 삶에 적용하기"에서는 말씀을 개인적으로 적용할 수 있게 충분한 여백을 주어 스스로 말씀 피드백을 하도록 했다. 행함 없는 믿음은 죽은 것이다. 성경을 읽고 공부하지만 그것을 개인의 삶에 적용하지 않는다면 소용없다. "돋보기로 삶에 적용하기" 부분을 개인적으로 기록하면서 잘 활용하면 성경을 나의 삶에 적용할 수 있게 된다. 우리가 공부를 하거나 책을 읽어도 늘 머릿속 지식에만 머무는 이유는 그것을 나의 말로 직접 풀어내고 함께 나누는 시간을 갖지 못해서다. 꼭 기억하라. "돋보기로 삶에 적용하기" 부분을 얼마나 잘 실천하느냐가 진정으로 성경관통이 잘되었는지를 결정한다.

"뭔가를 할머니에게 설명할 수 없다면 제대로 이해한 게 아니다."

알버트 아인슈타인

만약 지금까지 공부한 것을 내가 쉽게 설명할 수 없다면 아직 제대로 이해한 것이 아니다. 이런 점에서 실제적으로 자기 생각을 정리하는 시간을 갖는 것이 중요하다. 이 책을 읽은 후에 개인적으로 또는 함께 모여 적용 부분을 꼭 실천하기를 소망한다. 성경통독을 하거나 성경개관을 공부할 때 개인 적용을 하지 못하면 내 것이 되지 못한다. 만약 이 부분에서 잘 설명하지 못하거나 글로 정리하기 힘들다면 내용 파악을 제대로 못한 것이다. 이때는 다시 앞의 내용을 살펴보도록 한다.

아무쪼록 이 책을 통하여 하나님의 말씀인 성경과 더 친해지고 성경을 읽고 전체를 정리하는 데 도움이 되었으면 한다. 말씀 속에 모든 답이 있다. 처음에는 힘들더라도 성경 속으로 쉽게 들어가는 데 이 책이 좋은 반려자가 되길 기도한다. 매주일 월요일마다 18년 동안 주님의 말씀을 함께 나누고 있는 이야기대화식성경학교 동역자들과 곁에서 말씀 사역을 위해 늘 같은 마음으로 섬기는 사랑하는 아내에게 감사를 전한다.

2016년 10월

이대희 목사

| 이 책을 맛있게 읽기 |

이 책을 읽기 전에 먼저 성경을 대하는 기본자세와 관점을 익혀야 한다. 성경을 무조건 읽다 보면 자기 방법과 자기 안경으로 읽기 쉽다. 그렇게 되면 성경의 핵심내용을 빠뜨릴 가능성이 많다. 이런 점에서 성경을 읽기 전에 성경을 읽는 자세에 대해 정리하고 나의 시각을 바르게 조정하는 것이 필요하다. 마치 연주하기 전에 악기의 줄을 조율하고 마음의 준비를 하는 것처럼 성경을 읽고 관통할 때도 성경을 읽는 자세와 관점을 점검하면 제대로 읽을 수 있다.

성경에 대한 기본적인 이해와 전체의 시각 그리고 읽는 자세를 하나님의 나라 관점에서 이야기식으로 정리하고자 한다. 이 내용을 읽으면 성경 전반에 걸친 우리의 마음과 자세를 교정할 수 있다. 무엇을 읽느냐 만큼이나 어떤 자세로 읽느냐도 중요하다.

1. 이야기와 질문으로 성경관통하기

성경은 하나의 메시지로 관통한다

성경은 하나의 이야기로 구성되었다. 성경을 따분하게 여기는 것은 잘못된 선입관 때문이다. 성경은 어려운 책이지만 그렇다고 해서 읽기가 까다로운 것은 아니다. 성경을 이야기로 접근하기만 해도 성경에 대한 어려움이 반으로 줄어든다. 이것이 헤브라이즘 성경 읽기 방식이다.

성경은 정교한 구성을 갖춘 책으로 하나님이 인간에게 들려준 거룩한 이야기다. 그래서 인간이 쓴 어떤 책보다 놀라운 구성과 탁월한 내러티브를 갖고 있다. 성경 66권을 읽어 보면 하나의 메시지를 갖고 구성된 이야기임을 분명히 알 수 있다.

성경 이야기의 주인공은 예수님이다. 예수님은 신약에서 본격적으로 등장하지만 구약 39권 속에 예수님에 대한 메시지가 숨어 있다. 모든 이야기가 예수님을 목표로 전개된다.

성경 이야기는 도입-전개-갈등-절정-대단원의 내러티브의 구성 요건을 그대로 갖추고 있다. 구약 이야기를 내러티브로 간단하게 풀어 보면 다음과 같다.

하나님이 세상을 보시기에 좋은 모습으로 창조하시지만 인간의 심각한 죄와 타락으로 하나님의 심판과 저주가 임한다. 결국 대홍수 심판을 통하여 인류가 멸망하고 노아와 그 가족만 구원을 받는다. 그렇게 해서 다시 인류 역사가 새롭게 시작되지만 인간은 여전히 타락의 길로 걸어 간다. 이것을 통해 인간이 자력으로는 도저히 구원이 불가능한 죄인임을 다시 한 번 확인한다. 지금도 많은 사람들이 홍수 시대와 같은 죄악된 삶을 살고 있지만 아직 심판이 임하지 않은 이유는 다시는 물로 심판하지 않겠다는 하나님의 약속 때문이다.

사랑의 하나님은 인간을 죄악된 상황 가운데 그대로 둘 수 없었다. 그래서 아브라함을 통하여 구원 이야기를 시작하셨다. 이후 이삭과 야곱과 요셉 같은 족장들의 이야기를 통하여 어떻게 하나님이 인류를 구원하는 계획을 세우시는지 엿볼 수 있다. 하나님은 400년간의 노예생활을 한 이스라엘을 애굽에서 해방시키고 광야에서 하나님의 백성으로 40년 동안 훈련하여 가나안 땅에 들어가게 하신다. 하지만 얼마가지 못해서 사사시대에 이스라엘 백성은 하나님을 저버리고 인간을 왕으로 삼는다. 하나님은 슬프지만 그것을 허락하신다. 결국 인간이 왕이 되는 통일왕국과 분열왕국 이야기가 길게 전개된다. 이스라엘의 왕정 역사 역시 하나님을 떠난 이야기이기에 얼마가지 못해 패망하고 바벨론 포로로 70년간 유배된다. 물론 하나님은 이런 패망의 역사를 아시고 다윗 왕을 선택하여 다윗 왕가를 영원히 세우겠다고 약속하신다. 결국 다윗의 가문에서 나중에 예수님이 태어나신다.

성경은 비록 인간이 선택한 왕정 역사는 실패하지만 하나님은 실패하지 않는다는 점을 분명히 전하고 있다. 그리고 인간의 눈으로 보기에는 힘있는 왕이나 인간이 역사를 이끄는 것 같지만 사실은 하나님이 역사를 주도하신다는 것을 보여준다. 남북 이스라엘 왕들의 계속되는 패망 이야기는 영원한 왕인 예수님을 은밀하게 준비하시는 복선이다.

통일왕국-분열왕국-포로시대로 전개되는 이스라엘 역사는 죄와 갈등이 계속 이어진다. 70년의 바벨론 포로 생활을 마치고 본토로 귀환한 이스라엘 백성은 에스라와 느헤미야를 통해 다시 부흥을 꿈꾸지만 이방의 강력한 물질과 우상문화에 혼합되어 버린다. 하나님의 말씀을 자손대대로 이어가는 사명이 약해지면서 결국 말라기 선지자의 마지막 메시지로 구약의 종말을 맞이한다. 구약의 대단원은 인간에게는 희망이 없다는 메시지로 마무리된다.

타락한 인간은 필연적으로 하나님을 떠나게 되어 있다. 인간이 얼마나 죄악된 존재인지를 반복적인 역사를 통하여 강력하게 전한다.

아브라함을 통하여 구원의 시작을 열었던 구약 이야기는 실패로 끝나고 이제 400년의 침묵 기간을 지나면서 다시 구원의 역사가 열리는 신약시대로 접어든다. 신약에서는 아브라함과 다윗의 자손 예수 그리스도의 세계가 열린다.

성경 이야기는 연역적인 방식이 아닌 귀납적 방식을 따르고 있다. 결론이 처음에 나오는 것이 아니라 나중에 나온다. 물론 처음에 하나님이 천지를 창조하셨다는 선언으로 성경을 시작하는 것은 연역적이며, 하나님의 권위를 나타내려는 의도가 있다. 그럼에도 성경을 풀어가는 이후의 방식은 귀납적이다. 시간이 갈수록 이야기 속에 숨은 내용이 드러나는 형태로 기록되었다. 이런 점에서 성경 이야기는 대단히 흥미롭고 기대가 되는 반전의 의미가 많이 담겨 있다. 어떤 문학 작품과 영화에서도 볼 수 없는 드라마틱한 내용과 더불어 영적 깊이가 담겨 있다. 세상의 역사와 문화와 삶과 고백이 압축되어 있다고 보면 된다. 성경을 제대로 읽으면 탁월한 구성 전개 방식에 놀라게 된다.

세상에는 많은 이야기가 있지만 성경만큼 진실되고 흥미로운 이야기는 찾아보기 어렵다. 세상 이야기는 인간을 공허하게 하고 사람의 영혼을 변화시키지 못한다. 진실한 이야기를 대하면 진실한 사람이 되고 허탄한 이야기를 접하면 자기도 모르게 거짓된 사람이 된다. 이런 점에서 성경을 읽고 성경과 만나는 것은 큰 축복이다.

성경은 한 권으로 된 하나님의 이야기다

성경은 66권으로 구성되었지만 한 권으로 된 책이다. 40여 명의 저자들이 있고, 수천 년 동안 다른 배경과 역사 속에서 기록된 다양한 책들이지만 진정한 저자는 하나님 한 분이시고 주인공 역시 예수님 한 분이라는 면에서 성경은 한 권이라고 말할 수 있다.

성경 66권은 서로 유기적으로 연결된 한 몸과 같다. 창세기는 부분적으로 보면 오래된 원역사 이야기와 족장 이야기로 구성되었다. 그렇지만 창세기는 성경을 여는 책으로 마지막 책인 요한계시록과 그대로 연결된다.

예를 들면 창세기에는 에덴동산 이야기와 에덴에서 쫓겨난 이야기가 기록되어 있다. 그리고 에덴을 회복하기 위하여 부름 받은 족장들의 이야기가 그 뒤를 받치고 있다. 그런데 에덴의 회복에 대한 이야기가 성경 마지막 책인 요한계시록에 나온다. 사라졌던 에덴동산이 마지막에 다시 나옴으로써 성경이 얼마나 정교하게 기록되었는지 알 수 있다. 창세기부터 요한계시록까지 엄청난 시간의 차이가 있음에도 불구하고 성경은 마치 한 사람이 한 시대에 기록한 것처럼 모순 없이 연결된다. 이것은 인간이 도저히 만들어 낼 수 없는 하나님의 작품임을 증명한다.

성경 전체를 알 때 각 권도 잘 이해할 수 있다. 우리가 성경을 읽을 때 서로 유기성을 가지고 전체의 맥락을 짚어보아야 한다. 이것은 DNA 이론과 비슷하다. 인간의 DNA 정보는 신체 모든 곳에 다 들어 있다. 침이나 머리카락 하나에서도 같은 DNA를 찾을 수 있다. 성경도 마찬가지다. 성경은 생명을 살리는 책이다. 글자로 기록되었지만 성경은 하나님의 영이 담긴 생명이다. 성경의 세부적인 내용과 전체적인 내용은 서로 연결되어 있고 그 속에는 예수님의 DNA가 있다. 성경은 생명이기에 분리될 수 없다.

구약과 신약은 서로 한 권으로 연결되어 있다. 그래서 성경을 읽을 때는 통(通)으로 읽어야 한다. 창세기부터 요한계시록까지 흐르는 물줄기를 찾아서 성경을 읽으면 그 안에서 예수님을 만날 수 있다. 부분적으로 읽다 보면 성경 지식에 매이게 되지만 성경을 전체적으로 읽으면 인격을 만나고 생명을 경험하게 된다. 그리고 삶이 변화된다. 성경 속에 담긴 일관된 하나님의 메시지를 찾아서 읽어가다 보면 그 위대한 사랑에 설복당하지 않을 수 없다. 인간의 무력함을 깨닫고 위대한 하나님의 사랑에 무릎 꿇고 하나님을 경배하게 된다.

성경은 하나님의 사랑 이야기다

성경을 읽으면서 늘 잊지 말아야 할 것이 있다. 그것은 성경의 목표는 '사랑'이라는 점이다. 성경은 하나님이 인간을 사랑한 이야기다. 우리는 성경을 읽으면서 마지막에는 늘 사랑으로 마무리해야 한다. 성경을 읽는 목적은 우리 안에 하나님의 사랑을 품기 위해서다. 성경에는 여러 가지 이야기들이 나온다. 특히 구약은 율법과 규칙이 많이 나온다. 이런 율법의 세부세칙에 사람들은 거부감을 가진다. 인간은 구속받기 싫어하기에 이런 규칙에서 벗어나고 싶어 한다. 그러나 그것을 사랑의 관점에서 보면 달라진다.

사랑하는 자녀를 바르게 훈련하여 변화시키고자 하는 부모의 입장에서 보면 계명은 필연적이다. 십계명은 사랑의 법이다. 613개의 세부법 역시 하나님이 인간을 사랑하는 모습이다. 우리가 닮아야 하는 하나님의 성품을 세부법에 자세하게 새겨 놓았다. 우리는 이것을 지킴으로써 하나님을 점점 닮아가게 된다. 물론 우리의 힘으로 계명을 다 지킬 수 없다. 먼저 내 힘으로 할 수 없다는 사실을 깨닫고 하나님 앞에 엎드리면 하나님의 영이 우리 속에 들어와 성령의 힘으로 말씀을 따라 살게 한다.

성경에 나오는 수많은 이야기와 사건들은 모두 하나님의 사랑에 초점을 두고 있다. 다윗이 아들 압살롬의 반란으로 왕위에서 잠시 쫓겨나 고난의 삶을 살았다. 사무엘하 11장 이후에는 다윗의 고난이 기록되었다. 비참하게 무너지는 다윗. 하지만 그런 과정을 통해 하나님은 다윗을 여전히 사랑하고 있음을 알 수 있다. 다윗과 맺은 언약을 지키시는 하나님의 신실하심을 보게 된다. 결국 다윗을 우뚝 세워 그의 가문에서 예수님이 탄생하신다. 얼마나 위대한 하나님의 사랑인가? 이스라엘 백성의 배반을 참으시고 끝까지 설득하고 추적하여 그들을 다시 세우시는 하나님의 사랑 이야기는 구약 전체에 흐르고 있다. 특히 신약에서 예수 그리스도께서 세상에 와서 인간을 위해 죽으심으로 우리를 구원하신 십자가 사건은 하나님 사랑의 정점이다.

하나님의 사랑을 우리가 다 측량할 수 없다. 성경 66권을 자세하고도 깊게 읽어야 어느 정도 알 수 있다. 성경은 하나님이 인간을 얼마나 사랑하시는지를 기록하고 있다. 정말 하나님의 사랑을 깊이 알고 싶은가? 그러면 성경을 처음부터 차근차근 읽어라. 하나님의 사랑을 전하는 사람이 되고 싶은가? 그러면 성경을 읽으면서 마음속에 하나님의 사랑을 가득 담으라. 그리고 그 사랑의 힘으로 이웃을 내 몸처럼 사랑하도록 하라. 하나님의 사랑을 알고 깨달은 은혜를 가지고 나아가면 누구나 주님처럼 사랑할 수 있다. 스데반이 돌에 맞아 죽으면서도 원수를 사랑하고 기도한 것처럼…. 하나님의 사랑을 받은 사람만이 사랑을 줄 수 있고 사랑할 수 있다. 하나님의 사랑을 느끼는 만큼 이웃을 사랑할 수 있다.

성경을 통해 하나님의 마음을 찾아갈 수 있다

우리는 성경을 읽을 때 자기 중심으로 읽지 않도록 주의해야 한다. 물론 처음에는 인간의 관점에서 성경을 읽을 수밖에 없다. 하지만 시간이 지날수록 성경이 나를 읽도록 해야 한다. 그렇지 않고 성경을 나의 생각을 확립하는 근거 자료로 사용하면 안 된다. 많은 이단과 사이비들이 저지르는 오류는 성경을 자신의 목적으로 사용한다는 점이다.

성경을 거울로 비유하면 이해가 쉽다. 성경은 거울과 같다. 거울은 있는 그대로 진실을 말한다. 거울이 나를 보는가, 내가 거울을 보는가? 처음에는 내가 거울을 보지만 나중에는 거울이 나를 본다. 내가 보고 싶은 것만 보면 거울은 큰 도움이 안 된다. 나의 진실된 모습을 그대로 알려줄 때 거울의 가치가 있다.

내가 성경을 보면 말씀을 통해 내가 변하기 어렵다. 그러면 성경을 많이 읽어도 나의 고집은 여전히 남고 오히려 나를 완고하게 만든다. 말씀이 중요하지만 어떻게 말씀을 대하는가는 더 중요하다. 내 지식과 이성으로 성경을 읽고 해석하려고 하면 억지로 푸는 일이 생겨난다. 내가 보고 싶은 대로 보면 나중에는 진리가 닫힌다.

성경을 읽는 이유는 하나님의 마음을 찾아가는 데 있다. 성경을 읽고 또 읽으면서 평생 동안 하나님의 마음을 알아가야 한다. 몇 번 성경을 읽고서 다 이해했다고 주장하면 어쩌면 자기가 보고 싶은 부분만 본 것일 수 있다.

성경을 읽는 목표 역시 하나님을 닮는 데 있다. 성경을 통해 하나님이 무엇을 말씀하시는지를 찾아가는 것이 중요하다. 그러려면 성경을 어떤 목적을 위해서 읽기보다 성경 그 자체를 즐기고 그 속에 들어가 그 마음과 하나되는 데 집중해야 한다. 성경은 우리의 마음을 정확하게 안다. 내가 어떤 마음으로 말씀을 대하는지에 따라 하나님의 뜻이 발견되기도 하고 진리가 숨겨지기도 한다. 말씀이 내 안에, 내가 말씀 안에 거하기를 소망하며 순수한 마음으로 말씀과 하나되는 시간을 꾸준히 가져보자.

성경은 인생의 두 가지 길을 제시한다

인생은 선택이다. 믿음도 선택이다. 올바른 선택을 할 때 인생은 달라진다. 성경은 처음부터 선택에 대한 이야기를 하면서 두 가지 기로에서 바른 선택을 해야 함을 강조한다. 대부분의 사람들은 하나님의 말씀을 어기고 선악과를 먹은 아담의 길을 따라가고 있다. 그러나 말씀을 떠난 것을 회개하고 돌이켜 다시 하나님의 약속을 믿고 따르는 순종의 사람들도 있다. 성경은 말씀에 순종한 사람들과 불순종한 사람들의 모습으로 나누어 이야기를 진행한다. 물론 하나님의 말씀에 순종하다가도 불순종의 길로 가기도 하고 다시 회개하고 돌이키기도 한다. 이러한 순환이 반복된다. 그러나 하나님의 선택을 받은 사람은 다시 약속을 붙잡고 구원을 받는 반면 하나님께 버림 받은 사람은 말씀을 떠나고 만다.

성경에는 족보가 반복하여 나온다. 창세기 1-11장을 보면 아담과 가인과 노아와 노아의 세 아들 족보가 집중적으로 배치되었다. 그리고 그 족보는 창세기 49장과 출애굽기 1장에서도 나온다. 출애굽기에는 중요한 인물인 모세와 아론의 족보가 기록되는 등 족보의 행진은 이어진다. 족보는 역대기에서 절정을 이룬다. 역대상 1-9장은 모두 족보로 구성되었다. 여기서는 바벨론 포로 귀환 후 말씀에 순종하는 사람들이 이스라엘 국가를 재건했음을 강조한다. 에스라서에서는 본토로 귀환한 이스라엘 백성의 명단이 기록되었다.

이렇게 약속을 믿고 끝까지 기다린 남은 사람들을 통하여 예수님이 탄생하셨음을 강조하는 두 개의 족보가 마태복음과 누가복음에 기록되었다. 이제 복음서에서는 이스라엘 민족의 족보가 아니라 제자들의 명단이 기록된다. 특히 로마서 16장에 바울과 함께 복음에 참여했던 사람들의 명단이 집중적으로 기록된 것은 특별하다. 이런 제자들의 명단은 요한계시록에 나오는 144,000명의 하나님의 백성의 숫자로 마무리되면서 성경 전체가 어떤 사람들의 이야기인지를 마무리하고 있다. 하나님의 말씀에 불순종한 사람들은 하나님을 믿고 따르는 사람의 주변에서 하나님의 도구로 사용되고, 결국은 멸망에 이르는 모습을 그리스도인과 비교하여 그리고 있다.

이렇게 보면 성경은 약속을 믿고 따르는 사람들과 그렇지 못한 이방 사람들 그리고 제자와 세상 사람들로 구분되어 서로 긴장과 갈등의 관계를 유지하고 있다. 성경을 읽는 독자는 말씀을 읽으면서 나는 어디에 속해 있는지를 스스로 점검할 수 있다. 예수님은 산상수훈 마지막 장인 7장에서 지혜로운 사람과 어리석은 사람의 모습을 비교하고 있는데, 이것도 이런 맥락과 일치한다. 하나님은 믿는 자와 아직도 선택하지 못한 사람들에게 믿음의 결단을 요구한다.

성경은 삶의 구원과 변화를 위한 책이다

성경은 두 가지 방법으로 읽는 것이 유익하다. 먼저 성경 전체를 연대기순으로 읽는 것이다. 시대별로 내용을 재구성하여 읽으면 쉽게 이해된다. 필자는 이것을 '수평적 성경 읽기'라고 부른다. 이러한 방법은 성경 전체를 하나의 이야기로 읽는 강점이 있다. 마치 수천 년의 시공간을 배경으로 거대하게 펼쳐지는 대하드라마를 보듯이 읽어져 하나님을 더욱 경외하게 된다. 역사 속에서 행하시는 하나님의 강한 손길을 느낄 수 있다.

반면에 '수직적 성경 읽기' 방법이 있다. 성경이 사람을 변화시키고 구원을 얻게 하는 목표(요 20:21)에 의미를 둔다. 이것은 삶 속에서 매일 구원을 체험하도록 하는 성경 읽기 방법이다.

구약성경은 모세오경(원리)-역사서, 예언서(해석)-성문서(시가서, 지혜서-적용)로 구성되었다. 신약성경도 구조가 같다. 복음서는 원리, 사도행전은 해석, 서신서는 적용으로 구성된다. 이것은 성경의 전체 구조 속에서 발견된 것으로 모세오경(토라)을 통해서 원리를 배우고, 역사서와 예언서를 통해 그 토라를 재해석하고 시대적인 문제를 해결하는 데 있다. 그리고 성문서와 서신서를 통해 삶에 적용점을 찾는다. 이것은 인생에도 그대로 적용된다. 원리와 해석과 적용의 구조로 성경을 보는 것은 삶의 변화의 측면에서 도움이 된다.

필자의 견해로는 수평적인 방법인 이야기식으로 성경을 시대순으로 읽으면서 아울러 그 안에 담긴 삶의 변화를 이루는 수직적 구조를 함께 사용하면 유익하다. 수직적인 방법은 성경 본문을 집중하여 보고 역사를 통하여 시각과 관점과 해석을 넓히는 데 있다. 그리고 적용에서 실천적인 능력을 키우는 것이다. 수직적인 측면을 고려하면 어떻게 믿느냐와 어떻게 사느냐에 성경의 중심이 있다. 수평적으로 보면 거대한 하나님의 역사 속에서 인간의 무지함과 하나님의 놀라우신 이야기가 전개되면서 하나님의 마음을 품게 된다.

성경은 개인적인 관계를 맺는 질문과 대화로 구성되었다

성경은 거대한 하나님의 이야기다. 그러나 성경이 나의 삶과 관계가 없다면 아무리 좋아도 허공을 칠 뿐이다. 성경이 나에게 어떤 의미가 있는지, 당대와 앞으로 오는 세대에 어떤 의미가 있는지 성경은 우리에게 질문한다. 성경은 이야기책이기도 하지만 질문의 책이기도 하다. 성경은 인간과 하나님과 소통하는 인격적인 책이다. 성경의 역사 속에서 끊임없는 대화가 오가고 질문과 답을 찾아가는 구조로 성경은 기록되었다. 물론 어떤 것은 명확하게 대답하지 않고 질문만 남기기도 했다.

우리가 성경을 읽을 때 그 안에 담긴 질문에 유의하면서 읽어야 한다. 그래야 성경과 대화가 이루어지고 점점 말씀 속으로 빠져들게 된다. 창세기 1-2장이 이야기로 구성되었다면 창세기 3장은 질문으로 시작한다. 뱀이 하와를 유혹할 때도, 하나님이 죄를 지은 아담을 찾아올 때도, 하나님이 아벨을 죽인 가인을 찾아 올 때도 모두 질문을 했다.

소돔과 고모라를 멸망하는 문제로 모세와 하나님이 질문하고 대화하고 변론하는 장면들은 극적이다. 욥기는 질문과 대화로만 기록된 책이라 해도 과언이 아니다. 예언서는 질문과 대화로 대부분을 할애하고 있다. 신약 복음서에 나오는 예수님 이야기는 질문이 무려 250개가 넘는다. 얼마나 많은 질문이 이야기 속에 들어 있는지 알 수 있다. 바울이 쓴 로마서 역시 논리적으로 나열

한 것 같지만 1-8장에는 질문이 열 개가 나온다. 그 열 개의 질문은 로마서 전반부를 끌어가는 핵심 줄기다.

성경을 읽을 때 질문에 유의하면 문제가 새롭게 보인다. 그리고 어느새 하나님의 말씀이 오늘날 나에게 들려주는 음성으로 다가온다. 성경은 과거의 책만이 아닌 오늘 현재의 책이면서 앞으로 미래의 책이 된다. 우리는 질문을 통하여 하나님과 성경인물과 나와 소통하며 공감을 하게 된다.

2. 하나님 나라 관점으로 성경관통하기

성경은 하나님 나라 이야기이다

성경은 영웅을 다룬 이야기와 다르다. 성경은 하나님 나라가 어떻게 건설되어 가는지를 다루고 있다. 에덴동산에서 창조된 하나님 나라는 보시기에 좋은 완벽한 나라였다. 하지만 인간이 하나님을 거역하면서 하나님 나라가 파괴되었다. 하나님은 노아홍수 심판 이후에 다시 새롭게 하나님 나라를 건설하려 했지만 그들은 세상을 선택하였다. 결국 하나님은 약속을 붙잡고 갈대아 우르를 떠난 아브라함을 통하여 하나님 나라 건설을 시작한다. 먼 훗날에 아브라함의 자손이 200만 명으로 불어나 하나의 민족을 이루었다. 그들은 약속의 땅인 가나안에 들어가서 하나님만 섬기기로 결단하지만 얼마 못가서 인간의 나라를 세우고 말았다. 하나님은 다윗을 통해 영원한 하나님 나라를 이루겠다고 약속하지만 이스라엘은 하나님 나라를 거부하고 결국 바벨론에 의해 패망한다. 70년 후에 본토로 돌아와 이스라엘 속에 하나님 나라를 건설하지만 얼마가지 못해서 하나님 나라는 사라진다.

오랜 침묵기간인 400년의 시간이 지난 후에 하나님 나라가 예수 그리스도를 통하여 이 땅에 찾아온다. 그리고 예수님이 이루신 하나님 나라를 받아들인 제자들을 통하여 소아시아와 유럽과 로마에까지 하나님 나라 복음이 전파된다. 하나님 나라를 담은 교회가 세워지면서 새로운 하나님의 비전이 바울과 사도들에 의해 세워진다. 요한계시록을 통하여 앞으로 완성될 하나님 나라를 예언하고 그 나라를 소망하며, 고난과 핍박 속에서도 하나님 나라를 세워 가는 교회를 축복하고 위로한다. 이것이 성경의 마지막 책인 요한계시록의 내용이다.

이처럼 성경은 창세기부터 요한계시록까지 하나님 나라를 어떻게 이루어가는가를 그리고 있다. 하나님 나라 관점으로 성경을 바라보면 성경이 쉽게 관통된다. 물론 성경이 말하는 하나님 나라는 우리 속에서 계속 이루어 가는 보이지 않는 영원한 나라이다.

하나님 나라는 하나님이 왕이 되어 통치하시는 영원한 나라다. 주님은 하나님 나라 모델로서 교회를 세웠다. 교회는 인간이 주인이 되려는 유혹을 거부하고 하나님이 주인이 되도록 해야 한다. 각각 그리스도인의 마음속에 하나님이 주인이 되어 그분의 통치를 받는다면 그곳이 바로 주님이 원하시는 하나님 나라다. 성령의 인도하심을 받아 하나님이 주인 되는 세상을 이룬다면 그곳이 하나님 나라가 된다. 천국은 앞으로 올 미래에 완성된다는 의미도 있지만 지금 우리 속에 이루어가는 현재적인 의미도 있다. 그리스도인과 교회는 이미 온 천국과 앞으로 올 천국 사이에서 소망을 바라보면서, 또한 긴장을 이루며 살아가고 있다.

하나님 나라는 점진적으로 이루어진다

성경 속에서 하나님 나라가 진행되는 과정을 보면 일관된 특징이 있다. 창조-타락-구원의 과정을 통해 점진적으로 확장된다는 것이다. 성경의 전체 흐름을 보면 이것은 아주 분명하게 나타난다. 인간이 하나님의 말씀을 어기고 죄를 짓게 되면 하나님은 공의의 심판을 하신다. 하나님의 징계에 대해 인간이 고통스러워 하다가 결국 하나님께 부르짖고 회개하면 하나님은 구원을 베풀어 주신다. 하나님의 대리자인 사사나 왕이나 선지자를 통하여 하나님의 백성을 구원하신다. 때로는 이방 왕인 고레스를 통하여 구원의 일을 행하기도 하신다.

사람이 죄를 지으면 하나님은 심판하시지만 그에게 구원과 사랑을 베풀어 주신다. 노아시대에도 죄가 땅에 가득차자 그 시대 사람들을 모두 물로 심판하셨지만, 노아 가족을 구원하시고 다시 하나님의 나라를 시작하셨다. 이스라엘 백성도 애굽에서 구원받아 가나안 땅에 들어가지만 얼마 못가서 바알 신을 섬기면서 하나님을 떠난다. 그때 하나님은 바벨론이라는 강대국을 사용하여 심판의 매를 치셨다. 포로생활 중에 부르짖는 의인의 기도(다니엘의 기도)를 들으시고 다시 나라를 회복시키셨다.

신약시대에 예수님이 오심으로 구원의 길이 열렸다. 교회시대에도 성도들은 타락과 구원의 과정을 반복했다. 하지만 하나님은 한번 선택한 백성은 포기하지 않고 구원을 베푸신다. 마지막 재림하실 때 인간은 온전한 구원을 얻는다. 이런 창조-타락-구원의 과정은 시간이 가면서 완성도가 커진다. 종말에 이루어질 온전한 구원을 위해 지금도 교회는 구원을 이루는 삶을 살아가고 있다.

하나님 나라는 성취된다

하나님의 나라는 어떻게 우리에게 다가오고 건설되는가? 말씀을 통해서다. 진리의 말씀이 선포되면 그것을 마음으로 받아들이고 순종하고 실천하는 사람을 통해서 하나님의 나라가 건설된다. 말씀이 떠나면 그곳은 인간이 중심이 된다. 우리 주위에는 인간이 주도하는 세상 나라로 가득 차 있다. 교회는 하나님 나라를 가진 공동체이다. 사탄이 지배하는 세상 나라와 전쟁을 하고 있는 셈이다. 말씀이 사라지는 위기의 시대가 다가오고 있다. 지금 한국교회도 예외는 아니다. 말씀이 중심이 되어 그 말씀에 순종하는 교회와 그리스도인을 통해 하나님 나라는 성취된다. 하나님은 지금도 그런 사람을 찾으신다.

초대교회는 사도와 제자들이 오직 말씀을 전하며 말씀으로 양육하는 교회였다. 그런 이유로 말씀이 흥왕하는 역사가 일어났다. 교회는 하나님의 말씀을 통해서 성장한다.

종교개혁은 역사적으로 말씀을 회복하는데서 시작되었다. 부흥은 말씀이 중심되고 그 말씀에 목숨을 거는 자들에 의해서 이루어졌다. 분열왕국 시기에 위태로운 이스라엘에 요시야라는 걸출한 인물이 나타나 말씀으로 돌아가는 종교개혁을 일으켰다. 그래서 잠시 나라가 회복되는가 했지만 얼마가지 못해 다시 부패했다. 엘리야김은 하나님의 말씀인 두루마리를 불태우는 죄악을 저질렀다. 결국 이스라엘은 멸망하게 되었다.

오늘날에도 하나님 나라 원칙은 그대로 적용된다. 말씀이 중심이 되는 교회와 가정이 필요하다. 모든 것은 사라지고 없어지지만 하나님의 말씀은 영원하다.

요한계시록 마지막에 두루마리 말씀을 제하여 버리거나 더하는 자에게는 재앙들을 더한다고 말씀하신다. 끝까지 말씀을 붙잡고 나가는 하나님의 백성이 되어야 한다.

하나님 나라는 예수님을 통해 우리 속에 오신다

하나님 나라는 우리 속에 임하신다. 하나님 나라는 예수를 믿는 사람에게 임한다. 예수를 주로 믿고 고백하는 사람에게 예수님이 들어오신다. 예수님은 곧 하나님의 나라다. 마가는 이렇게 말한다.

때가 찼고 하나님의 나라가 가까이 왔으니 회개하고 복음을 믿으라 막 1:15

하나님 나라가 가장 필요한 곳은 우리 자신이다. 우리 안에 하나님 나라가 임하면 평화롭게 된다. 하나님 나라를 소유한 그리스도인이 가는 곳은 모두 하나님의 나라다. 내가 곧 하나님의 나라요 교회가 하나님 나라다. 세상 속에서 교회와 그리스도인은 하나님 나라를 보여주어야 한다. 그것이 교회의 사명이다. 인간의 분열과 다툼이 지배하는 공동체가 아닌 하나님 나라의 모습을 전해야 한다. 그러면 그 모습을 보고 그들은 천국을 사모하고 교회에 찾아오게 된다.

교회는 세상에서 하나님 나라를 보여주어야 한다. 말로 하나님 나라를 전하는 것으로는 힘이 없다. 실제적인 삶을 통해 하나님 나라를 보여줄 때 교회는 부흥하고 성장한다. 지금도 세상은 교회를 통해 하나님 나라를 보기 원한다. 초대교회처럼 서로 사랑하고 유무상통하며 교제하고 말씀을 배우는 생명의 공동체가 지금 우리들 속에 이루어야 할 교회의 모습이다.

하나님 나라는 사람을 세우고 제자 삼는 일이다

우리가 성경을 읽고 공부하는 이유는 하나님 나라를 말씀으로 세우기 위함이다. 하나님 나라는 물질과 건물이 아닌 주님의 말씀으로 세워진다. 사도 바울이 1·2·3차 전도여행을 마치고 에베소 장로들에게 고별 설교한 내용이 사도행전 20장에 나온다. 바울은 지난 삼 년 동안 밤낮으로 쉬지 않고 눈물로 각 사람을 훈계하며 말씀으로 제자를 삼았다. 그리고 헤어질 때 바울은 주와 그 은혜의 말씀에 부탁한다고 전한다(행 20:32). 바울은 교회가 말씀으로 세워지고 성장하는 줄 알았다. 그리고 마지막에 말씀에 부탁했다. 그동안 전한 말씀이 그들을 든든히 세울 것이라 믿었다.

오늘도 우리가 성경을 읽고 공부하는 것은 주님의 제자가 되기 위함이다. 제자가 되어 세상 끝까지 복음을 전해야 한다. 복음은 사람을 통하여 전해진다. 그런데 그 제자는 말씀을 사랑하고 그 말씀이 중심이 된 사람이다.

건물로서의 교회는 결국 모두 사라진다. 성경에 나온 초대교회들은 지금은 남아 있지 않다. 소아시아 지역에 가면 성경에 나오는 일곱 교회의 건물을 찾을 수 없다. 땅과 유물만 남았을 뿐이다. 어쩌면 당연한 것이다. 건물에 치중한 교회는 이처럼 역사 속으로 사라진다. 그러나 제자를 세워 파송한다면 전세계로 나갈 것이다. 이것이 우리가 꿈꾸는 하나님 나라의 모습이다. 어느 지역에만 집중하거나 바벨탑처럼 건물을 높게 세우는 인간 중심의 교회가 아니라 모든 곳에 하나님 나라 세우기를 힘쓰는 교회가 되어야 한다.

우리가 해야 할 일은 주님이 지상 명령으로 주셨던 말씀처럼 제자를 삼아 주님이 분부한 말씀을 전하고 가르쳐 지키게 하는 일이다. 열두 제자와 그들이 키운 제자들을 통해 전세계로 복음이 전파되었듯이 오늘날 우리도 제자를 삼아 선교해야 한다.

하나님 나라는 예수 그리스도를 인격적으로 만난 사람을 통해 건설된다. 말씀을 통해 주님과 인격적인 관계를 지속적으로 맺어 주님의 신실한 제자가 되는 일이 우리의 기도제목이다. 그리고 모든 족속으로 제자를 삼아 땅 끝까지 증인이 되게 하는 것이 하나님 나라 복음을 전하는 사람의 사명이다. "그리스도를 본받는 자가 된 것같이 너희는 나를 본받는 자라 되라"(고전 11:1)고 한 바울처럼 우리도 그렇게 나아가야 한다.

하나님 나라는 먹고 마시는 것이 아닌 의와 평강과 희락을 누리는 것이다. 세상 모임을 가보면 먹고 마시고 즐기게 마련이다. 세상 나라는 먹고 마시고 입고 인생을 즐기는 것을 목적으로 삼는다. 육신의 즐거움을 누리며 그것을 최고의 즐거움으로 삼는 세상 모임들이 많다. 그래서 시간이 지나면 헛되고 허망하다. 하지만 우리가 꿈꾸는 하나님 나라는 의와 평강과 희락을 누리는 그런 공동체다. 이것을 선두에서 이루어야 할 곳이 교회다. 그리고 가정과 직장이다. 의와 평강과 희락은 보이지 않는 마음과 영혼에 관한 것이다. 이것은 하나님 나라의 특징이다.

하루 밥을 맛있게 먹어도 그 즐거움은 잠시면 끝난다. 마지막을 생각하면 우리는 그렇게 살아선 안 된다. 평강과 희락은 하나님이 주시는 복이다. 의와 평강과 희락은 거저 주어지는 것이 아니라 하나님의 말씀을 읽고 배우고 묵상하고 실천하는 데서 이루어진다.

정말 하나님 나라를 이루고 싶은가? 말씀 앞에 서자. 지속적으로 말씀 속에 계시된 하나님 나라를 묵상해 보면 어느새 우리 속에 하나님 나라가 가득하게 될 것이다. 그 행복 속으로 여러분을 초대한다.

| 차례 |

장면 1

하나님 나라 원형과 반역의 역사 :

창조시대

모든 것은 시작이 중요합니다. 시작을 알아야 끝도 알 수 있습니다. 그래서 창세기 1-11장은 중요합니다. 창세기 1-11장은 성경에서 원역사라고 말하는데, 세상이 어떻게 시작되었는지, 인간이 어떻게 죄를 짓고 타락하고 세계로 흩어졌는지 말하고 있습니다. 인간이 태어나기 전 태초의 일이기에 성경이 말해 주지 않는 한 인간이 그 역사를 알기 어렵습니다. 비록 짧은 분량이지만 중요한 인생의 핵심이 다 들어 있습니다.

장면 1은 크게 두 부분으로 나눌 수 있습니다. 창세기 1-2장에 해당되는 창조 이야기와 창세기 3-11장에 해당되는 인류의 타락 이야기입니다. 하나님을 거부한 인간이 어떻게 타락해 가는지 그 전개과정을 핵심적으로 기록하고 있습니다.
아담의 타락-가인의 살인-노아 시대의 타락과 대홍수-노아의 세 아들로 인해 퍼져 가는 인류-바벨탑 사건 등은 타락과 심판과 구원이 반복하여 진행되고 있음을 보여 줍니다. 인간의 죄악으로 타락하지만 하나님은 여전히 사랑과 구원을 베푸셨습니다. 이러한 사이클이 인류 역사에서 반복되고 있습니다. 점점 어두워져 가는 죄악 속에서 한줄기 빛으로 인간에게 다가오시는 하나님의 은혜를 발견하는 것이 장면 1의 핵심 포인트입니다.

01
아름다운 창조 이야기

망원경으로 전체 조망하기

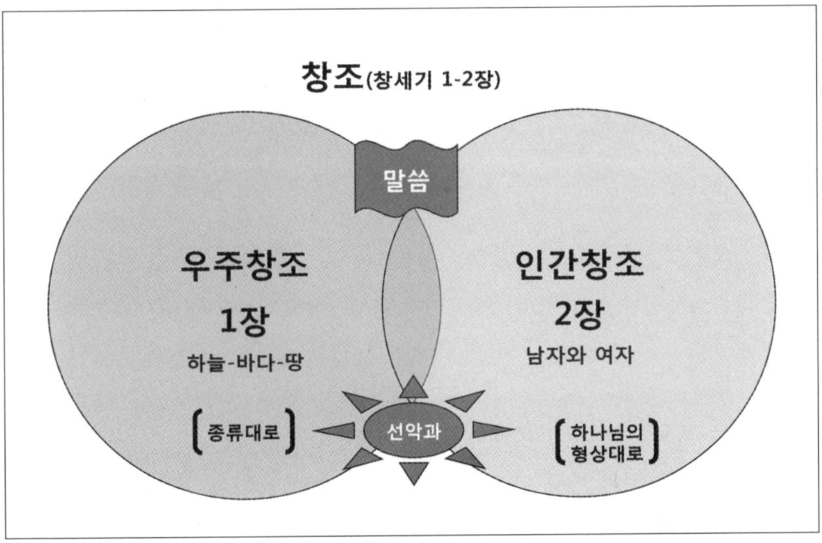

우리가 사는 세상은 어떻게 창조되었을까요? 이것은 모든 사람이 가장 궁금해 하는 내용입니다. 사실 이것을 인간이 안다는 것은 불가능합니다. 우주만물은 인간이 창조되기 전에 생긴 것입니다. 그렇기에 인간이 나름대로 상상하면서 신화를 만들었습니다. 하지만 신화를 과학적 사실로 받아들이기는 어렵습니다. 하지만 우주 창조와 인간 창조에 대해 가장 설득력 있게 전해주는 책이 바로 성경입니다. 성경처럼 과학적이며 모순 없이 기록된 창조 이야기는 세상 어느 곳에서도 발견되지 않았습니다. 창조 이야기는 인간이 기록한 것이 아니라 하나님이 계시하여 기록한 것입니다. 하나님이 창조 이야기를 인간에게 알려주신 것입니다. 그렇지 않다면 우리는 창조 이야기를 이렇게 생생하고도 정확하게 알 수 없습니다. 생각해 보면 하나님의 특별한 은혜입니다.

우주 창조

세상은 처음에 어떻게 생겼습니까? 이것에 대해 성경은 명확하게 말합니다. 세상은 과학자들이 말하는 것처럼 스스로 우연히 생긴 것이 아닙니다. 하나님을 불신하는 과학자들은 대폭발(빅뱅)이 일어났다는 가설을 주장합니다. 그러나 물질이 창조의 근원이 된다는 것은 논리적으로 맞지 않습니다. 그것을 산출하는 제1원인이 있어야 하는데 그것에 대해 과학은 침묵합니다. 이 세상의 질서를 보면 분명한 창조의 주체가 있음을 알 수 있습니다. 모든 것은 정해진 법칙 속에서 이루어집니다. 이것을 부인하는 사람은 없습니다. 성경은 태초에 하나님이 천지를 만드셨다고 선언합니다. 우주 만물을 알면 하나님의 손길이 깃들어 있습니다. 하나님을 알고 싶다면 우주 만물 속에 깃든 자연의 법칙과 신비한 원리를 조금만 살펴보면 됩니다.

태초에 하나님이 천지를 창조하시니라 창 1:1

하나님은 곧 말씀입니다. 하나님은 아무것도 없는 이 세상을 말씀으로 창조하셨습니다. 우리가 보는 세상의 모습과 물질은 모두 하나님의 말씀으로 이루어진 것들입니다. 말씀은 창조의 근원입니다. 오늘날 그리스도인이 구원 받은 것도 말씀을 통해 이루어진 일입니다. 말씀은 우리를 새롭게 창조하는 영입니다.

하나님이 이르시되 빛이 있으라 하시니 빛이 있었고 창 1:3

하나님은 원칙을 가지고 세상을 창조하셨습니다. 하나님은 세상을 6일 동안 창조하셨습니다. 하늘과 땅과 바다를 만드시고 그 속에 필요한 내용들을 창조하셨습니다. 하나님의 창조에는 두 가지 원칙이 있습니다. 나눔과 채움입니다. 하나님이 만드신 창조 세계는 질서를 따라 움직입니다. 이 질서를 파괴하는 것은 인간 스스로 멸망의 길로 가는 것입니다. 창조의 최종 목적은 안식에 있습니다. 인간은 안식 속에서 하나님의 축복을 누릴 수 있습니다. 인간이 하나님의 창조 원칙을 저버리면 인간은 쉼을 얻을 수 없습니다.

나눔(나누사)	채움(있으라)
첫째 날 - 낮과 밤 둘째 날 - 하늘과 바다 셋째 날 - 땅과 식물	넷째 날 - 해, 달, 별 다섯째 날 - 새, 물고기 여섯째 날 - 동물, 인간
일곱째 날 - 안식하심	

하나님이 지으신 그 모든 것을 보시니 보시기에 심히 좋았더라 저녁이 되고 아침이 되니 이는 여섯째 날이니라 창 1:31

하나님이 그가 하시던 일을 일곱째 날에 마치시니 그가 하시던 모든 일을 그치고 일곱째 날에 안식하시니라 창 2:2

하나님이 그 일곱째 날을 복되게 하사 거룩하게 하셨으니 이는 하나님이 그 창조하시며 만드시던 모든 일을 마치시고 그 날에 안식하셨음이니라 창 2:3

인간 창조

인간은 동물을 닮은 게 아니라 하나님의 형상을 따라 창조되었습니다. 그리고 인간은 하나님을 대신하여 바다의 물고기와 하늘의 새와 땅에 움직이는 모든 것을 다스리는 사명을 받았습니다. 그리고 생육하고 번성하여 땅에 충만하게 하셨습니다. 하나님은 창조물 중에서 인간을 가장 중요하게 생각하십니다. 하나님을 대신하는 존재이기 때문입니다. 인간에게만 주신 여러 사명은 하나님의 형상과 관계 있습니다.

하나님이 자기 형상 곧 하나님의 형상대로 사람을 창조하시되 남자와 여자를 창조하시고 하나님이 그들에게 복을 주시며 하나님이 그들에게 이르시되 생육하고 번성하여 땅에 충만하라, 땅을 정복하라, 바다의 물고기와 하늘의 새와 땅에 움직이는 모든 생물을 다스리라 하시니라 창 1:27-28

최초의 명령

하나님이 인간에게 내린 최초의 명령은 하나님이 만드신 동산의 각종 나무 열매는 임의로 먹지만 선악을 알게 하는 나무 열매는 먹지 말라는 것입니다. 그리고 그것을 먹는 날에는 반드시 죽는다고 하셨습니다. 이것은 하나님과 인간이 맺은 최초의 언약입니다. 하나님은 선악과를 두셔서 하나님과 인간 사이의 경계를 정하셨습니다. 인간이 누구인지에 대한 자기 정체성을 선악과를 통해서 보게 하신 것입니다. 인간은 할 수 있는 것과 할 수 없는 것이 있습니다. 모든 것을 할 수 있는 분은 오직 하나님뿐입니다. 이것이 피조물인 인간과 창조하신 하나님과의 차이점입니다.

여호와 하나님이 그 사람에게 명하여 이르시되 동산 각종 나무의 열매는 네가 임의로 먹되 선악을 알게 하는 나무의 열매는 먹지 말라 네가 먹는 날에는 반드시 죽으리라 하시니라 창 2:16-17

하나님은 인간을 만드실 때 먼저 아담을 만들고 아담을 돕는 배필로 하와를 주셨습니다. 남자와 여자는 둘이지만 결혼하면 둘이 아닌 한 몸입니다. 아담과 하와는 최초의 가정을 이루었습니다. 하나님은 최초의 공동체로 가정을 만드셨습니다. 이때 부부는 서로 벗은 것을 부끄러워하지 않았습니다. 아직 죄를 짓지 않은 상태이기 때문입니다. 이것이 가장 아름다운 상태입니다. 다시 말하면 이들이 하나님의 눈으로 사람을 보기에 부끄러움을 느끼지 않았습니다.

인간은 혼자 살 수 없습니다. 서로 돕고 사는 존재입니다. 서로 함께할 때 생육하고 번성할 수 있습니다. 이것이 하나님이 세우신 질서입니다.

> 여호와 하나님이 아담에게서 취하신 그 갈빗대로 여자를 만드시고 그를 아담에게로 이끌어 오시니 아담이 이르되 이는 내 뼈 중의 뼈요 살 중의 살이라 이것을 남자에게서 취하였은즉 여자라 부르리라 하니라 이러므로 남자가 부모를 떠나 그의 아내와 합하여 둘이 한 몸을 이룰지로다 아담과 그의 아내 두 사람이 벌거벗었으나 부끄러워하지 아니하니라 **창 2:22-25**

보시기에 좋은 세상

하나님은 창조하신 이 세상을 보시고 "보시기에 좋았다" 하시면서 만족하셨습니다. 7번에 걸쳐서 보시기에 좋았다고 말씀하셨습니다. 이것은 하나님이 완전하게 창조하셨음을 강조하는 것입니다. 하나님은 아름다운 세상을 만드신 후 인간들이 잘 관리하고 다스리도록 책임을 부여하셨습니다. 그러나 인간은 하나님의 위대한 뜻을 잘 알지 못하고 반역하였고, 결국 아름다운 세상이 타락하게 되었습니다. 오늘날 그리스도인은 하나님의 아름다운 세상을 만드는 사명이 있습니다.

> 하나님이 뭍을 땅이라 부르시고 모인 물을 바다라 부르시니 하나님이 보시

기에 좋았더라 **창 1:10**

하나님이 지으신 그 모든 것을 보시니 보시기에 심히 좋았더라 저녁이 되고 아침이 되니 이는 여섯째 날이니라 **창 1:31**

돋보기로 삶에 적용하기

1. 우주와 나는 하나님의 아름다운 창조물입니다. 그중에서 인간은 하나님의 형상을 닮은 가장 귀한 존재입니다. 나는 하나님의 형상을 닮은 존재라는 자부심을 얼마나 갖고 사는지 하루의 모습을 점검해 보십시오.

2. 하나님의 형상을 닮은 인간은 당연히 하나님이 만드신 세상 만물에 대한 책임감을 갖고 살아야 합니다. 나는 세상에 대해서 어떤 책임감을 가져야 한다고 생각합니까?

"쉽게 설명할 수 없다면 제대로 이해한 것이 아니다"
알버트 아인슈타인

02
인간의 범죄와 그 이후

망원경으로 전체 조망하기

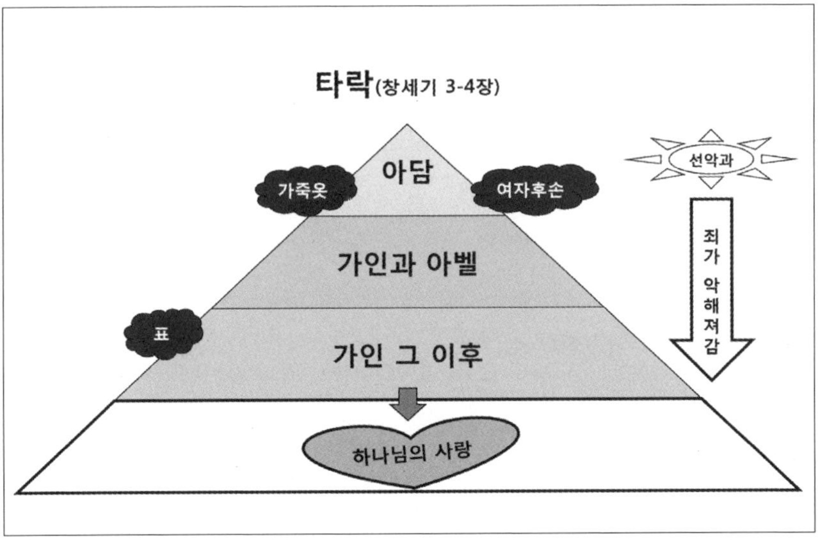

인간의 타락

여자를 유혹한 주범은 뱀을 가장한 사탄입니다. 사탄은 하나님이 먹지 말라고 한 나무의 열매를 먹게 했습니다. 선악과를 먹어도 결코 죽지 않고 심지어 하나님과 같아진다고 속였습니다(창 3:1, 4-5). 사탄은 하나님과 인간의 경계를 무너뜨리려고 거짓말을 했습니다. 사탄의 목표는 인간관계뿐 아니라 하나님이 창조한 모든 세상의 질서를 깨는 것입니다.

> 그런데 뱀은 여호와 하나님이 지으신 들짐승 중에 가장 간교하니라 뱀이 여자에게 물어 이르되 하나님이 참으로 너희에게 동산 모든 나무의 열매를 먹지 말라 하시더냐 **창 3:1**
>
> 뱀이 여자에게 이르되 너희가 결코 죽지 아니하리라 너희가 그것을 먹는 날에는 너희 눈이 밝아져 하나님과 같이 되어 선악을 알 줄 하나님이 아심이니라 **창 4-5**

아담은 여자에게 유혹을 받아 아무 생각 없이 선악과를 먹었습니다. 사탄은 자기의 정체를 철저하게 숨기고 인간에게 다가와 유혹합니다. 뱀을 통해 여자를 미혹하고, 또 여자를 통해 남편을 유혹합니다. 사탄은 눈에 보이지 않습니다. 그런 이유로 사람들은 사탄의 전략에 무너지기 쉽습니다. 말씀을 거부하게 만드는 거짓된 행동은 모두 사탄의 간계이며 속임수입니다.

여자가 그 나무를 본즉 먹음직도 하고 보암직도 하고 지혜롭게 할 만큼 탐스럽기도 한 나무인지라 여자가 그 열매를 따먹고 자기와 함께 있는 남편에게도 주매 그도 먹은지라 **창 3:6**

하나님과 인간의 관계 파괴

하나님의 말씀을 어긴 죄의 결과는 심각했습니다. 눈이 밝아져 자기중심적이 되어 버렸습니다. 이제부터는 모든 것을 자기가 판단하는 죄가 들어오게 되었습니다. 그 결과 인간은 자기가 벗은 줄 알고 부끄러움이 생겨 무화과나무로 치마를 만들어 죄를 가리게 되었습니다.

그뿐 아니라 하나님을 피하며 숨는 처지가 되었습니다. 하나님의 음성을 잘 듣지 못하고 자기합리화를 하는 모습으로 변했습니다. 죄는 자신과 하나님과의 관계를 모두 파괴시켰습니다.

이에 그들의 눈이 밝아져 자기들이 벗은 줄을 알고 무화과나무 잎을 엮어 치마로 삼았더라 그들이 그 날 바람이 불 때 동산에 거니시는 여호와 하나님의 소리를 듣고 아담과 그의 아내가 여호와 하나님의 낯을 피하여 동산 나무 사이에 숨은지라 **창 3:7-8**

이웃과 자연과의 관계 파괴

최초의 이웃인 아담과 하와는 부부관계입니다. 서로 하나인 좋은 관계가 죄가 들어오자 서로 죄를 전가시키며 남 탓을 하는 상황이 되었습니다. 심지어 아담은 하나님이 주신 여자 때문에 선악과를 먹었다고 핑계대면서 결과적으로 하나님 탓으로 돌립니다. 이뿐 아니라 자연과의 관계도 파괴되어 땅이 저주를 받아 인간이 수고하고 땀을 흘려야 먹을 수 있게 되었습니다.

> 아담이 이르되 하나님이 주셔서 나와 함께 있게 하신 여자 그가 그 나무 열매를 내게 주므로 내가 먹었나이다 **창 3:12**
>
> 아담에게 이르시되 네가 네 아내의 말을 듣고 내가 네게 먹지 말라 한 나무의 열매를 먹었은즉 땅은 너로 말미암아 저주를 받고 너는 네 평생에 수고하여야 그 소산을 먹으리라 **창 3:17**

죽음이 찾아옴

죄의 결과는 죽음입니다. 하나님은 선악과를 먹으면 반드시 죽는다고 했습니다. 인간은 당장 죽지는 않았지만 그 말씀대로 결국은 죽게 되었습니다. 죄를 지은 결과 영은 죽고 육은 흙과 같은 존재가 되었습니다. 짐승과 같이 흙으로 돌아가는 모습이 되고 말았습니다. 아담과 하와는 죄의 대가로 에덴동산에서 쫓겨났습니다.

> 네가 흙으로 돌아갈 때까지 얼굴에 땀을 흘려야 먹을 것을 먹으리니 네가 그것에서 취함을 입었음이라 너는 흙이니 흙으로 돌아갈 것이니라 하시니라 **창 3:19**

이같이 하나님이 그 사람을 쫓아내시고 에덴 동산 동쪽에 그룹들과 두루 도는 불 칼을 두어 생명 나무의 길을 지키게 하시니라 **창 3:24**

가인과 그 후예

인류 최초의 살인은 형제 사이에서 일어났습니다. 형인 가인은 동생인 아벨을 죽였습니다. 가인은 하나님이 자신의 제사는 받지 않고 아벨의 제사만 받은 것에 분노했습니다. 가인 역시 아담이 저지른 죄를 그대로 답습하여 책임을 지지 않고 핑계를 대는 모습을 보입니다.

가인이 그의 아우 아벨에게 말하고 그들이 들에 있을 때에 가인이 그의 아우 아벨을 쳐죽이니라 여호와께서 가인에게 이르시되 네 아우 아벨이 어디 있느냐 그가 이르되 내가 알지 못하나이다 내가 내 아우를 지키는 자니이까 **창 4:8-9**

음악과 기술 등 인간의 문명은 발전해 가지만 그것과 더불어 죄악의 모습도 더 악화되고 있습니다. 가인의 후예인 라멕은 살인을 즐겨했습니다. 라멕은 살인을 노래할 정도로 그 정도가 심각했습니다. 가인을 해치는 자에게 주어진 벌이 7배라면 라멕 자신을 해치는 자에게 주어지는 벌은 77배라고 라멕은 말합니다. 이것은 자신이 저지른 살인을 합리화하는 것으로, 하나님이 친동생을 죽인 가인을 살려주었다면 원수를 보복한 자신도 당연히 살려주지 않겠느냐는 말입니다. 사람 죽이는 것을 당연하게 생각하고 생명을 무시하는 라멕은 잔인함과 타락의 극치를 보여 줍니다.

하나님의 말씀을 교묘하게 자기중심으로 해석하는 교만한 라멕을 보게 됩니다.

> 가인을 위하여는 벌이 칠 배일진대 라멕을 위하여는 벌이 칠십칠 배이리로다 하였더라 **창 4:24**

하나님의 사랑

아담이 타락하여 하나님의 심판을 받지만 그것으로 끝나는 것은 아닙니다. 심판 속에 하나님의 사랑이 있습니다. 아담과 그의 아내를 위하여 친히 가죽옷을 입히시는 하나님의 사랑을 볼 수 있습니다. 그리고 가인을 위해서는 표를 주어 사람들이 그를 만나더라도 죽이지 못하게 보호해 주십니다. 특히 창세기 3:15에는 앞으로 나타날 복음 이야기가 암시되어 있습니다. 여자의 후손으로 나타날 예수 그리스도가 뱀으로 상징되는 사탄의 머리를 상하게 할 것을 예고하고 있습니다.

> 여호와 하나님이 아담과 그의 아내를 위하여 가죽옷을 지어 입히시니라 **창 3:21**
>
> 내가 너로 여자와 원수가 되게 하고 네 후손도 여자의 후손과 원수가 되게 하리니 여자의 후손은 네 머리를 상하게 할 것이요 너는 그의 발꿈치를 상하게 할 것이니라 하시고 **창 3:15**
>
> 가인을 죽이는 자는 벌을 칠 배나 받으리라 하시고 가인에게 표를 주사 그를 만나는 모든 사람에게서 죽임을 면하게 하시니라 **창 4:15**

돋보기로 삶에 적용하기

1. 인간의 죄는 점점 더 심해졌습니다. 하나님을 거역하는 마음이 더해져 현재까지 이르게 되었습니다. 나에게 여전히 남아 있는 죄는 무엇인지 찾아보십시오. 생활 속에서 자주 반복하여 범하는 죄에는 어떤 것들이 있습니까?

2. 하나님은 죄를 짓는 인간을 버리지 않고 친히 사랑으로 찾아오십니다. 인간을 불쌍히 여기시는 하나님의 사랑을 볼 수 있습니다. 인간의 행위를 보지 않고 무조건 다시 사랑하시는 하나님의 사랑을 나는 얼마나 느끼고 있습니까? 주님의 사랑을 경험한 체험이 있으면 말해 보십시오.

"쉽게 설명할 수 없다면 제대로 이해한 것이 아니다"
알버트 아인슈타인

03
대홍수와 바벨탑의 반역

망원경으로 전체 조망하기

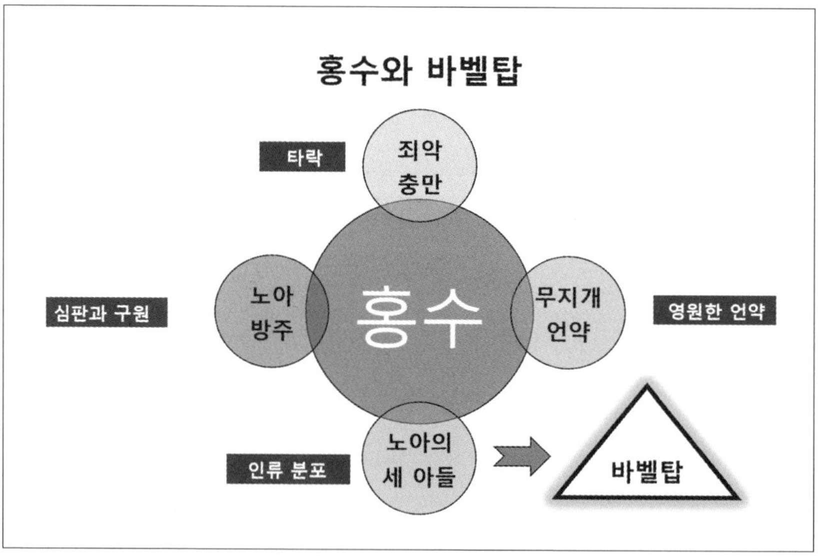

죄악이 가득한 세상

인간은 점점 악해져 더 이상 죄를 묵과하기 힘든 지경이 되었습니다. 하나님은 인간의 죄악이 세상에 가득하고 마음으로 생각하는 모든 계획이 항상 악함을 보시고 인간을 만드신 것을 한탄하셨습니다. 그리고 하나님은 인간과 모든 피조물을 심판하기로 작정하셨습니다. 하나님이 사람을 창조했지만 그들은 하나님의 뜻을 거역하였기에 더 이상 존재 이유가 없었습니다. 그러나 그중에 한 사람 노아는 은혜를 입어 하나님의 심판에서 구원을 받았습니다.

> 여호와께서 사람의 죄악이 세상에 가득함과 그의 마음으로 생각하는 모든 계획이 항상 악할 뿐임을 보시고 땅 위에 사람 지으셨음을 한탄하사 마음에 근심하시고 이르시되 내가 창조한 사람을 내가 지면에서 쓸어버리되 사람으로부터 가축과 기는 것과 공중의 새까지 그리하리니 이는 내가 그것들을 지었음을 한탄함이니라 하시니라 그러나 노아는 여호와께 은혜를 입었더라
>
> **창 6:5-8**

대홍수와 구원의 방주

하나님은 죄를 지은 인류를 물로 심판하셨습니다. 하지만 의인인 노아는 은혜를 입어 그의 가족과 함께 구원받았습니다. 그들은 방주에 탔기

에 물 심판에서 구원받은 것입니다. 심판 속에서 역사하시는 하나님의 구원과 사랑을 발견할 수 있습니다. 이것을 보면 하나님의 역사는 심판이 아닌 구원에 있음을 알 수 있습니다.

> 지면의 모든 생물을 쓸어버리시니 곧 사람과 가축과 기는 것과 공중의 새까지라 이들은 땅에서 쓸어버림을 당하였으되 오직 노아와 그와 함께 방주에 있던 자들만 남았더라 창 7:23

구원을 상징하는 방주는 하나님의 명령에 따라 노아가 만들었습니다. 그러나 모든 설계는 하나님이 하셨습니다. 하나님은 노아를 통해 인류의 역사를 다시 시작하셨습니다. 하나님은 땅의 생물들을 종류대로 방주에 넣어 창조 원리대로 보존하셨습니다. 방주의 문은 하나님이 닫으셨습니다. 이것을 통해 방주는 전적으로 하나님이 준비하신 것임을 알 수 있습니다. 다만 노아는 하나님의 명령에 순종했습니다. 구원은 노아처럼 순종하는 사람에게 주시는 축복입니다.

> 노아가 그와 같이 하여 하나님이 자기에게 명하신 대로 다 준행하였더라 창 6:22
> 곧 그 날에 노아와 그의 아들 셈, 함, 야벳과 노아의 아내와 세 며느리가 다 방주로 들어갔고 그들과 모든 들짐승이 그 종류대로, 모든 가축이 그 종류대로, 땅에 기는 모든 것이 그 종류대로, 모든 새가 그 종류대로 무릇 생명의 기운이 있는 육체가 둘씩 노아에게 나아와 방주로 들어갔으니 들어간 것들은 모든 것의 암수라 하나님이 그에게 명하신 대로 들어가매 여호와께서 그를 들여보내고 문을 닫으시니라 창 7:13-16

무지개 언약

방주에서 나온 노아에게 하나님은 다시는 사람으로 말미암아 땅을 저주하지 않겠다고 하셨습니다. 그 이유는 사람이 어려서부터 악하기 때문입니다. 하나님은 구원 받은 노아와 세 아들인 셈, 함, 야벳에게 생육하고 번성하여 땅에 충만하라고 하셨습니다. 그리고 세상을 다시는 물로 심판하지 않겠다는 징표로 하늘에 무지개를 주시고 노아와 영원한 언약을 세우셨습니다.

> 내가 다시는 사람으로 말미암아 땅을 저주하지 아니하리니 이는 사람의 마음이 계획하는 바가 어려서부터 악함이라 내가 전에 행한 것 같이 모든 생물을 다시 멸하지 아니하리니 **창 8:21**
>
> 하나님이 노아와 그 아들들에게 복을 주시며 그들에게 이르시되 생육하고 번성하여 땅에 충만하라 라 **창 9:1**
>
> 무지개가 구름 사이에 있으리니 내가 보고 나 하나님과 모든 육체를 가진 땅의 모든 생물 사이의 영원한 언약을 기억하리라 **창 9:16**

인류의 기원

노아의 족보는 세 아들인 셈, 함, 야벳으로 이어집니다. 이들은 인류의 조상이 됩니다. 야벳은 인도와 유럽 사람들, 함은 애굽과 아프리카, 가나안 사람들, 셈은 히브리 사람과 소아시아 지역 사람들의 조상입니다. 여기서 생각해 볼 것은 창세기 10장의 족보에 나오는 셈이 다시 11장에서도 반복하여 소개된다는 것입니다. 두 개의 족보를 살펴보면 족보가 다르게 전개됩니다. 11장은 벨렉에서 아들 르우로 이어지지만 10장에서는 벨렉의 아우 욕단으로 이어집니다. 10장은 아우로 이어지는 족보지만 11장은 아들 르우로 이어지는 족보입니다. 11장의 족보가 정통 족보이고 그 속에서 믿음의 조상인 아브라함의 계보가 이어지고 있습니다.

> 노아의 아들 셈과 함과 야벳의 족보는 이러하니라 홍수 후에 그들이 아들들을 낳았으니 **창 10:1**
>
> 에벨은 두 아들을 낳고 하나의 이름을 벨렉이라 하였으니 그때에 세상이 나뉘었음이요 벨렉의 아우의 이름은 욕단이며 **창 10:25**
>
> 벨렉은 삼십 세에 르우를 낳았고 **창 11:18**

바벨탑 사건

대홍수 후에 노아의 후손들이 번창했습니다. 당시 온 땅은 언어가 하나였습니다. 그 하나된 언어로 바벨의 시날 땅에서 탑을 건설하여 하늘에 닿게 하여 그들의 이름을 내고 지면에 흩어지지 말자고 했습니다. 선악과를 따먹었던 인간의 교만이 또다시 일어난 것입니다.

> 또 말하되 자, 성읍과 탑을 건설하여 그 탑 꼭대기를 하늘에 닿게 하여 우리 이름을 내고 온 지면에 흩어짐을 면하자 하였더니 **창 11:4**

바벨탑 계획은 하나님이 언어를 혼잡하게 하여 지면에 흩어 버림으로써 무산되었습니다. 인간은 한 번 큰 심판을 받았음에도 그 죄가 갈수록 심해졌습니다.

이는 인간은 죄에서 벗어날 수 없는 존재임을 말해 줍니다. 하나님의 은혜가 아니면 살 수 없는 것이 인간입니다. 창세기 11장 이후에 성경은 노아의 세 아들의 후손들이 온 땅에 흩어져 살게 되는 이야기를 잠시 접고 셈의 족보로 이어지는 믿음의 계보에 초점을 맞춥니다. 인류가 흩어진 이야기는 세상의 역사를 참조하면 됩니다. 성경 이야기는 인류의 모든 역사를 기록하는 데 목적이 있는 것이 아닙니다. 성경은 약속을 붙잡고 사는 사람에게 관심을 갖고 그를 중심으로 역사를 진행하고 있습니다.

성경은 하나님을 믿지 않는 이방 민족의 후손인 애굽, 앗수르, 바벨론, 바사 등을 중간 중간에 등장시켜 하나님의 약속을 잡고 사는 이스라엘의 족보와 약속을 떠난 이방 민족을 대비시키며 전체 이야기를 그려 나갑니다.

> 그러므로 그 이름을 바벨이라 하니 이는 여호와께서 거기서 온 땅의 언어를 혼잡하게 하셨음이니라 여호와께서 거기서 그들을 온 지면에 흩으셨더라 **창 11:9**

메소포타미아

비옥한 초승달 지역이라고 불리는 메소포타미아는 두 개의 강인 티그리스 강과 유프라테스 강 사이의 땅을 말합니다. 창세기 1-11장은 메소포타미아 지역을 배경으로 합니다. 에덴동산(?), 아라랏 산, 바벨탑을 세운 지역, 아브라함의 고향 등도 주로 이 지역에 속해 있습니다. 메소포타미아는 수메르, 아카드, 바벨론, 앗수르 등의 나라가 발생한 지역으로 인류 문명 발생지라고 일컬어집니다. 티그리스 강과 유프라테스 강 역시 매년 범람합니다. 이런 홍수는 고대인들에게는 때로는 도움이 되지만 많은 경우 두려움으로 작용했습니다. 당시 홍수 이야기(길가메시 서사시)가 널리 퍼진 것도 이런 지형 때문입니다.

돋보기로 삶에 적용하기

1. 홍수 심판은 우리에게 무슨 교훈을 줍니까? 무지개를 하늘에 증표로 주신 이유는 무엇입니까?

2. 사람이 어려서부터 근본적으로 악한 것에 대해 나는 얼마나 동의합니까? 새롭게 출발함에도 또다시 죄를 범하는 인간을 보면서 무슨 생각이 듭니까?

3. 아담-가인-노아-바벨탑의 역사를 보면서 깨닫는 교훈은 무엇입니까?

"쉽게 설명할 수 없다면 제대로 이해한 것이 아니다"
알버트 아인슈타인

장면 2

하나님 나라의 씨앗을 심다 :

족장시대

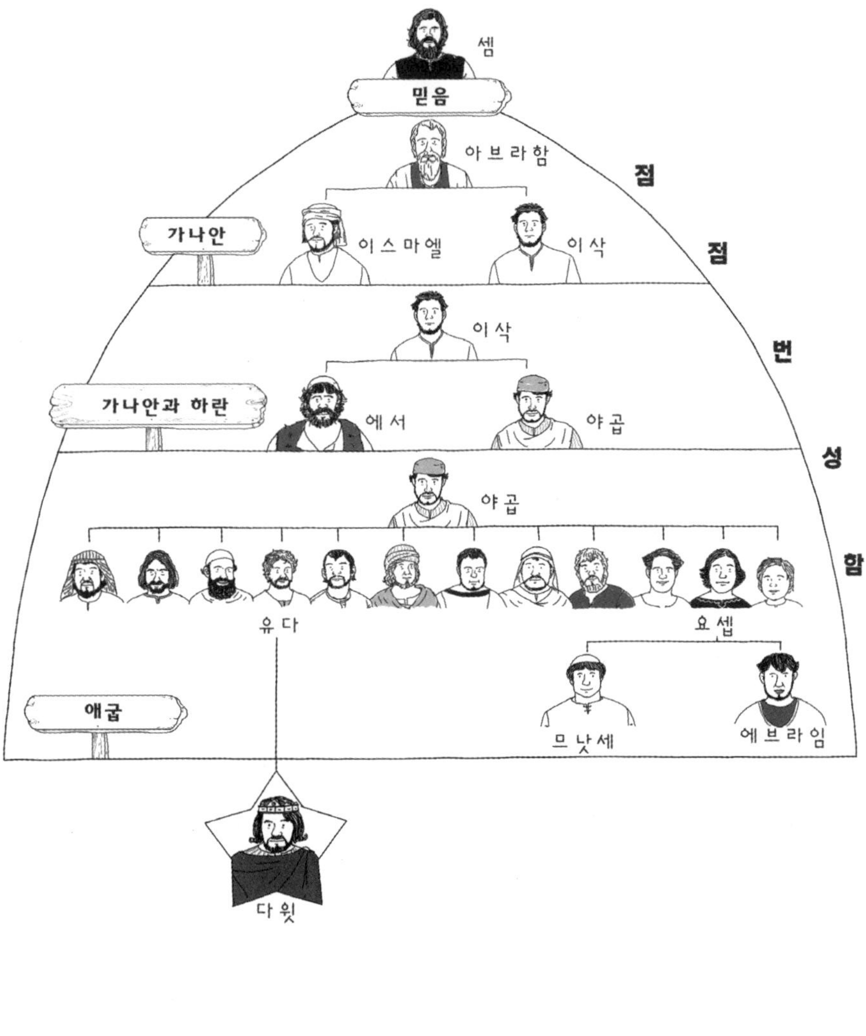

하나님의 형상대로 만드신 인간은 하나님을 떠나 자기 욕심대로 행했습니다. 타락한 인간은 하나님의 뜻을 알지 못하고 자기가 주인인 것처럼 착각하면서 하나님과 동일해지려는 행동을 계속 자행합니다. 결국 바벨탑 사건으로 언어가 혼잡하게 되었고 온 땅에 흩어져 살게 됩니다. 인간은 또 하나님의 심판을 받습니다.

도저히 희망이 없어 보이는 시점에서 하나님은 또다시 구원의 일을 시작하십니다. 바로 갈대아 우르에서 아브라함을 선택한 일입니다. 한 사람 아브라함을 통하여 구원의 역사를 이루는 일이 드디어 시작됩니다. 많은 사람에게서 시작하는 것이 아니라 하나님의 말씀에 순종하는 한 사람 아브라함을 기점으로 믿음의 역사가 전개됩니다.

아브라함의 믿음을 그대로 계속 이어가는 이야기가 창세기 12-50장입니다. 아브라함-이삭-야곱-요셉으로 이어지는 족장의 역사는 믿음의 사람들에게 모델이 되고 있습니다. 이것은 하나님의 구원이 어떻게 역사하시는지를 보여 줍니다. 오늘날에도 아브라함과 같은 믿음의 사람들이 이어지고 있고, 그렇게 해서 구원의 역사는 땅 끝까지 이르고 있습니다. 하나님은 믿음의 사람들을 이끌어 가십니다. 아브라함이 믿음의 조상이 되기까지의 과정을 살펴보면서 오늘 우리의 모습을 돌아보면 유익할 것입니다.

04
아브라함에서 이삭으로

망원경으로 전체 조망하기

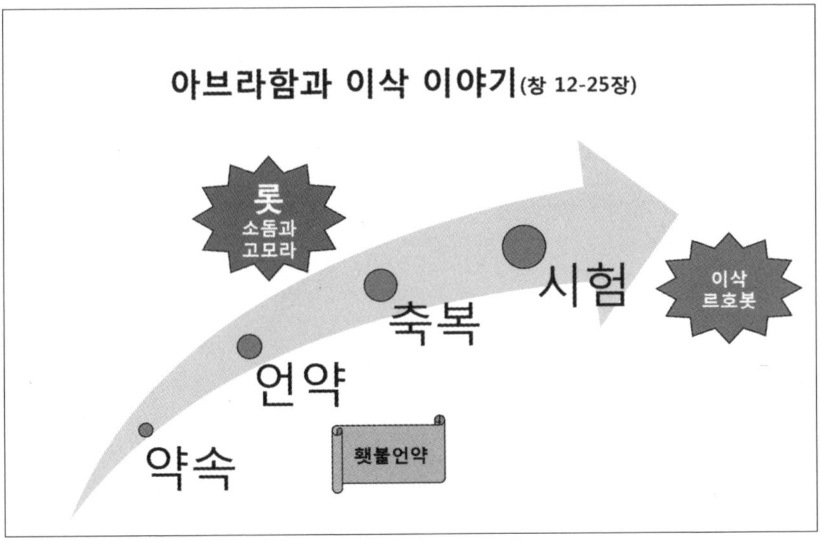

부름받은 아브람

아브람은 갈대아 우르에서 가족과 함께 살고 있었습니다. 하나님은 75세 된 아브람을 불러서 하나님이 지시한 약속의 땅에 가라고 하셨습니다. 그것은 인류를 구원하시는 하나님의 시작입니다. 그러자 아브람은 하나님의 말씀을 믿고 그대로 따랐습니다. 이때 하나님이 아브람에게 준 약속은 '모든 족속이 너로 말미암아 복을 얻을 것'이라는 말씀이었습니다.

> 여호와께서 아브람에게 이르시되 너는 너의 고향과 친척과 아버지의 집을 떠나 내가 네게 보여 줄 땅으로 가라 내가 너로 큰 민족을 이루고 네게 복을 주어 네 이름을 창대하게 하리니 너는 복이 될지라 너를 축복하는 자에게는 내가 복을 내리고 너를 저주하는 자에게는 내가 저주하리니 땅의 모든 족속이 너로 말미암아 복을 얻을 것이라 하신지라 이에 아브람이 여호와의 말씀을 따라갔고 롯도 그와 함께 갔으며 아브람이 하란을 떠날 때에 칠십오 세였더라 **창 12:1-4**

아브람은 분명한 약속을 받았음에도 하나님의 약속을 온전히 신뢰하지 못하고 인간적인 실수들을 저지릅니다. 그는 두 가지 불신의 실수를 저지릅니다.

아브람의 실수

실수 1 아브람은 약속의 땅인 가나안이 기근 들자 잠시 이방 땅인 애굽에 체류합니다. 거기서 아브람은 아내를 빼앗길 위험에 처하지만 하나님이 문제를 해결해 주십니다. 아브람이 약속을 지키지 못하자 하나님이 대신 약속을 신실하게 지키십니다.

> 그 땅에 기근이 들었으므로 아브람이 애굽에 거류하려고 그리로 내려갔으니 이는 그 땅에 기근이 심하였음이라 **창 12:10**

실수 2 아브람은 분명히 후사를 준다는 하나님의 약속을 받았지만 10년을 기다리다가 그만 인간적인 생각으로 몸종 하갈에게서 이스마엘을 잉태하여 낳게 됩니다(창 16:1-3, 15-16).

> 하갈이 아브람에게 이스마엘을 낳았을 때에 아브람이 팔십육 세였더라 **창 16:16**

아브라함: 언약

하나님과 아브라함이 언약관계임을 알려 주는 사건이 두 개 있습니다. 그것은 창세기 15장에 나오는 언약입니다(횃불 언약). 하나님은 아브라함에게 나타나셔서 종 엘리에셀이 아닌("내 집에서 길린 자") "네 몸에서 날 자가 상속자가 될 것"이라고 말합니다. 아직 아들이 없는 상황이지만 하나님은 분명히 아들을 주실 것이라 말합니다.

이때 아브라함은 하나님을 믿습니다. 그것을 보시고 의로 여기셨다고 말합니다(창 15:6). 그리고 그 증표로 횃불이 쪼갠 고기 사이로 지나가는 경험을 합니다. 하나님과 아브라함이 언약식을 체결하는 것입니다(창 15:17). 하나님이 확실하게 언약을 지킨다는 것입니다. 쪼갠 고기 사이로 횃불이 지나간다는 것은 언약을 어길 경우는 이처럼 죽임을 당한다는 의미입니다.

그러나 그 이후에 아브라함은 하나님을 신뢰하지 못하고 이스마엘을 낳게 됩니다. 그러자 하나님은 아브라함이 99세 때 언약을 다시 맺습니다. 그 언약은 전능하신 하나님 앞에서 완전하라는 내용입니다. 그리고 아브라함을 심히 번성하게 하고 아브라함에게서 민족들이 나게 하며 왕이 나오게 할 것이라고 약속하십니다. 하나님은 아브라함과 후손 사이에 언약을 세워 영원한 언약을 삼고 아브라함과 그 후손의 하나님이 되겠다고 하셨습니다. 언약의 표징으로 남자는 모두 할례를 행하게 하십니다. 그것은 하나님의 약속을 영원히 기억하게 하기 위함입니다.

> 아브람이 구십구 세 때에 여호와께서 아브람에게 나타나서 그에게 이르시되 나는 전능한 하나님이라 너는 내 앞에서 행하여 완전하라 **창 17:1**
>
> 너희 중 남자는 다 할례를 받으라 이것이 나와 너희와 너희 후손 사이에 지킬 내 언약이니라 **창 17:10**

소돔과 고모라

아브라함의 조카 롯이 사는 소돔 성은 도덕적으로 타락한 도시였습니다. 동성애가 만연한 성적으로 타락한 곳입니다. 나그네로 가장하여 나타난 두 천사를 집단으로 강간하려고 한 일이 그 예입니다. 소돔은 물질적 풍요로 인한 죄악이 가득했으며 가난하고 어려운 자를 도와주지 않는 등 공의가 상실된 곳이었습니다(겔 16:49). 아브라함은 의인 열 명만 찾으면 구원해 달라고 하나님께 구하지만 결국 의인 열 명이 없어 소돔과 고모라는 멸망에 이르게 됩니다. 롯의 가족만 겨우 구원을 받았습니다. 여기에서도 하나님의 심판과 구원이 함께 등장합니다. 소돔과 고모라 이야기는 죄를 지은 인간에게 어떤 심판이 임하는지 보여주는 좋은 역사적 교훈입니다(마 11:20-24).

> 롯을 부르고 그에게 이르되 오늘 밤에 네게 온 사람들이 어디 있느냐 이끌어 내라 우리가 그들을 상관하리라 **창 19:5**
> 여호와께서 하늘 곧 여호와께로부터 유황과 불을 소돔과 고모라에 비같이 내리사 그 성들과 온 들과 성에 거주하는 모든 백성과 땅에 난 것을 다 엎어 멸하셨더라 **창 19:24-25**

아브라함: 축복과 시험

아브라함은 믿음의 훈련을 잘 감당하여 드디어 이삭을 아들로 얻습니다. 이때 아브라함의 나이는 100세였고 그의 아내 사라는 90세였습니다. 자연 상태에서는 임신이 불가능한 나이지만 하나님은 아브라함에게 아들을 주셨습니다. 이것은 인간의 힘이 아닌 하나님의 능력으로 얻은 선물임을 의미합니다. '이삭'은 웃음이라는 뜻입니다. 나이 든 사람에게서 도저히 아이가 태어날 수 없지만 하나님이 개입하셔서 모든 사람이 웃을 일이 이들에게 일어났습니다.

> 아브라함이 그의 아들 이삭이 그에게 태어날 때에 백 세라 사라가 이르되 하나님이 나를 웃게 하시니 듣는 자가 다 나와 함께 웃으리로다 **창 21:5–6**

100세 때 낳은 아들이 어느 정도 장성하자(아마 십대 정도가 되었을 것입니다) 하나님은 아브라함에게 그 아들을 번제로 바치라는 믿음의 시험을 하셨습니다. 아브라함은 시험에 합격해서 처음 약속된 복을 그대로 받았습니다. "네 씨로 말미암아 천하 만민이 복을 받으리니 이는 네가 나의 말을 준행하였음이니라." 이렇게 해서 아브라함은 말씀에 순종하여 복을 받은 믿음의 조상이 되었습니다. 지금도 아브라함은 믿음을 가진 모든 사람들에게 모델이 되고 있습니다. 아브라함이 이삭을 바친 사건은 진정한 믿음이 무엇인지를 생각하게 합니다(히 11:17-19).

> 여호와께서 이르시되 네 아들 네 사랑하는 독자 이삭을 데리고 모리아 땅으로 가서 내가 네게 일러 준 한 산 거기서 그를 번제로 드리라 **창 22:2**
>
> 이르시되 여호와께서 이르시기를 내가 나를 가리켜 맹세하노니 네가 이같이 행하여 네 아들 네 독자도 아끼지 아니하였은즉 내가 네게 큰 복을 주고 네 씨가 크게 번성하여 하늘의 별과 같고 바닷가의 모래와 같게 하리니 네 씨가 그 대적의 성문을 차지하리라 또 네 씨로 말미암아 천하 만민이 복을 받으리니 이는 네가 나의 말을 준행하였음이니라 하셨다 하니라 **창 22:16–18**

이삭: 순종과 복

이삭은 아브라함을 그대로 본받아 순종하는 삶을 살았습니다. 그는 40세가 된 나이임에도 결혼을 하지 못했는데 아버지 아브라함을 대신해 종 엘리에셀이 아내를 구하러 갔습니다. 이삭은 엘리에셀이 데리고 온 리브가를 보지도 않고 자기 아내로 받아들입니다. 아버지 아브라함의 결정에 순종하며 믿음으로 모든 것을 받아들이는 모습입니다.

> 이삭이 리브가를 인도하여 그의 어머니 사라의 장막으로 들이고 그를 맞이하여 아내로 삼고 사랑하였으니 이삭이 그의 어머니를 장례한 후에 위로를 얻었더라 **창 24:67**

이삭은 아버지 아브라함을 본받아 하나님께 순종하며 살았습니다. 그 결과 거부가 되었습니다. 이삭은 아비멜렉과 우물 때문에 종들이 다투자 세 번이나 양보합니다. 그들과 다툰 에섹과 싯나의 우물이 아닌 다투지 않은 르호봇을 얻습니다. 이것은 인간의 힘이 아닌 하나님이 주신 번성케 하는 우물입니다.

> 이삭이 그 땅에서 농사하여 그 해에 백 배나 얻었고 여호와께서 복을 주시므로 그 사람이 창대하고 왕성하여 마침내 거부가 되어 **창 26:12–13**
>
> 이삭이 거기서 옮겨 다른 우물을 팠더니 그들이 다투지 아니하였으므로 그 이름을 르호봇이라 하여 이르되 이제는 여호와께서 우리를 위하여 넓게 하셨으니 이 땅에서 우리가 번성하리로다 하였더라 **창 26:22**

돋보기로 삶에 적용하기

1. 나는 택함 받은 하나님의 자녀로서 하나님의 위대한 꿈을 이루는 승리자임을 얼마나 믿고 살아갑니까? 현재, 인간적인 방법으로 살기보다는 하나님의 말씀에 얼마나 충실하게 따르며 살려고 하는지 점검해 보십시오.

2. 현재 내가 겪고 있는 하나님의 시험은 어떤 것입니까? 하나님의 시험을 무사히 통과하기 위해서 마음에 가져야 할 바람직한 자세들을 말해 보십시오.

"쉽게 설명할 수 없다면 제대로 이해한 것이 아니다"
알버트 아인슈타인

05
야곱의 허리에서 나온 열두 아들

망원경으로 전체 조망하기

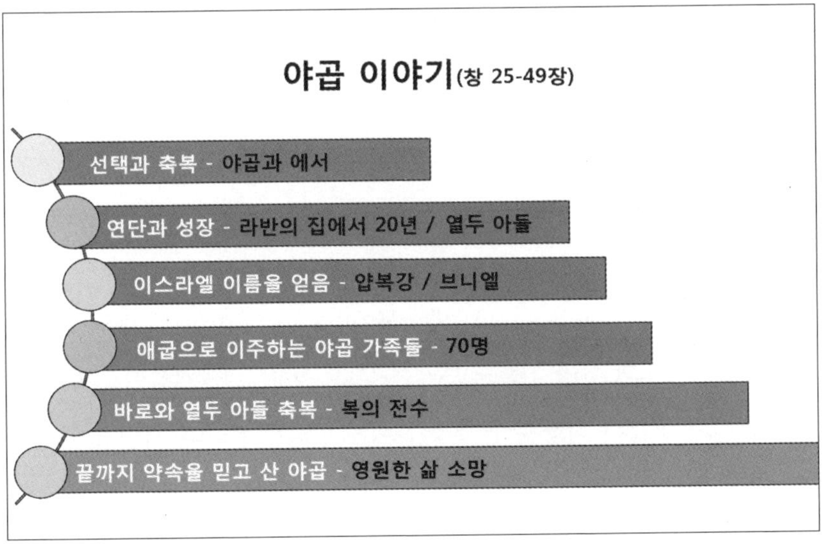

선택과 축복

야곱은 태어나기 전 어머니 뱃속에서부터 하나님의 선택을 받았습니다. 그것은 큰 자가 작은 자를 섬길 것이라는 것입니다. 쌍둥이인 에서와 야곱은 어머니 뱃속에서 서로 먼저 나오려고 애썼지만 결국은 야곱이 동생으로 나왔습니다. 그러나 늦게 나온 야곱이 형 에서보다 하나님의 역사에서는 중심인물이 됩니다. 우리의 인생은 우리의 행위와 상관없이 하나님의 무조건적인 선택입니다. 구원은 하나님의 선택과 약속에서 이루어집니다. 인생은 인간이 아닌 하나님의 약속에서 출발합니다(창 25:19-34).

> 여호와께서 그에게 이르시되 두 국민이 네 태중에 있구나 두 민족이 네 복중에서부터 나누이리라 이 족속이 저 족속보다 강하겠고 큰 자가 어린 자를 섬기리라 하셨더라 **창 25:23**

이삭은 장자인 에서를 축복하려고 했지만 결국 차자인 야곱을 축복하게 됩니다. 야곱은 아버지를 속이는 잘못을 범하지만 그런 잘못을 통해서 하나님의 축복이 이삭을 통해 야곱에게 임하게 됩니다. 야곱과 에서의 차이점은 이렇습니다. 에서는 40세에 이방 족속인 헷사람을 아내로 맞아들이는 인간적인 결정을 함으로써 부모의 마음을 근심하게 하지만 야곱은 아버지의 말대로 가나안 사람이 아닌 라반의 딸 중에서 아내를 택하라는 말에 순종합니다. 성공은 하나님의 약속과 연결될 때 이루어집니다(창 26:34-28:9).

에서가 사십 세에 헷 족속 브에리의 딸 유딧과 헷 족속 엘론의 딸 바스맛을 아내로 맞이하였더니 그들이 이삭과 리브가의 마음에 근심이 되었더라 **창 26:34–35**

이삭이 야곱을 불러 그에게 축복하고 또 당부하여 이르되 너는 가나안 사람의 딸들 중에서 아내를 맞이하지 말고 일어나 밧단아람으로 가서 네 외조부 브두엘의 집에 이르러 거기서 네 외삼촌 라반의 딸 중에서 아내를 맞이하라 전능하신 하나님이 네게 복을 주시어 네가 생육하고 번성하게 하여 네가 여러 족속을 이루게 하시고 **창 28:1–3**

연단과 성장

야곱은 형 에서의 장자권을 가로챈 이후 에서의 미움을 받아 집을 떠나게 됩니다. 그러나 야곱은 집에서 떠난 순간부터 하나님의 영적 훈련 과정에 참여하게 됩니다. 40세가 된 나이에 야곱은 벧엘에서 하나님을 인격적으로 만납니다. 하나님은 야곱이 누워 있는 땅을 그와 자손에게 주겠다고 하셨으며 그의 자손을 땅의 티끌같이 많게 하겠다고 축복하십니다. 또한 하나님이 허락하신 약속을 이룰 때까지 야곱과 함께한다는 말씀을 주셨습니다. 신앙의 가정에서 태어나는 것으로 만족해서는 안 됩니다. 인격적으로 하나님과 직접 만나는 경험이 없으면 하나님의 사람이 될 수 없습니다(창 28:10–22).

네가 누워 있는 땅을 내가 너와 네 자손에게 주리니 네 자손이 땅의 티끌 같이 되어 네가 서쪽과 동쪽과 북쪽과 남쪽으로 퍼져나갈지며 땅의 모든 족속이 너와 네 자손으로 말미암아 복을 받으리라 내가 너와 함께 있어 네가 어디로 가든지 너를 지키며 너를 이끌어 이 땅으로 돌아오게 할지라 내가 네게 허락한 것을 다 이루기까지 너를 떠나지 아니하리라 하신지라 창 28:13-15

야곱이 아침에 일찍이 일어나 베개로 삼았던 돌을 가져다가 기둥으로 세우고 그 위에 기름을 붓고 그 곳 이름을 벧엘이라 하였더라 이 성의 옛 이름은 루스더라 창 28:18-19

야곱은 라반의 집에서 20년 동안 있으면서 레아와 라헬 두 아내와 첩을 얻어 열두 아들을 낳았습니다. 그들은 나중에 이스라엘의 열두 지파가 됩니다. 하나님은 이 기간에 야곱을 축복을 받을 만한 그릇으로 만드는 훈련을 시키셨습니다. 레아는 르우벤, 시므온, 레위, 유다, 잇사갈과 스블론 6명의 아들을 낳고, 딸 디나를 낳았습니다. 레아의 몸종인 실바는 야곱의 첩이 되어서 갓과 아셀을 낳았습니다. 라헬은 요셉과 베냐민을 낳고 라헬의 몸종 빌하는 야곱의 첩이 되어서 단과 납달리를 낳았습니다. 최고의 축복은 물질이 아니라 사람을 남기는 것입니다. 하나님의 역사는 믿음의 사람을 통해 전수됩니다(창 29:31-30:24).

레아가 임신하여 아들을 낳고 그 이름을 르우벤이라 하여 이르되 여호와께서 나의 괴로움을 돌보셨으니 이제는 내 남편이 나를 사랑하리로다 하였더라 그가 다시 임신하여 아들을 낳고 이르되 여호와께서 내가 사랑 받지 못함을 들으셨으므로 내게 이 아들도 주셨도다 하고 그의 이름을 시므온이라 하였으며 그가 또 임신하여 아들을 낳고 이르되 내가 그에게 세 아들을 낳았으니 내 남편이 지금부터 나와 연합하리로다 하고 그의 이름을 레위라 하였으며 그가 또 임신하여 아들을 낳고 이르되 내가 이제는 여호와를 찬송

하리로다 하고 이로 말미암아 그가 그의 이름을 유다라 하였고 그의 출산이 멈추었더라 **창 29:32-35**

하나님이 라헬을 생각하신지라 하나님이 그의 소원을 들으시고 그의 태를 여셨으므로 그가 임신하여 아들을 낳고 이르되 하나님이 내 부끄러움을 씻으셨다 하고 그 이름을 요셉이라 하니 여호와는 다시 다른 아들을 내게 더하시기를 원하노라 하였더라 **창 30:22-24**

이스라엘이라는 이름을 얻음

야곱이 집을 떠난 지 20년이 되었습니다. 야곱은 삼촌 라반의 집에서 떠나 이제 가나안 땅으로 돌아옵니다. 그러나 형 에서가 온다는 말을 듣고 두려움에 빠졌습니다. 그리고 혼자 얍복 강에서 밤에 천사와 씨름을 합니다. 이때 '이스라엘'이란 이름을 얻었습니다. 여기서 이스라엘이란 이름은 하나님과 및 사람들과 겨루어 이겼다는 뜻입니다. 이것은 씨름을 통하여 하나님을 이긴 것처럼 사람들을 이기는 민족으로 삼게 하겠다는 뜻입니다. 하나님께 붙잡힌 사람, 하나님께 붙잡힌 민족 이스라엘을 의미하고 있습니다. 이스라엘은 하나님이 끝까지 책임져 주신다는 뜻입니다.

그리고 야곱은 그곳 이름을 '하나님과 대면하여 보았으나 내 생명이 보존되었다'는 의미에서 브니엘이라 하였습니다. 야곱은 그렇게 바라던 축복을 얻어 냅니다. 이것은 하나님이 야곱의 생애에 복을 주시고 생명을 지켜 주신다는 확증입니다(창 32:24-32).

그가 이르되 네 이름을 다시는 야곱이라 부를 것이 아니요 이스라엘이라 부를 것이니 이는 네가 하나님과 및 사람들과 겨루어 이겼음이니라 야곱이 청하여 이르되 당신의 이름을 알려주소서 그 사람이 이르되 어찌하여 내 이름을 묻느냐 하고 거기서 야곱에게 축복한지라 그러므로 야곱이 그 곳 이름을 브니엘이라 하였으니 그가 이르기를 내가 하나님과 대면하여 보았으나 내 생명이 보전되었다 함이더라 창 32:28-30

이스라엘이란 이름은 나중에 벧엘에서 다시 받습니다. 이것은 야곱을 통해서 이스라엘 백성이 나오게 하신다는 축복의 말씀입니다. 이후부터 야곱은 이스라엘로 불리게 됩니다. 하나님은 야곱을 20년 동안 지켜 주셨습니다. 처음 벧엘에서 하나님이 약속한 것을 이루어 주셨습니다. 하나님은 약속하신 것을 분명히 이루십니다. 하나님이 평생 함께하신다는 약속은 인간이 받는 최고의 축복입니다(창 35:1-12).

우리가 일어나 벧엘로 올라가자 내 환난 날에 내게 응답하시며 내가 가는 길에서 나와 함께하신 하나님께 내가 거기서 제단을 쌓으려 하노라 하매 창 35:3

야곱이 밧단아람에서 돌아오매 하나님이 다시 야곱에게 나타나사 그에게 복을 주시고 하나님이 그에게 이르시되 네 이름이 야곱이지마는 네 이름을 다시는 야곱이라 부르지 않겠고 이스라엘이 네 이름이 되리라 하시고 그가 그의 이름을 이스라엘이라 부르시고 하나님이 그에게 이르시되 나는 전능한 하나님이라 생육하며 번성하라 한 백성과 백성들의 총회가 네게서 나오고 왕들이 네 허리에서 나오리라 내가 아브라함과 이삭에게 준 땅을 네게 주고 내가 네 후손에게도 그 땅을 주리라 하시고 창35:9-12

애굽으로 이주하는 야곱의 가족

나이 든 야곱은 죽은 줄로 알고 있던 아들 요셉이 살아 있다는 소식을 듣고 모든 소유를 이끌고 애굽으로 떠납니다. 요셉은 애굽의 총리가 되어 있었습니다. 아버지와 형들을 봉양하는 사명을 갖고 아버지와 그 식구들을 애굽으로 오게 합니다. 가나안 땅은 기근으로 살기 어려웠습니다. 하나님은 이스라엘 백성을 형성하기 위해 야곱의 열두 아들과 자녀들을 애굽으로 이주시킵니다. 이때 애굽으로 이주 한 사람들이 칠십 명이었습니다. 하나님은 아브라함과의 약속을 이루기 위해 애굽으로 터전을 잠시 옮긴 것입니다.

> 그 밤에 하나님이 이상 중에 이스라엘에게 나타나 이르시되 야곱아 야곱아 하시는지라 야곱이 이르되 내가 여기 있나이다 하매 하나님이 이르시되 나는 하나님이라 네 아버지의 하나님이니 애굽으로 내려가기를 두려워하지 말라 내가 거기서 너로 큰 민족을 이루게 하리라 내가 너와 함께 애굽으로 내려가겠고 반드시 너를 인도하여 다시 올라올 것이며 요셉이 그의 손으로 네 눈을 감기리라 하셨더라 **창 46:2-4**
>
> 애굽에서 요셉이 낳은 아들은 두 명이니 야곱의 집 사람으로 애굽에 이른 자가 모두 칠십 명이었더라 **창 46:27**

바로와 열두 아들을 축복하는 야곱

야곱은 애굽의 왕 바로를 축복합니다. 뿐만 아니라 요셉의 두 아들 에브라임과 므낫세를 축복합니다. 그리고 임종 직전에 아들들을 불러서 축복합니다. 야곱의 축복은 나중에 이스라엘 열두 지파의 미래를 결정하는 예언이 됩니다. 장자 르우벤과 시므온에게는 저주를 내립니다. 반면에 찬송의 이름을 가진 유다에게는 가장 큰 축복을 합니다. 이후로 유다 지파는 출애굽할 때 선두 지파의 역할을 감당합니다. 야곱의 축복은 곧 하나님의 말씀이 됩니다. 오늘도 우리 입을 통해 나오는 말이 하나님의 말씀을 이루는 축복의 통로가 되어야 합니다.

> 야곱이 바로에게 축복하고 그 앞에서 나오니라 **창 47:10**
>
> 그가 요셉을 위하여 축복하여 이르되 내 조부 아브라함과 아버지 이삭이 섬기던 하나님, 나의 출생으로부터 지금까지 나를 기르신 하나님, 나를 모든 환난에서 건지신 여호와의 사자께서 이 아이들에게 복을 주시오며 이들로 내 이름과 내 조상 아브라함과 이삭의 이름으로 칭하게 하시오며 이들이 세상에서 번식되게 하시기를 원하나이다 **창 48:15-16**
>
> 유다야 너는 네 형제의 찬송이 될지라 네 손이 네 원수의 목을 잡을 것이요 네 아버지의 아들들이 네 앞에 절하리로다 **창 49:8**

끝까지 약속을 믿고 산 야곱

야곱은 자기가 죽거든 애굽이 아닌 가나안 땅의 막벨라 굴에 장사 지내달라고 부탁합니다. 그 굴은 아브라함과 이삭을 장사 지낸 곳으로, 그곳에 함께 묻힌다는 것은 하나님의 약속과 함께한다는 뜻입니다. 다시 말하면 아브라함과 맺은 언약이 이삭에게로 이어져 왔고 그것이 다시 야곱 자신에게로 계속 이어진다는 의미입니다. 야곱은 지금은 비록 애굽에 있지만 하나님이 약속하신 땅 가나안에 들어간다는 확신을 가지고 있었습니다. 하나님의 사람은 약속에 의하여 시작하고 약속으로 인생이 마무리되는 것을 볼 수 있습니다.

아브라함의 믿음이 자손에게로 이어져 오늘날 우리에게까지 이르고 있습니다. 오늘날 우리도 아브라함의 언약을 계속 이어가는 복음의 주자가 되어야 합니다. 이 믿음의 연결에서 끊어지면 안 됩니다.

그가 그들에게 명하여 이르되 내가 내 조상들에게로 돌아가리니 나를 헷 사람 에브론의 밭에 있는 굴에 우리 선조와 함께 장사하라 이 굴은 가나안 땅 마므레 앞 막벨라 밭에 있는 것이라 아브라함이 헷 사람 에브론에게서 밭과 함께 사서 그의 매장지를 삼았으므로 아브라함과 그의 아내 사라가 거기 장사되었고 이삭과 그의 아내 리브가도 거기 장사되었으며 나도 레아를 그 곳에 장사하였노라 **창 49: 29-31**

돋보기로 삶에 적용하기

1. 나에게 주신 하나님의 구원의 약속과 복은 무엇입니까? 말씀을 통해 찾아 보세요.
   "내가 너희에게 분부한 모든 것을 가르쳐 지키게 하라 볼지어다 내가 세상 끝날까지 너희와 항상 함께 있으리라"(마 28:20)

2. 하나님을 떠남으로 나타나는 고난과 어려움은 나에게 없습니까? 나는 고난의 순간마다 어떻게 이기며 힘을 얻고 있는지 말해 보십시오.

"쉽게 설명할 수 없다면 제대로 이해한 것이 아니다"
알버트 아인슈타인

06

하나님의 꿈을 꾸며 봉사하는 요셉

망원경으로 전체 조망하기

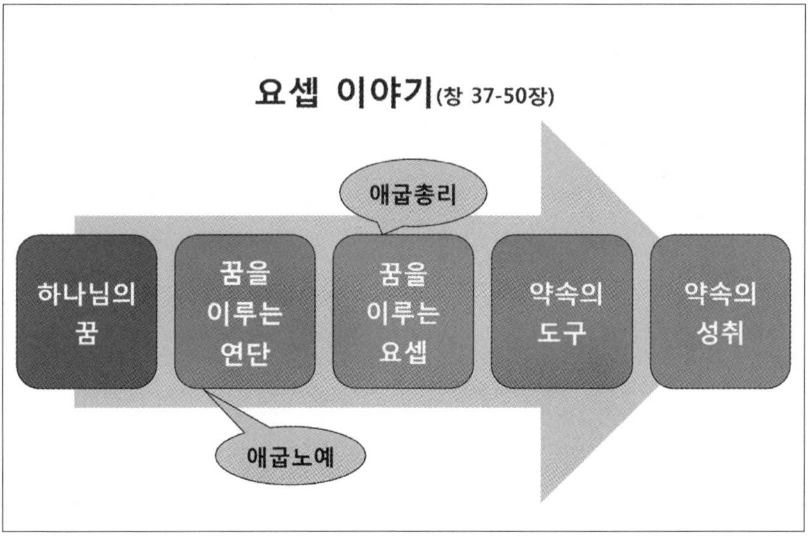

하나님의 꿈

하나님은 요셉에게 두 번의 꿈을 통하여 요셉과 함께하신다는 비전을 주셨습니다. 지금은 형들에게 시기와 질투를 받아 고난을 당하지만 요셉을 형들보다 더 크게 사용하신다는 내용입니다. 사람은 꿈을 꾸는 순간 인생이 달라집니다. 형들의 미움과 시기 속에서 미래의 희망을 찾기 어려웠던 요셉은 하나님의 꿈을 꾸면서 새로운 삶의 길이 열립니다. 인생은 하나님의 꿈을 꾸면 그때부터 시작됩니다(창 37:1-11).

> 요셉이 그들에게 이르되 청하건대 내가 꾼 꿈을 들으시오 우리가 밭에서 곡식 단을 묶더니 내 단은 일어서고 당신들의 단은 내 단을 둘러서서 절하더이다 그의 형들이 그에게 이르되 네가 참으로 우리의 왕이 되겠느냐 참으로 우리를 다스리게 되겠느냐 하고 그의 꿈과 그의 말로 말미암아 그를 더욱 미워하더니 요셉이 다시 꿈을 꾸고 그의 형들에게 말하여 이르되 내가 또 꿈을 꾼즉 해와 달과 열한 별이 내게 절하더이다 하니라 **창 37:6-9**

꿈을 이루는 연단

요셉은 자기의 꿈을 형들에게 이야기함으로 인해 미움을 받습니다. 그 결과 구덩이에 빠지는 죽음의 위기를 겪게 되고 애굽에 노예로 팔리게 됩니다. 그리고 보디발의 아내의 모함으로 감옥에 갇히는 고난을 겪습니다.

이러한 요셉의 고난은 하나님의 꿈을 이루기 위한 필수 과정입니다. 특히 이해가 되지 않는 고난을 겪으면서 요셉은 하나님을 신뢰하는 사람으로 빚어졌습니다. 이런 요셉의 믿음은 주위 사람들에게 "여호와께서 요셉과 함께하심이라"는 믿음을 가지게 했습니다. 하나님은 택한 자녀를 분명하게 지키시고 선한 길로 인도하십니다(창 37:12-36, 창 39:1-23).

> 요셉이 형들에게 이르매 그의 형들이 요셉의 옷 곧 그가 입은 채색옷을 벗기고 그를 잡아 구덩이에 던지니 그 구덩이는 빈 것이라 그 속에 물이 없었더라 **창 37:23-24**
>
> 그때에 미디안 사람 상인들이 지나가고 있는지라 형들이 요셉을 구덩이에서 끌어올리고 은 이십에 그를 이스마엘 사람들에게 팔매 그 상인들이 요셉을 데리고 애굽으로 갔더라 **창 37:28**
>
> 요셉이 이끌려 애굽에 내려가매 바로의 신하 친위대장 애굽 사람 보디발이 그를 그리로 데려간 이스마엘 사람의 손에서 요셉을 사니라 여호와께서 요셉과 함께 하시므로 그가 형통한 자가 되어 그의 주인 애굽 사람의 집에 있으니 **창 39:1-2**
>
> 이에 요셉의 주인이 그를 잡아 옥에 가두니 그 옥은 왕의 죄수를 가두는 곳이었더라 요셉이 옥에 갇혔으나 **창 39:20**

감옥에서 만난 두 관원장은 요셉의 꿈을 이루어주는 도구가 되었습니다. 요셉은 그들의 꿈을 해석함으로 그가 하나님의 사람임을 확신시킵니다. 요셉의 꿈 해석대로 복직한 술 맡은 관원장은 곧 요셉의 은혜를 잊어버렸고, 이에 요셉은 인간적인 실망을 합니다. 하지만 요셉이 견뎌낸 암흑 같은 2년의 침묵 기간이 오히려 인간을 의지하기보다는 하나님을 의지하는 기회가 됩니다(창 40장).

> 바로의 술 맡은 관원장은 전직을 회복하매 그가 잔을 바로의 손에 받들어 드렸고 떡 굽는 관원장은 매달리니 요셉이 그들에게 해석함과 같이 되었으나 술 맡은 관원장이 요셉을 기억하지 못하고 그를 잊었더라 **창 40:21-23**

요셉의 꿈을 이루신 하나님

요셉은 훗날 술 맡은 관원장의 추천으로 바로 왕에게 나아가 바로가 꾼 두 번의 꿈을 모두 해석합니다. 요셉은 꿈을 해석하는 것은 자기가 아닌 하나님이 하신 일임을 분명하게 언급합니다. 그 결과 요셉은 바로에게 인정받아 애굽의 총리가 됩니다. 상상할 수 없는 기적이 요셉에게 일어난 것입니다. 요셉의 성공은 인간의 노력이 아닌 하나님의 은혜로 된 것입니다. 요셉의 성공은 자신의 영광을 위한 것이 아니라 자손대대로 이어져 온 아브라함의 약속을 이루는 도구로 사용하기 위함입니다. 진정한 성공은 인간의 욕심이 아닌 하나님의 나라를 이루는 데 기여하는 것입니다(창 41장).

> 요셉이 바로에게 대답하여 이르되 내가 아니라 하나님께서 바로에게 편안한 대답을 하시리이다 **창 41:16**
>
> 바로가 또 요셉에게 이르되 내가 너를 애굽 온 땅의 총리가 되게 하노라 하고 **창 41:41**

요셉이 애굽의 총리가 되자 하나님은 기근을 통하여 형들을 애굽으로 가게 합니다. 요셉은 양식을 구하러 온 형들을 만나게 되고, 여러 과정을 통하여 형들을 용서하고 서로 화해합니다. 마지막에 요셉은 "나를 이리로 보낸 이는 당신들이 아니요 하나님이시라"고 고백하며 지금까지 그와 함께한 하나님의 섭리와 은혜를 고백합니다. 인생의 모든 과정은 하나님의 약속을 이루기 위한 하나님의 섭리입니다. 인생을 다 마친 후에, 그리고 계획했던 일을 다 이룬 후에 하나님께 어떻게 영광이 되느냐가 우리의 인생을 판가름합니다(창 42-45장).

> 하나님이 큰 구원으로 당신들의 생명을 보존하고 당신들의 후손을 세상에 두시려고 나를 당신들보다 먼저 보내셨나니 그런즉 나를 이리로 보낸 이는 당신들이 아니요 하나님이시라 하나님이 나를 바로에게 아버지로 삼으시고 그 온 집의 주로 삼으시며 애굽 온 땅의 통치자로 삼으셨나이다 **창 45:8**

하나님의 약속의 도구

형들과 화해한 요셉은 기근으로 어려움을 당하던 아버지와 그 가족을 모두 애굽으로 불러 생활하게 합니다. 이때 하나님은 애굽으로 내려가는 것을 두려워하는 야곱에게 "내가 거기서 너로 큰 민족을 이루게 하리라"고 말씀하십니다. 그리고 "내가 너와 함께 애굽으로 내려가겠고 반드시 너를 인도하여 다시 올라올 것"이라 약속하십니다. 애굽은 하나님의 약속을 이루기 위해 잠시 거하는 정거장과도 같은 곳입니다(창 46:1-7).

하나님이 이르시되 나는 하나님이라 네 아버지의 하나님이니 애굽으로 내려가기를 두려워하지 말라 내가 거기서 너로 큰 민족을 이루게 하리라 내가 너와 함께 애굽으로 내려가겠고 반드시 너를 인도하여 다시 올라올 것이며 요셉이 그의 손으로 네 눈을 감기리라 하셨더라 **창 46:3-4**

야곱의 가족이 애굽 고센 땅으로 이주했습니다. 이때 내려간 사람은 칠십 명이었습니다. 야곱의 가족은 비옥한 땅인 고센에서 큰 민족을 이루기까지 거하게 됩니다. 애굽과 바로는 이스라엘을 큰 민족으로 만드는 도구로서 사용됩니다. 요셉은 그 일에 가장 주도적인 역할을 하면서 이스라엘을 번성하게 하는 데 기여합니다. 하나님의 말씀이 곧 나의 꿈이 될 때 비로소 진정한 꿈이 됩니다(창 46:8-47장).

애굽에서 요셉이 낳은 아들은 두 명이니 야곱의 집 사람으로 애굽에 이른 자가 모두 칠십 명이었더라 야곱이 유다를 요셉에게 미리 보내어 자기를 고센으로 인도하게 하고 다 고센 땅에 이르니 **창 46:27-28**

약속의 성취를 바라봄

하나님의 약속과 복은 믿음의 사람을 통해서 이어져 갑니다. 이런 면에서 아버지가 자녀를 축복하는 것은 중요합니다. 요셉은 아버지 야곱에게 자기의 아들들을 축복해 달라고 말합니다. 야곱은 장자인 므낫세를 왼손으로 축복하고, 차자인 에브라임은 오른손으로 축복함으로 하나님의 뜻이 어디에 있는지를 보여줍니다. 그리고 열두 아들을 불러서 유언하며 축복하고 야곱은 죽게 됩니다. 이때 야곱이 열두 아들에게 한 축복은 앞으로 열두 지파가 가나안 땅에 들어간 후 일어날 일을 예언하는 것이었습니다. 이것은 세상의 일이 인간의 노력에 의해서 이루어지는 것이 아니라 하나님의 약속에 따라 성취됨을 보여줍니다(창 48-49장).

> 요셉이 아버지의 무릎 사이에서 두 아들을 물러나게 하고 땅에 엎드려 절하고 오른손으로는 에브라임을 이스라엘의 왼손을 향하게 하고 왼손으로는 므낫세를 이스라엘의 오른손을 향하게 하여 이끌어 그에게 가까이 나아가매 이스라엘이 오른손을 펴서 차남 에브라임의 머리에 얹고 왼손을 펴서 므낫세의 머리에 얹으니 므낫세는 장자라도 팔을 엇바꾸어 얹었더라 **창 48:12-14**
>
> 야곱이 그 아들들을 불러 이르되 너희는 모이라 너희가 후일에 당할 일을 내가 너희에게 이르리라 **창 49:1**

요셉은 이스라엘 백성이 나중에 출애굽할 때 자기의 해골을 약속의 땅에 갖고 가라고 유언합니다. 요셉은 애굽의 총리로 남기보다 이스라엘의 언약 백성으로서 남기를 원합니다. 하나님이 분명히 약속의 땅에 거하게 하실 것이라는 믿음이 그의 평생을 이끌어 갔습니다. 나중에 하나님 백성의 귀한 씨앗이 될 형들의 자녀들을 기르는 데 자기의 모든 열정을 다합니다. 진정한 성공자는 하나님의 꿈을 이루는 데 끝까지 자신을 드리고 봉사하며 사는 사람입니다. 죽음 이후까지 계속되는 하나님의 영원한 꿈을 꾸고 죽는 사람입니다(창 50장).

> 요셉이 그의 형제들에게 이르되 나는 죽을 것이나 하나님이 당신들을 돌보시고 당신들을 이 땅에서 인도하여 내사 아브라함과 이삭과 야곱에게 맹세

하신 땅에 이르게 하시리라 하고 요셉이 또 이스라엘 자손에게 맹세시켜 이르기를 하나님이 반드시 당신들을 돌보시리니 당신들은 여기서 내 해골을 메고 올라가겠다 하라 하였더라 **창 50:24–25**

이집트

이집트(성경에선 애굽)는 3000년이 넘는 오래된 역사를 가지고 있는 고대국가입니다. 아브라함이 갈대아 우르를 떠나 이집트로 내려갈 때는 이집트가 1000년 넘게 그 지역을 통치하고 있었습니다. 요셉과 모세와 이스라엘 백성이 400년간 이집트에서 생활하는 등 이집트는 이스라엘과 깊은 관계를 갖고 있습니다. 이집트는 1,200km나 되는 나일 강 주변에 도시를 건설했습니다. 이집트 최고의 자원은 나일 강입니다. 나일 강의 젖줄을 통해 주변 지역이 비옥하게 형성되었습니다. 나일 강 주변은 사막이지만 나일 강이 옥토로 만드는 역할을 하고 있습니다. 특히 내년 반복되는 나일 강의 범람은 주변 땅을 덮었습니다. 이집트 농부들은 물이 빠질 때 땅을 정리하고 씨를 뿌립니다.
이집트는 죽은 왕들을 위해 피라미드를 세워 신적 통치 세계를 이루었습니다. 3왕조~6왕조 사이에 많은 피라미드를 세웠습니다. 이것을 통해 왕 자신을 신적인 존재로 드높였습니다. 바로가 그 대표적인 예입니다. 사막은 외부의 침입을 막아주는 역할을 했습니다. 제6왕조 말에 바로의 권력은 약화되었습니다. 각자 자기가 왕이라고 하는 권력자들이 생겨나면서 이집트는 쇠락의 길을 걷게 됩니다.

돋보기로 삶에 적용하기

1. 하나님이 나에게 주신 꿈은 무엇입니까? 그리고 나는 그것을 이루기 위해 어떤 노력을 하고 있습니까?

2. 꿈을 이루는 과정 중에 이해되지 않는 인생의 어려움을 만났을 때 나는 어떻게 대처합니까? 또 나를 힘들게 하는 사람들을 어떻게 대하면서 살아야 합니까? 그리고 꿈을 이룬 후에 나는 어떤 삶을 살아야 하는지 말해 보십시오.

"쉽게 설명할 수 없다면 제대로 이해한 것이 아니다"
알버트 아인슈타인

장면 3

하나님 나라의 백성이 탄생되고 성장하다 :

출애굽시대 · 광야시대

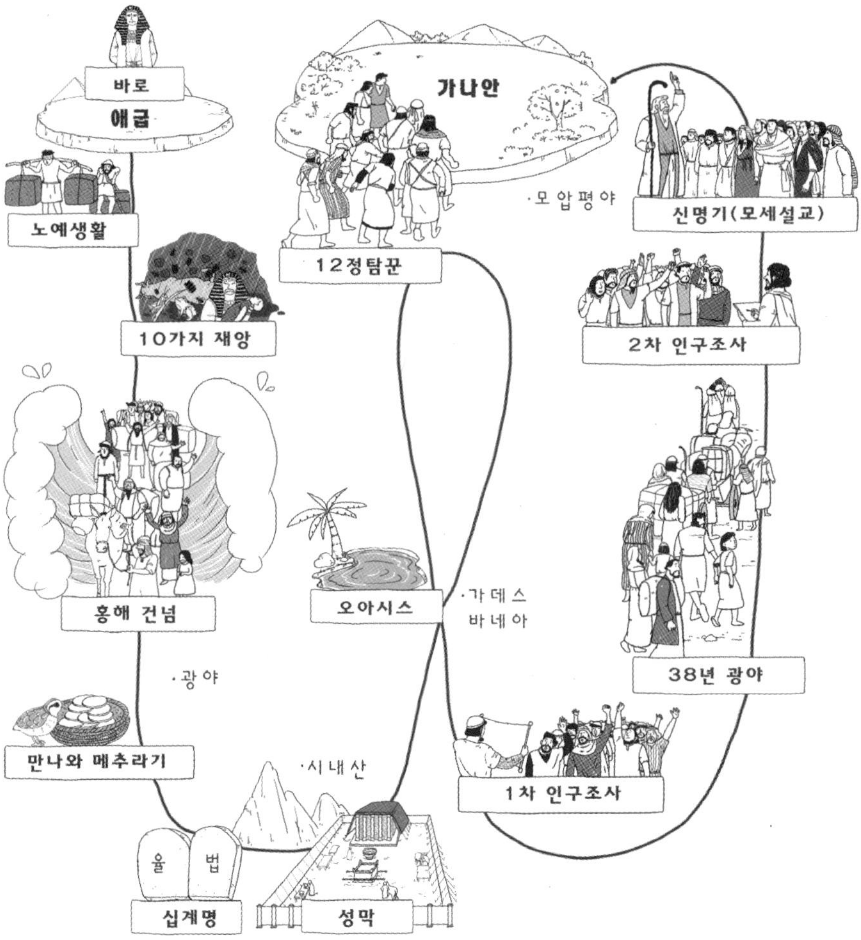

아브라함에서 시작된 구원의 역사는 이삭과 야곱의 열두 아들과 70명의 자손이 애굽으로 이주하면서 뿌리가 내립니다. 400년의 기간이 지나면서 이제 본격적으로 싹이 트게 되는데, 이스라엘 자손은 놀라운 속도로 번성하여 이제 한 국가를 이룰 정도인 200여 만 명으로 늘었습니다.

이스라엘은 애굽에서 더 이상 살 수 없는 상황이 되어 드디어 출애굽하게 됩니다. 그리고 약속의 땅인 가나안을 향해 갑니다. 하나님은 2-3주일이면 갈 수 있는 해변가 길을 택하지 않으시고 광야 길로 향하게 하셔서 그곳에서 40년의 기간을 보내게 하십니다. 왜 그렇게 했을까요? 가나안 땅에 빨리 들어가는 것보다 그곳에서 거룩한 백성으로 사는 것이 더 중요했기 때문입니다.

오랜 종 생활로 인한 잔재가 남아 있기에 광야 생활을 통해 죄악된 모습을 제거하고 새로운 백성으로 거듭나야 했습니다. 그러기 위해서 광야 생활은 필수입니다. 결국 이전 세대는 모두 죽고 차세대와 여호수아와 갈렙만 가나안에 들어가게 됩니다. 장면 3의 출애굽과 광야생활은 가나안에 들어가기 전에 거룩한 백성으로 준비하는 과정을 그리고 있습니다.

출애굽기-레위기-민수기-신명기가 여기에 해당됩니다. 이것은 각각의 책이 아니라 하나로 연결된 책으로 읽어야 합니다. 구원 받은 이스라엘 백성에게 율법과 성막을 주시고 그것을 실천하는 삶의 현장인 40년의 광야 훈련학교 과정을 주셨습니다. 이것은 오늘날 세상 속에서 살아가는 그리스도인과 교회의 모습을 상징합니다. 하나님의 말씀과 예배로 거룩한 백성으로 훈련받아 세상을 복음으로 정복하는 과정을 말하고 있습니다.

07
애굽과 바다와 광야를 넘어

망원경으로 전체 조망하기

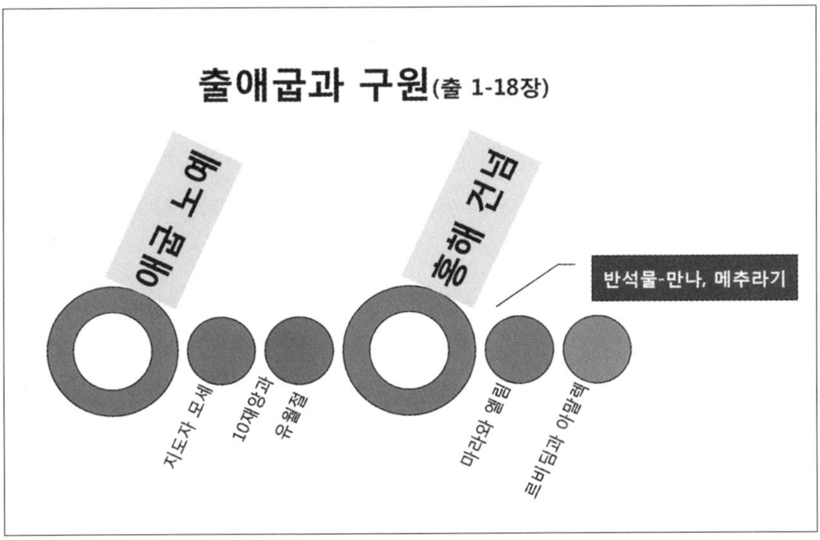

애굽 노예생활

가나안 땅의 기근을 피해 애굽에 내려온 이스라엘(야곱)의 가족들은 점점 번성하여 온 땅에 가득하게 되었습니다. 바로는 이스라엘 민족이 더 번성하지 않도록 남자아이가 태어나면 모두 죽이라고 하였으나 오히려 이스라엘은 학대를 받을수록 번성하고 창성했습니다. 특별히 출산을 돕는 산파들이 은혜를 베풀어 죽을 아이를 살리면서 야곱의 후예인 이스라엘 백성은 하나님의 약속대로 생육하고 번성하며, 심히 강대한 민족으로 성장해 갔습니다. 아무리 방해가 심해도 하나님의 약속은 이루어집니다(출 1장).

> 이스라엘 자손은 생육하고 불어나 번성하고 매우 강하여 온 땅에 가득하게 되었더라 출 1:7
>
> 그러나 학대를 받을수록 더욱 번성하여 퍼져나가니 애굽 사람이 이스라엘 자손으로 말미암아 근심하여 출 1:12
>
> 하나님이 그 산파들에게 은혜를 베푸시니 그 백성은 번성하고 매우 강해지니라 출 1:20

지도자 모세

노예생활을 하며 학대받는 이스라엘 백성을 기억하신 하나님은 그분의 백성을 구원하기로 하십니다. 이 일을 위해 준비된 사람이 모세입니다. 40년 간 바로의 아들로 왕궁에서 훈련받고, 다시 광야에서 40년 동안 영적 훈련을 받고 드디어 호렙 산에서 하나님의 부름을 받습니다. 모세를 통하여 이스라엘을 애굽에서 구출하여 아브라함에게 약속한 가나안 땅에 들어가게 하는 것이 최종 목표입니다. 모세에게 내린 1차 목표는 이스라엘 백성을 호렙 산까지 데려와서 하나님을 예배하는 거룩한 이스라엘로 만드는 일입니다. 우리가 구원받은 것은 하나님께 예배하고 그분을 찬송하기 위함입니다(출 2-3장).

> 그 아기가 자라매 바로의 딸에게로 데려가니 그가 그의 아들이 되니라 그가 그의 이름을 모세라 하여 이르되 이는 내가 그를 물에서 건져내었음이라 하였더라 출 2:10
>
> 모세가 그의 장인 미디안 제사장 이드로의 양 떼를 치더니 그 떼를 광야 서쪽으로 인도하여 하나님의 산 호렙에 이르매 출 3:1
>
> 이제 내가 너를 바로에게 보내어 너에게 내 백성 이스라엘 자손을 애굽에서 인도하여 내게 하리라 출 3:10
>
> 하나님이 이르시되 내가 반드시 너와 함께 있으리라 네가 그 백성을 애굽에서 인도하여 낸 후에 너희가 이 산에서 하나님을 섬기리니 이것이 내가 너를 보낸 증거니라 출 3:12

열 가지 재앙과 유월절

모세는 바로에게 이스라엘 백성이 광야에서 하나님께 절기(예배)를 지키게 해달라고 요구했지만 바로는 거부합니다. 하나님은 모세를 통하여 애굽에 열 가지 재앙을 내리십니다. 그러나 바로는 이적을 행할수록 잠깐 순종하지만 다시 거부합니다. 애굽의 요술사들도 이 재앙이 하나님의 권능이라고 실토하지만 바로는 오히려 더욱 마음이 완악해집니다. 바로의 완악함은 아홉 가지 재앙이 내릴 때까지도 계속됩니다. 애굽에 내린 열 재앙은 당시 자연과 인간을 지배한다고 믿는 이집트 신들을 저주한 것입니다. 피, 개구리, 이, 파리, 가축의 죽음, 악성 종기, 우박, 메뚜기, 흑암, 장자의 죽음의 열 재앙이 내렸습니다(출 5-11장).

> 그 후에 모세와 아론이 바로에게 가서 이르되 이스라엘의 하나님 여호와께서 이렇게 말씀하시기를 내 백성을 보내라 그러면 그들이 광야에서 내 앞에 절기를 지킬 것이니라 하셨나이다 바로가 이르되 여호와가 누구이기에 내가 그의 목소리를 듣고 이스라엘을 보내겠느냐 나는 여호와를 알지 못하니 이스라엘을 보내지 아니하리라 **출 5:2**
>
> 그들이 그대로 행할새 아론이 지팡이를 잡고 손을 들어 땅의 티끌을 치매 애굽 온 땅의 티끌이 다 이가 되어 사람과 가축에게 오르니 요술사들도 자기 요술로 그같이 행하여 이를 생기게 하려 하였으나 못 하였고 이가 사람과 가축에게 생긴지라 요술사가 바로에게 말하되 이는 하나님의 권능이니이다 하였으나 바로의 마음이 완악하게 되어 그들의 말을 듣지 아니하였으니 여호와의 말씀과 같더라 **출 8:17-19**
>
> 모세와 아론이 이 모든 기적을 바로 앞에서 행하였으나 여호와께서 바로의 마음을 완악하게 하셨으므로 그가 이스라엘 자손을 그 나라에서 보내지 아니하였더라 **출 11:10**

바로는 열 번째 재앙에서 자기 아들이 죽자 그때서야 항복합니다. 열 번째 재앙인 장자의 죽음은 애굽뿐 아니라 이스라엘에게도 내린 모든 사람을 향한 재앙이었습니다. 이스라엘 백성은 집 좌우 문설주와 인방에 어린 양의 피를 바름으로 장자 재앙을 면하게 되었습니다. 이것이 유월절입니다. 이 절기는 이스라엘이 자손대대로 지켜야 할 법입니다. 매년 이스라엘은 이 절기를 지켜야 했습니다. 이스라엘은 이것을 눈에 보이게 하기 위하여 손에 기호와 미간에 표를 삼고 율법을 입에 있게 했습니다. 지금도 유대인들이 이것을 자녀 교육의 방법으로 사용하고 있습니다. 이스라엘은 이 절기를 지키면서 신앙의 초심과 정체성을 확인합니다(출 12-13장).

> 너희는 이스라엘 온 회중에게 말하여 이르라 이 달 열흘에 너희 각자가 어린 양을 취할지니 각 가족대로 그 식구를 위하여 어린 양을 취하되 **출 12:3**
>
> 내가 애굽 땅을 칠 때에 그 피가 너희가 사는 집에 있어서 너희를 위하여 표적이 될지라 내가 피를 볼 때에 너희를 넘어가리니 재앙이 너희에게 내려 멸하지 아니하리라 너희는 이 날을 기념하여 여호와의 절기를 삼아 영원한 규례로 대대로 지킬지니라 **출 12:13-14**
>
> 이 후에 너희의 자녀가 묻기를 이 예식이 무슨 뜻이냐 하거든 너희는 이르기를 이는 여호와의 유월절 제사라 여호와께서 애굽 사람에게 재앙을 내리실 때에 애굽에 있는 이스라엘 자손의 집을 넘으사 우리의 집을 구원하셨느니라 하라 하매 백성이 머리 숙여 경배하니라 **출 12:26-27**
>
> 너는 그 날에 네 아들에게 보여 이르기를 이 예식은 내가 애굽에서 나올 때에 여호와께서 나를 위하여 행하신 일로 말미암음이라 하고 이것으로 네 손의 기호와 네 미간의 표를 삼고 여호와의 율법이 네 입에 있게 하라 이는 여호와께서 강하신 손으로 너를 애굽에서 인도하여 내셨음이니 해마다 절기가 되면 이 규례를 지킬지니라 **출 13:8-10**

홍해 도하

하나님이 이스라엘 백성을 인도하실 때, 가나안 땅으로 가는 지름길을 택하지 않은 이유는 가다가 전쟁을 하게 되면 다시 애굽으로 돌아갈 것을 염려해서입니다. 그래서 하나님은 이스라엘을 홍해 넘어 광야 길로 인도하셨습니다. 애굽을 나올 때 이스라엘은 요셉의 유골을 가지고 나왔는데 그것은 요셉의 유언에 따른 것입니다. 이는 이스라엘의 출애굽이 단순히 해방이 아닌 약속의 실현임을 보여 줍니다. 낮에는 구름기둥으로 인도함을 받고 밤에는 불기둥이 비추어 주었습니다(출 13:17-22).

> 바로가 백성을 보낸 후에 블레셋 사람의 땅의 길은 가까울지라도 하나님이 그들을 그 길로 인도하지 아니하셨으니 이는 하나님이 말씀하시기를 이 백성이 전쟁을 하게 되면 마음을 돌이켜 애굽으로 돌아갈까 하셨음이라 그러므로 하나님이 홍해의 광야 길로 돌려 백성을 인도하시매 이스라엘 자손이 애굽 땅에서 대열을 지어 나올 때에 모세가 요셉의 유골을 가졌으니 이는 요셉이 이스라엘 자손으로 단단히 맹세하게 하여 이르기를 하나님이 반드시 너희를 찾아오시리니 너희는 내 유골을 여기서 가지고 나가라 하였음이더라 출 13:17–19
>
> 여호와께서 그들 앞에서 가시며 낮에는 구름 기둥으로 그들의 길을 인도하시고 밤에는 불 기둥을 그들에게 비추사 낮이나 밤이나 진행하게 하시니 낮에는 구름 기둥, 밤에는 불 기둥이 백성 앞에서 떠나지 아니하니라 출 13:21–22

하지만 이스라엘 백성은 앞으로 더 이상 진격할 수 없는 홍해를 만나는 어려움을 당했습니다. 뒤에는 바로의 군대가 잡으려고 쫓아왔습니다.

이때 하나님은 모세를 통해 홍해를 갈라 이스라엘 백성이 건너가게 하셨습니다. 뒤쫓아오던 애굽의 군대는 물속에 모두 수장되었습니다. 이것은 하나님이 이스라엘을 대신하여 싸운 실제적인 장면입니다. 이스라엘은 구원을 위해서 한 일이 하나도 없습니다. 오직 믿음으로 나간 것 외에 다른 것이 없습니다. 홍해를 건넌 것은 유월절로 구원 받은 자들이 다시 한 번 구원 받았음을 확인하는 것으로 오늘날의 세례식과 같습니다.

> 여호와께서 너희를 위하여 싸우시리니 너희는 가만히 있을지니라 출 14:14
>
> 모세가 바다 위로 손을 내밀매 여호와께서 큰 동풍이 밤새도록 바닷물을 물러가게 하시니 물이 갈라져 바다가 마른 땅이 된지라 이스라엘 자손이 바다 가운데를 육지로 걸어가고 물은 그들의 좌우에 벽이 되니 출 14:21-22

유아기 광야 생활

놀라운 기적을 두 번이나 체험한 이스라엘 백성은 다시 광야 길로 행진합니다. 물을 얻지 못할 때 마라에서 쓴물을 단물로 바꾸어 주시고 오아시스인 엘림으로 인도하셔서 물을 공급해 주셨습니다. 또 하나님은 이들에게 하늘 음식으로 만나와 메추라기를 내려 주셨습니다. 목이 마를 때는 반석에서 물이 나오게 하셨습니다. 이것을 경험한 곳을 므리바라고 불렀습니다. 르비딤에서는 아말렉과 처음으로 전투를 하게 되는데 모세가 기도를 함으로 승리를 경험합니다. 또 모세 혼자 백성의 일을 재판하기 어렵게 되자 장인 이드로의 조언을 받아들여 어려운 일은 모세가 담당하고 작은 일은 천부장, 백부장, 오십부장, 십부장을 두어 담당하게 합니다.

특히 이 기간에는 이스라엘 백성이 잘못을 저질러도 하나님은 책망하거나 징계를 내리지 않고 무조건적인 은혜를 베풀어 주셨습니다. 그것은 아직 유아기적인 이스라엘에게 무한한 하나님의 사랑을 보여 주기 위함입니다(출 15:22-37, 16:4-5, 13-15, 17:5-7, 17:8-16. 18:20-26).

> 마라에 이르렀더니 그 곳 물이 써서 마시지 못하겠으므로 그 이름을 마라라 하였더라 백성이 모세에게 원망하여 이르되 우리가 무엇을 마실까 하매 모세가 여호와께 부르짖었더니 여호와께서 그에게 한 나무를 가리키시니 그가 물에 던지니 물이 달게 되었더라…그들이 엘림에 이르니 거기에 물 샘 열둘과 종려나무 일흔 그루가 있는지라 거기서 그들이 그 물 곁에 장막을 치니라 **출 15:23-25, 27**
>
> 저녁에는 메추라기가 와서 진에 덮이고 아침에는 이슬이 진 주위에 있더니 그 이슬이 마른 후에 광야 지면에 작고 둥글며 서리 같이 가는 것이 있는지라 이스라엘 자손이 보고 그것이 무엇인지 알지 못하여 서로 이르되 이것이 무엇이냐 하니 모세가 그들에게 이르되 이는 여호와께서 너희에게 주어 먹게 하신 양식이라 **출 16:13-15**
>
> 사람이 사는 땅에 이르기까지 이스라엘 자손이 사십 년 동안 만나를 먹었으니 곧 가나안 땅 접경에 이르기까지 그들이 만나를 먹었더라 **출 16:35**
>
> 이에 모세가 자기 장인의 말을 듣고 그 모든 말대로 하여 모세가 이스라엘 무리 중에서 능력 있는 사람들을 택하여 그들을 백성의 우두머리 곧 천부장과 백부장과 오십부장과 십부장을 삼으매 그들이 때를 따라 백성을 재판하되 어려운 일은 모세에게 가져오고 모든 작은 일은 스스로 재판하더라 **출 18:24-26**

돋보기로 삶에 적용하기

1. 이스라엘의 유월절 구원은 예수님이 유월절 어린양으로 오셔서 십자가에 죽으심으로 성취되었습니다. 나는 예수를 믿음으로 죽음에서 해방되었음을 얼마나 감사하고 있습니까?

2. 하나님의 백성은 하나님이 책임져 주십니다. 광야같이 힘든 세상 삶에서 나는 하나님의 인도하심을 얼마나 체험하고 있습니까?

"쉽게 설명할 수 없다면 제대로 이해한 것이 아니다"
알버트 아인슈타인

08
시내 산에서 이스라엘 : 율법

망원경으로 전체 조망하기

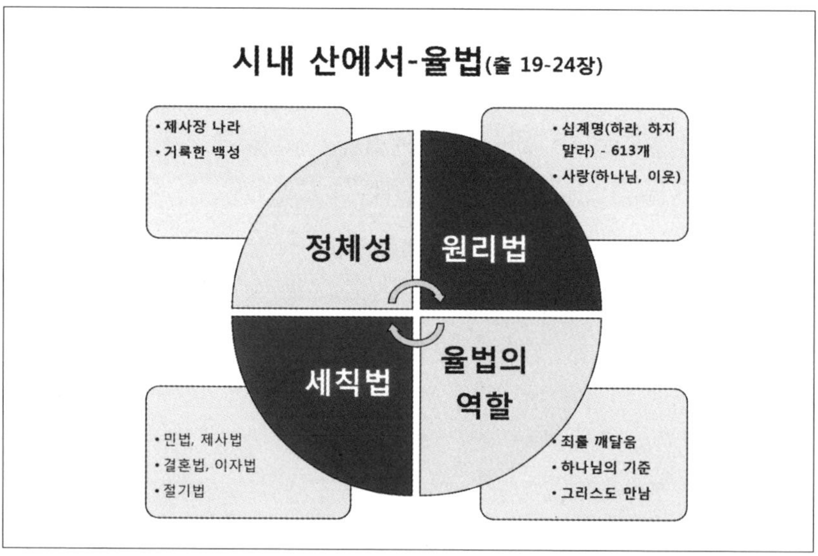

이스라엘의 정체성

이스라엘은 다른 민족과 구별된 언약 백성입니다. 하나님은 아브라함과 언약하셨는데, 그의 자손이 하늘의 별과 같고 바닷가의 모래와 같게 하겠다고 하셨습니다. 그동안 하나님은 70명의 야곱 자손을 번성시켜 200만 명이 넘는 이스라엘 백성을 이루셨습니다. 유월절과 홍해 사건은 이스라엘 백성이 특별히 구별된 하나님의 백성임을 보여주는 좋은 증거입니다. 시내 산까지 온 것은 하나님의 전적인 인도하심이었습니다. 하나님은 그동안 독수리 날개로 이스라엘을 업어 인도하셨습니다 이스라엘이 언약을 지키면 그들은 하나님의 제사장 나라가 되며 거룩한 백성이 됩니다. 하나님은 이러한 비전을 갖고 계십니다(출 19:1-6).

> 내가 애굽 사람에게 어떻게 행하였음과 내가 어떻게 독수리 날개로 너희를 업어 내게로 인도하였음을 너희가 보았느니라 세계가 다 내게 속하였나니 너희가 내 말을 잘 듣고 내 언약을 지키면 너희는 모든 민족 중에서 내 소유가 되겠고 너희가 내게 대하여 제사장 나라가 되며 거룩한 백성이 되리라 너는 이 말을 이스라엘 자손에게 전할지니라 **출 19:4-6**

시내 산에 도착한 이스라엘 백성은 11개월 동안 머물게 됩니다. 이곳에서 이스라엘은 하나님의 거룩한 백성으로 살아야 할 지침을 부여 받습니다. 이것은 이스라엘을 평생 지켜줄 디딤돌입니다. 이것을 통해 이스라엘은 다른 백성과 구별된 모습을 지닙니다. 그것은 율법과 성막입니다. 말씀과 예배의 삶이 이스라엘 백성의 정체성의 핵심입니다.

율법: 원리법

하나님과 이스라엘은 언약으로 맺어진 관계입니다. 하나님은 율법을 통하여 조약을 맺으십니다. 하나님은 흠이 있는 인간들에게 완전한 율법을 주셨고, 그 법을 지켜 인간이 완전함에 이르기를 요구하십니다. 하나님의 백성은 언약의 말씀을 지켜 행할 때 이루어집니다. 하나님은 이것을 위해 모세에게 특별히 시내 산에서 열 가지 계명을 주십니다. 이 계명은 하나님에 대한 사랑과 이웃에 대한 사랑으로 구성되었습니다. 그리고 전체 구조는 "하라"와 "하지 말라"는 명령으로 이루어져 있습니다(출 20:1-17).

십계명 긍정 계명(하라)	부정 계명(하지 말라)
1 유일신	6 살인
2 우상	7 간음
3 이름	8 도적질
4 안식일(증거)	9 거짓 증거
5 부모 공경	10 탐욕

> 네 부모를 공경하라 그리하면 네 하나님 여호와가 네게 준 땅에서 네 생명이 길리라 살인하지 말라 간음하지 말라 도둑질하지 말라 네 이웃에 대하여 거짓 증거하지 말라 네 이웃의 집을 탐내지 말라 네 이웃의 아내나 그의 남종이나 그의 여종이나 그의 소나 그의 나귀나 무릇 네 이웃의 소유를 탐내지 말라 **출 20:12–17**

예수께서 이르시되 네 마음을 다하고 목숨을 다하고 뜻을 다하여 주 너의 하나님을 사랑하라 하셨으니 이것이 크고 첫째 되는 계명이요 둘째도 그와 같으니 네 이웃을 네 자신같이 사랑하라 **마 22:37-39**

율법: 세칙법

하나님은 열 가지 도덕법 외에도 하나님의 자녀로서 지켜야 할 여러 가지 계명들을 주셨습니다. 그것은 크게 민법과 종교법으로 나눌 수 있습니다. 민법은 사법, 행정, 재산권과 남편과 아내, 주인과 종, 부모와 자녀, 다른 사람과의 관계 등을 다루고 있습니다. 종교법은 성막에서 일하는 제사와 절기와 제사장에 대한 내용입니다. 모든 율법은 하나님의 거룩성을 드러내고 하나님의 거룩함을 닮아가는 데 있습니다.

너는 이스라엘 자손의 온 회중에게 말하여 이르라 너희는 거룩하라 이는 나 여호와 너희 하나님이 거룩함이니라 **레 19:2**

세칙 율법에 따르면 7년째 되는 해는 안식년을 지키고, 살인하는 사람은 쳐서 죽이되 고의적이 아닐 경우는 도피성을 정해서 거기로 도망하게 하여 억울한 것을 배려했습니다. 또 부모를 폭행하면 그는 죽게 하고, 사람에게 상해를 입혔을 때는 행한 대로 갚으라고 말합니다(출 21:2, 12-14, 15-17, 22-25).

네가 백성 앞에 세울 법규는 이러하니라 네가 히브리 종을 사면 그는 여섯

해 동안 섬길 것이요 일곱째 해에는 몸값을 물지 않고 나가 자유인이 될 것이며 출 21:1-2

사람을 쳐 죽인 자는 반드시 죽일 것이나 만일 사람이 고의적으로 한 것이 아니라 나 하나님이 사람을 그의 손에 넘긴 것이면 내가 그를 위하여 한 곳을 정하리니 그 사람이 그리로 도망할 것이며 출 21:12-13

자기 아버지나 어머니를 치는 자는 반드시 죽일지니라 출 12:15

그러나 다른 해가 있으면 갚되 생명은 생명으로, 눈은 눈으로, 이는 이로, 손은 손으로, 발은 발로, 덴 것은 덴 것으로, 상하게 한 것은 상함으로, 때린 것은 때림으로 갚을지니라 출 21:23-25

그 외 결혼법, 이자법, 절기법 등에 대한 언급이 있습니다. 이것은 부부와 가정을 세우고 이웃관계를 바르게 하면서 공동체를 세우는 의미가 있습니다. 또 절기를 통하여 안식과 하나님이 베푸신 사랑을 잊지 않고 자자손손 기억하게 합니다. 이것은 이방나라와는 구별된 법으로 모두가 사랑에 근거한 특징을 갖고 있습니다. 이런 법을 지키면서 이스라엘은 하나님의 거룩한 백성으로서 정체성을 드러내게 됩니다(출 22:16-20, 25-27, 23:14, 17).

사람이 약혼하지 아니한 처녀를 꾀어 동침하였으면 납폐금을 주고 아내로 삼을 것이요 만일 처녀의 아버지가 딸을 그에게 주기를 거절하면 그는 처녀에게 납폐금으로 돈을 낼지니라 출 22:16-17

너는 이방 나그네를 압제하지 말며 그들을 학대하지 말라 너희도 애굽 땅에서 나그네였음이라 너는 과부나 고아를 해롭게 하지 말라 네가 만일 그들을 해롭게 하므로 그들이 내게 부르짖으면 내가 반드시 그 부르짖음을 들으리

라 출 22:21-23

네가 만일 너와 함께한 내 백성 중에서 가난한 자에게 돈을 꾸어 주면 너는 그에게 채권자같이 하지 말며 이자를 받지 말 것이며 네가 만일 이웃의 옷을 전당 잡거든 해가 지기 전에 그에게 돌려보내라 그것이 유일한 옷이라 그것이 그의 알몸을 가릴 옷인즉 그가 무엇을 입고 자겠느냐 그가 내게 부르짖으면 내가 들으리니 나는 자비로운 자임이니라 출 22:25-27

너는 뇌물을 받지 말라 뇌물은 밝은 자의 눈을 어둡게 하고 의로운 자의 말을 굽게 하느니라 출 23:8

너는 매년 세 번 내게 절기를 지킬지니라 너는 무교병의 절기를 지키라 내가 네게 명령한 대로 아빕월의 정한 때에 이레 동안 무교병을 먹을지니 이는 그 달에 네가 애굽에서 나왔음이라 빈 손으로 내 앞에 나오지 말지니라 맥추절을 지키라 이는 네가 수고하여 밭에 뿌린 것의 첫 열매를 거둠이니라 수장절을 지키라 이는 네가 수고하여 이룬 것을 연말에 밭에서부터 거두어 저장함이니라 출 23:14-16

율법의 역할

시내 산에서 모세를 통해 이스라엘에게 주신 계명은 완전한 율법입니다. 하나님이 율법을 주신 것은 인간이 이것을 다 지켜 당신의 뜻에 이를 수 있음을 보여 주는 것이 아니고, 율법을 통하여 인간이 완전해질 수 없는 연약한 죄인임을 깨닫게 하기 위해서입니다.

율법은 우리의 실체를 그대로 보여주는 거울과도 같습니다. 이것은 우리의 죄를 깨닫게 하고, 우리를 주께로 향하게 하며 회개에 이르게 하는 역할을 합니다. 법을 통해서 자신을 의지하지 않고 하나님을 의지하기 위한 목표가 있습니다.

> 그러므로 율법의 행위로 그의 앞에 의롭다 하심을 얻을 육체가 없나니 율법으로는 죄를 깨달음이니라 **롬 3:20**

율법은 하나님의 기준을 알려 줍니다. 하나님의 기준을 따라 살면 우리는 점차 하나님처럼 온전해지게 됩니다. 율법은 하나님을 닮아가는 기준입니다. 그러므로 우리는 말씀을 지키는 일에 힘써야 합니다. 하나님의 백성은 하나님의 형상을 닮아가야 하기 때문입니다.

> 그러므로 하늘에 계신 너희 아버지의 온전하심과같이 너희도 온전하라 **마 5:48**

우리는 율법을 통해 그리스도를 만나게 됩니다. 율법은 우리의 연약함을 알게 하고 죄인임을 깨닫게 하면서 회개하게 만듭니다. 이것은 결국 그리스도를 만나게 하는 데 중요한 목적이 있습니다. 율법은 우리가 그리스도를 받아들일 수 있도록 준비시키는 역할을 합니다.

> 믿음이 오기 전에 우리는 율법 아래에 매인 바 되고 계시될 믿음의 때까지 갇혔느니라 이같이 율법이 우리를 그리스도께로 인도하는 초등교사가 되어 우리로 하여금 믿음으로 말미암아 의롭다 함을 얻게 하려 함이라 **갈 3:23-24**

돋보기로 삶에 적용하기

1. 나는 어떤 기준을 갖고 인생을 살고 있습니까? 인생에서 왜 기준이 필요하다고 생각합니까?

2. 우리가 하나님의 말씀을 삶의 기준으로 삼고 살아야 하는 이유는 무엇입니까? 나는 얼마나 하나님의 말씀대로 살고 있습니까?

"쉽게 설명할 수 없다면 제대로 이해한 것이 아니다"
알버트 아인슈타인

09
시내 산에서 이스라엘 : 성막

망원경으로 전체 조망하기

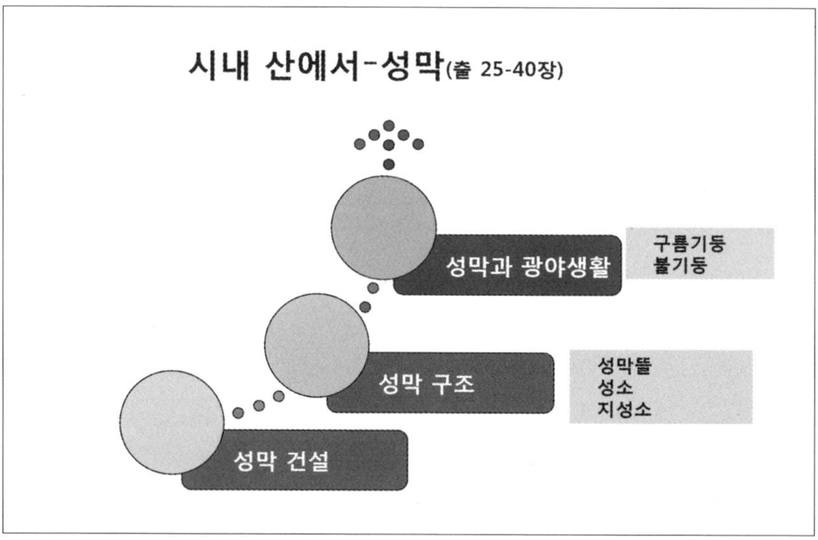

성막 건설

성막은 하나님이 임재하시는 장소입니다. 이스라엘 백성은 하나님이 임재하시는 성막에서 하나님을 만나고 자기의 죄를 씻고 제사를 통해 회개하며 하나님과 화해를 합니다. 하나님은 인간의 죄를 해결하는 방법으로 성막을 주셨고, 그곳에서 하나님과 만남으로 새롭게 관계를 회복할 수 있게 했습니다. 인간이 율법을 지키지 못함을 아신 하나님이 인간의 죄를 해결하는 방법으로 모세를 통하여 성막을 짓게 하셨습니다. 물론 성막에 대한 재료, 규격, 모양은 하나님이 구체적으로 지시하셨습니다. 성막은 거룩하기에 인간이 자기 마음대로 만들 수 없고 오직 하나님이 정해 준 규칙과 재료와 방법으로 만들어야 했습니다. 출애굽기 25-40장 말씀은 성막 설계도와 제사를 드리는 제사장에 대한 법과 성막을 설치하는 방법 등을 자세하게 설명하고 있습니다(출 25-40장).

> 너희가 그들에게서 받을 예물은 이러하니 금과 은과 놋과 청색 자색 홍색 실과 가는 베 실과 염소 털과 붉은 물 들인 숫양의 가죽과 해달의 가죽과 조각목과 등유와 관유에 드는 향료와 분향할 향을 만들 향품과 호마노며 에봇과 흉패에 물릴 보석이니라 내가 그들 중에 거할 성소를 그들이 나를 위하여 짓되 무릇 내가 네게 보이는 모양대로 장막을 짓고 기구들도 그 모양을 따라 지을지니라 **출 25:3-9**
>
> 너는 성막을 만들되 가늘게 꼰 베 실과 청색 자색 홍색 실로 그룹을 정교하게 수 놓은 열 폭의 휘장을 만들지니 **출 26:1**

너는 이스라엘 자손 중 네 형 아론과 그의 아들들 곧 아론과 아론의 아들들 나답과 아비후와 엘르아살과 이다말을 그와 함께 네게로 나아오게 하여 나를 섬기는 제사장 직분을 행하게 하되 네 형 아론을 위하여 거룩한 옷을 지어 영화롭고 아름답게 할지니 너는 무릇 마음에 지혜 있는 모든 자 곧 내가 지혜로운 영으로 채운 자들에게 말하여 아론의 옷을 지어 그를 거룩하게 하여 내게 제사장 직분을 행하게 하라 **출 28:1-3**

그 휘장 다섯 폭을 서로 연결하며 또 여섯 폭을 서로 연결하고 휘장을 연결할 끝폭 가에 고리 쉰 개를 달며 다른 연결할 끝폭 가에도 고리 쉰 개를 달고 놋 갈고리 쉰 개를 만들어 그 휘장을 연결하여 한 막이 되게 하고 붉은 물 들인 숫양의 가죽으로 막의 덮개를 만들고 해달의 가죽으로 그 윗덮개를 만들었더라 **출 36:16-19**

그들은 여호와께서 모세에게 명령하신 대로 청색 자색 홍색 실로 성소에서 섬길 때 입을 정교한 옷을 만들고 또 아론을 위해 거룩한 옷을 만들었더라 그는 또 금 실과 청색 자색 홍색 실과 가늘게 꼰 베 실로 에봇을 만들었으되 **출 39:1**

여호와께서 모세에게 말씀하여 이르시되 너는 첫째 달 초하루에 성막 곧 회막을 세우고 또 증거궤를 들여놓고 또 휘장으로 그 궤를 가리고 또 상을 들여놓고 그 위에 물품을 진설하고 등잔대를 들여놓아 불을 켜고 또 금 향단을 증거궤 앞에 두고 성막 문에 휘장을 달고 **출 40:1-5**

성막의 구조

성막은 크게 세 부분으로 나눕니다. 이것은 이스라엘 백성이 하나님 앞에 나아가는 과정을 그리고 있습니다. 하나님은 거룩하시기에 인간의 방법과 기준으로 하나님을 만날 수 없습니다. 하나님이 정한 법에 따라 지은 죄를 용서 받을 수 있습니다.

1) 성막 뜰(출 27:9, 40:29-32)

성막 뜰에는 불에 태운 제물을 바칠 놋으로 된 번제단이 있고, 제사장이 직분을 수행하러 가기 전에 손을 씻는 물두멍이 준비되어 있습니다.

> 너는 성막의 뜰을 만들지니 남쪽을 향하여 뜰 남쪽에 너비가 백 규빗의 세마포 휘장을 쳐서 그 한 쪽을 당하게 할지니 출 27:9
>
> 또 회막의 성막 문 앞에 번제단을 두고 번제와 소제를 그 위에 드리니 여호와께서 모세에게 명령하신 대로 되니라 그는 또 물두멍을 회막과 제단 사이에 두고 거기 씻을 물을 담으니라 출 40:29-30

2) 성소(출 40:22-27)

성소에는 황금 등잔대와 진설병을 올려놓은 떡을 진설하는 상과 금향단이 있습니다.

> 그는 또 회막 안 곧 성막 북쪽으로 휘장 밖에 상을 놓고 또 여호와 앞 그 상 위에 떡을 진설하니 여호와께서 모세에게 명령하신 대로 되니라 그는 또 회막 안 곧 성막 남쪽에 등잔대를 놓아 상과 마주하게 하고 또 여호와 앞에 등잔대에 불을 켜니 여호와께서 모세에게 명령하신 대로 되니라 그가 또 금향단을 회막 안 휘장 앞에 두고 그 위에 향기로운 향을 사르니 여호와께서 모세에게 명령하신 대로 되니라 출 40:22-27

3) 지성소(출 40:17-21)

지성소는 제사장이 속죄의 피를 뿌리기 위해 일 년에 한 번 들어갈 수 있는 거룩한 장소입니다. 그리스도의 몸을 상징하는 휘장이 드리워져 있고 그 안에는 하나님의 임재를 상징하는 증거궤가 있습니다.

> 그는 또 증거판을 궤 속에 넣고 채를 궤에 꿰고 속죄소를 궤 위에 두고 또 그 궤를 성막에 들여놓고 가리개 휘장을 늘어뜨려 그 증거궤를 가리니 여호와께서 모세에게 명령하신 대로 되니 **출 40:20-21**

성막과 광야생활

성막에 하나님의 영광이 충만하게 임했습니다. 성막을 중심으로 이스라엘 열두 지파의 진이 배치되었습니다. 광야를 이동할 때는 언약궤가 앞으로 나가고 그 뒤를 이스라엘 백성이 좇고 성막의 물건들을 중심으로 열두 지파가 행진하게 됩니다. 낮에는 성막 위에 구름이, 밤에는 불이 구름 가운데 있었습니다. 이것은 이스라엘과 함께하시는 하나님의 모습을 보여 줍니다. 이런 진영 구조는 이스라엘 백성은 하나님의 인도하심에 따라 살아가는 거룩한 백성임을 보여 줍니다(출 40:34-38; 민 2장). 이스라엘은 이방 백성과 구별된 존재입니다. 그들은 세상을 거룩하게 할 제사장 나라의 사명을 받았습니다. 그런 이유로 자신을 하나님처럼 거룩하게 만들 지침이 필요했습니다. 성막은 나중에 성전으로, 신약에서는 교회로 부름 받은 사람을 의미하는 것으로 발전합니다.

구름이 회막에 덮이고 여호와의 영광이 성막에 충만하매 모세가 회막에 들어갈 수 없었으니 이는 구름이 회막 위에 덮이고 여호와의 영광이 성막에 충만함이었으며 구름이 성막 위에서 떠오를 때에는 이스라엘 자손이 그 모든 행진하는 길에 앞으로 나아갔고 구름이 떠오르지 않을 때에는 떠오르는 날까지 나아가지 아니하였으며 낮에는 여호와의 구름이 성막 위에 있고 밤에는 불이 그 구름 가운데에 있음을 이스라엘의 온 족속이 그 모든 행진하는 길에서 그들의 눈으로 보았더라 **출 40:34-38**

너희는 너희가 하나님의 성전인 것과 하나님의 성령이 너희 안에 계시는 것을 알지 못하느냐 누구든지 하나님의 성전을 더럽히면 하나님이 그 사람을 멸하시리라 하나님의 성전은 거룩하니 너희도 그러하니라 **고전 3:16-17**

돋보기로 삶에 적용하기

1. 온전한 성소는 성령이 거하시는 그리스도의 몸과 교회입니다. 나는 그리스도께서 값 주고 사신 거룩한 성전입니다. 나는 얼마나 거룩한 성전으로서 살고 있는지 이야기해 보십시오.

2. 그리스도인도 세상 속에서 거룩한 제사장과 성전의 역할을 해야 합니다. 거룩함을 이루기 위해서는 말씀과 예배(기도)가 필수입니다(딤전 4:5). 나는 얼마나 말씀과 예배의 필요성을 알고 매일 실천하고 있습니까?

"쉽게 설명할 수 없다면 제대로 이해한 것이 아니다"
알버트 아인슈타인

10
시내 산에서 이스라엘 : 제사와 성결법

망원경으로 전체 조망하기

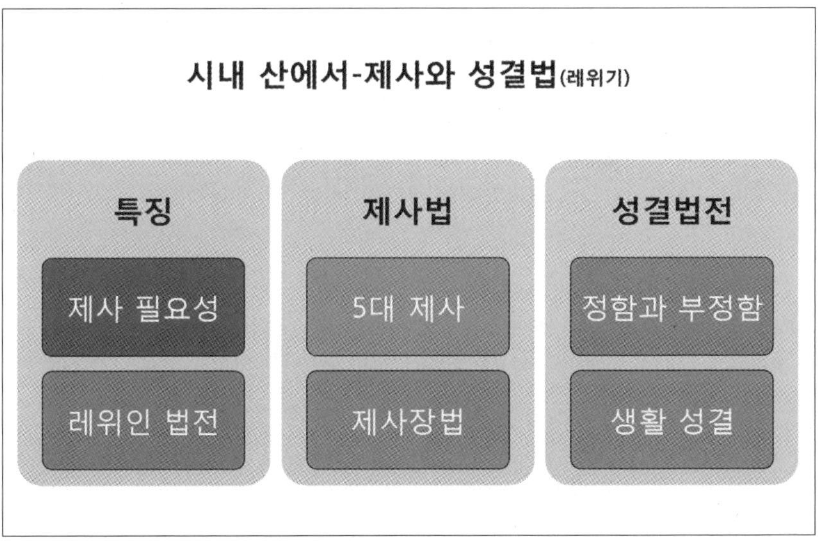

제사가 필요한 이유

이스라엘 백성이 거룩한 하나님을 만나기 위해서는 죄를 회개해야 합니다. 말씀대로 살지 못하는 이스라엘은 하나님의 심판에 이를 수밖에 없습니다. 이것을 해결하는 방법은 성막에서 희생제사를 드리는 일입니다. 희생제사의 핵심은 피에 있습니다. 백성의 죄를 대신할 짐승을 잡아 그 피를 드리면 죄를 용서 받고 하나님과 만날 수 있습니다. 성막을 건설한 것은 이런 제사를 드리기 위해서입니다. 성막에서는 백성이 날마다 희생제사를 드렸습니다. 매년 한 번씩 드리는 대속죄일에는 대제사장이 염소 두 마리를 드렸습니다. 이렇게 매번 제사가 필요한 이유는 죄를 지은 사람을 대신한 짐승의 피가 요구되기 때문입니다. 공의의 하나님은 죄가 해결되지 않으면 백성들 가운에 거하실 수 없습니다. 제사에는 하나님의 공의와 사랑이 함께 포함되었습니다. 그리고 이런 제사는 하나님께만 드려지는 것이 아니라 사람들과 나누고 교제하는 목적도 있습니다. 예배자들과 제사장들이 음식을 나누어 먹었습니다.

> 육체의 생명은 피에 있음이라 내가 이 피를 너희에게 주어 제단에 뿌려 너희의 생명을 위하여 속하게 하였나니 생명이 피에 있으므로 피가 죄를 속하느니라 **레 17:11**
>
> 율법을 따라 거의 모든 물건이 피로써 정결하게 되나니 피흘림이 없은즉 사함이 없느니라 **히 9:22**

레위인을 위한 법전: 레위기

레위기는 레위인을 위한 법입니다. 레위인은 이스라엘 백성을 하나님과 만나게 하는 중보자 역할을 합니다. 거룩한 하나님을 만나기 위해서는 거룩한 지침이 필요합니다. 내 마음대로 하나님을 만날 수 있는 것이 아니고 하나님이 정한 법에 따라 제사를 지내고 자신을 거룩하게 해야 합니다. 레위기는 이런 법도를 상세하게 제시해 놓았습니다.

제사는 하나님과의 관계를 회복하는 방법입니다. 제사법 외에도 물건들을 정결하게 하는 법과 이웃과의 관계를 회복하는 법도 함께 제시되어 있습니다. 세상 사람들에게는 레위기가 필요없지만 거룩한 이스라엘 백성에게는 죽고 사는 것이 결정되는 중요한 책입니다.

많은 성도들이 레위기를 크게 중요하게 생각하지 않지만 오경의 핵심은 레위기에 있다고 할 정도로 이스라엘에게는 중요합니다. 이스라엘은 사람들 속에서 하나님의 거룩한 성품을 보여 주어야 합니다. 그렇게 하려면 거룩한 삶을 살아야 하는데 그 지침이 레위기입니다. 이스라엘은 열방 속에서 거룩한 제사장 나라와 거룩한 백성의 사명이 있습니다. 오늘날 그리스도인은 세상 속에서 거룩한 제사장이며 제사장 나라입니다. 이런 점에서 그리스도인이 거룩하게 되는 지침을 레위기를 통해서 배울 수 있습니다.

> 너희가 내게 대하여 제사장 나라가 되며 거룩한 백성이 되리라 너는 이 말을 이스라엘 자손에게 전할지니라 **출 19:6**
>
> 그러나 너희는 택하신 족속이요 왕 같은 제사장들이요 거룩한 나라요 그의 소유된 백성이니 이는 너희를 어두운데서 불러 내어 그의 기이한 빛에 들어가게 하신 이의 아름다운 덕을 선포하게 하려 하심이라 **벧전 2:9**

나는 너희의 하나님이 되려고 너희를 애굽 땅에서 인도하여 낸 여호와라 내가 거룩하니 너희도 거룩할지어다 **레 11:45**

제사법

제사는 하나님께 희생 제물을 바치는 의미로 제단 위에서 태워졌지만 나머지는 예배자들과 제사장들이 교제의 식사를 했습니다. 하나님의 임재 속에서 음식을 나누어 먹는 행위도 제사였습니다. 하나님과 이웃 사랑에 대한 내용이 그대로 표현되어 있습니다. 제사는 다섯 가지입니다.

번제는 짐승을 완전히 불태워 하나님께 드리는 제사입니다. 소제는 곡식으로 드리는 제사입니다. 화목제는 하나님과의 교제를 유지하는 목적에서 드리는 제사입니다. 속죄제는 실수로 지은 죄를 속죄할 때 드리는 제사입니다. 속건제는 범죄 행위에 대해 배상을 하는 것까지 포함되는 제사입니다. 이웃에게 잘못을 행했을 때는 배상의 책임까지 졌는데 이는 이웃 관계가 예배에 중요한 요소임을 보여 줍니다. 예배는 혼자 드리는 것이 아니라 공동체가 같이 드리는 것입니다. 이것은 예배를 통하여 하나님께 우리 자신을 드리지만 이웃과의 교제도 중요한 것임을 보여 줍니다(레 1-7장).

이스라엘 자손에게 말하여 이르라 너희 중에 누구든지 여호와께 예물을 드리려거든 가축 중에서 소나 양으로 예물을 드릴지니라 그 예물이 소의 번제이면 흠 없는 수컷으로 회막 문에서 여호와 앞에 기쁘게 받으시도록 드릴지니라 **레 1:2-3**

누구든지 소제의 예물을 여호와께 드리려거든 고운 가루로 예물을 삼아 그

위에 기름을 붓고 또 그 위에 유향을 놓아 **레 2:1**

사람이 만일 화목제의 제물을 예물로 드리되 소로 드리려면 수컷이나 암컷이나 흠 없는 것으로 여호와 앞에 드릴지니 **레 3:1**

만일 기름 부음을 받은 제사장이 범죄하여 백성의 허물이 되었으면 그가 범한 죄로 말미암아 흠 없는 수송아지로 속죄제물을 삼아 여호와께 드릴지니 **레 4:3**

제사장법

제사는 일반인이 드릴 수 없고 백성을 대표하여 제사장이 드립니다. 이렇게 보면 제사를 드리는 데 가장 중요한 사람이 제사장입니다. 아론과 그의 아들들이 제사장에 임명되었고 레위인들은 제사를 도왔습니다. 제사장은 자기 마음대로 제사를 드리면 안 됩니다. 제사의 지침들이 자세하게 기록된 것이 제사장법입니다. 제사장으로 선택받은 아론의 아들인 나답과 아비후가 잘못 제사를 드렸다가 죽임을 당한 것은 좋은 예입니다(레 8-10장).

아론의 아들 나답과 아비후가 각기 향로를 가져다가 여호와께서 명령하시지 아니하신 다른 불을 담아 여호와 앞에 분향하였더니 불이 여호와 앞에서 나와 그들을 삼키매 그들이 여호와 앞에서 죽은지라 모세가 아론에게 이르되 이는 여호와의 말씀이라 이르시기를 나는 나를 가까이 하는 자 중에서 내 거룩함을 나타내겠고 온 백성 앞에서 내 영광을 나타내리라 하셨느니라 아론이 잠잠하니 **레 10:1-3**

정함과 부정함에 대한 법

제물에 대한 것을 구체적으로 말합니다. 제물은 정한 것과 부정한 것이 있습니다. 모든 것을 다 드리는 것이 아닙니다. 이런 점에서 제물에 대한 구별이 필요합니다. 부정한 것은 하나님이 받지 않으십니다. 이것은 음식에 대한 규정, 건강과 위생 등 생활 전반에 걸쳐서 제시되고 있습니다. 이렇게 모든 것을 구별해야 하는 이유는 이스라엘 백성이 하나님께 속한 자이기 때문입니다. 그들은 이방 사람들처럼 살면 안 됩니다. 이스라엘은 모든 삶에서 하나님의 거룩성을 드러내야 합니다. 출산과 질병, 신체적 방출 등으로 부정하게 되었을 때는 그것을 회복하기 위해 정결 의식을 행해야 합니다. 레위기 16장은 레위기의 핵심 장으로 대속죄일을 그리고 있습니다. 이날은 모든 이스라엘 백성이 자신을 정결하게 해야 합니다(레 11-16장).

> 이스라엘 자손에게 말하여 이르라 육지의 모든 짐승 중 너희가 먹을 만한 생물은 이러하니 모든 짐승 중 굽이 갈라져 쪽발이 되고 새김질하는 것은 너희가 먹되 **레 11:2-3**
>
> 너희는 영원히 이 규례를 지킬지니라 일곱째 달 곧 그 달 십일에 너희는 스스로 괴롭게 하고 아무 일도 하지 말되 본토인이든지 너희 중에 거류하는 거류민이든지 그리하라 이 날에 너희를 위하여 속죄하여 너희를 정결하게 하리니 너희의 모든 죄에서 너희가 여호와 앞에 정결하리라 이는 너희에게 안식일 중의 안식일인즉 너희는 스스로 괴롭게 할지니 영원히 지킬 규례라 **레 16:29-31**

성결법전

공동체 생활에서 거룩한 삶을 살기 위한 성결 법전이 소개되고 있습니다. 이런 규칙을 정하여 이스라엘이 행하도록 하는 것은 가나안 사람들과 구별된 삶을 살게 하기 위함입니다. 전반부(레 17-20장)는 개인적이고 사회적인 거룩에 대한 내용입니다. 모든 법은 "이웃 사랑하기를 네 자신과 같이 사랑하라"(레 19:18)는 말씀에 근거하여 적용하고 있습니다. 이방적인 방법인 희생 제사 금지, 피를 마시는 행위 금지, 성관계와 이웃 사랑에 대한 법이 기술되었습니다(레 17-20장).

> 너는 이스라엘 자손의 온 회중에게 말하여 이르라 너희는 거룩하라 이는 나 여호와 너희 하나님이 거룩함이니라 너희 각 사람은 부모를 경외하고 나의 안식일을 지키라 나는 너희의 하나님 여호와이니라 **레 19:2-3**
>
> 원수를 갚지 말며 동포를 원망하지 말며 네 이웃 사랑하기를 네 자신과 같이 사랑하라 나는 여호와이니라 **레 19:18**

후반부(21-27장)는 종교적인 규례를 다루고 있습니다. 제사장은 죽은 자를 만지면 안 되는 등의 규례와 올바른 제사와 희생제물을 먹는 것, 절기축제 등입니다. 마무리에는 채무자와 노예들을 해방할 수 있는 안식년과 희년과 땅의 안식에 대해 언급합니다. 일곱째 날은 안식일로 지키고 첫째 달 14일 저녁은 유월절로 지켜야 합니다. 희년이 되면 모든 것이 원래대로 돌아가도록 규례를 정했습니다. 이것은 50년이 되면 노예와 빚에서 법으로 해방시켜 다시 시작하게 하는 의미가 있습니다. 이렇게 레위기는 전체적으로 하나님과 이웃과의 관계를 바르게 정립하고 어떻게 구별된 모습을 지속시키며 살 수 있는지 그 세부지침을 보여 주고 있습니다(레 21-27장).

여호와께서 모세에게 이르시되 아론의 자손 제사장들에게 말하여 이르라 그의 백성 중에서 죽은 자를 만짐으로 말미암아 스스로를 더럽히지 말려니와 **레 21:1**

이스라엘 자손에게 말하여 이르라 이것이 나의 절기들이니 너희가 성회로 공포할 여호와의 절기들이니라 엿새 동안은 일할 것이요 일곱째 날은 쉴 안식일이니 성회의 날이라 너희는 아무 일도 하지 말라 이는 너희가 거주하는 각처에서 지킬 여호와의 안식일이니라 이것이 너희가 그 정한 때에 성회로 공포할 여호와의 절기들이니라 첫째 달 열나흗날 저녁은 여호와의 유월절이요 **레 23:2-5**

희년이 되어서 그 밭이 돌아오게 될 때에는 여호와께 바친 성물이 되어 영영히 드린 땅과 같이 제사장의 기업이 될 것이며 만일 사람에게 샀고 자기 기업이 아닌 밭을 여호와께 성별하여 드렸으면 너는 값을 정하고 제사장은 그를 위하여 희년까지 계산하고 그는 네가 값을 정한 돈을 그 날에 여호와께 드려 성물로 삼을지며 그가 판 밭은 희년에 그 판 사람 곧 그 땅의 원주인에게로 되돌아갈지니라 **레 27:21-24**

돋보기로 삶에 적용하기

1. 인간은 연약하여 죄를 지을 수밖에 없습니다. 아무리 노력해도 또 죄를 짓는 것이 인간입니다. 이런 인간이 죄를 용서 받으려면 하나님께 나아가는 길밖에 없습니다. 제사는 하나님께 나아가는 방법을 알려줍니다. 그리스도인은 예수님을 통해서 하나님 앞에 나아가 예배를 드립니다. 나는 매주일 어떤 예배를 드리고 하나님과 어떻게 교제하는지 말해 보십시오.

2. 예배는 예배당에서만 드리는 것이 아니라 다시 삶으로 이어져야 합니다. 거룩한 삶을 사는 것이 곧 찬미의 제사가 됩니다. 말과 행동과 일상생활에서 거룩하게 사는 것이 곧 하나님께 드리는 산제사입니다. 일상 속에서 거룩한 삶을 살기 위해서 나에게 필요한 것이 무엇입니까?

"쉽게 설명할 수 없다면 제대로 이해한 것이 아니다"
알버트 아인슈타인

11
광야학교
: 반역과 방황과 심판

망원경으로 전체 조망하기

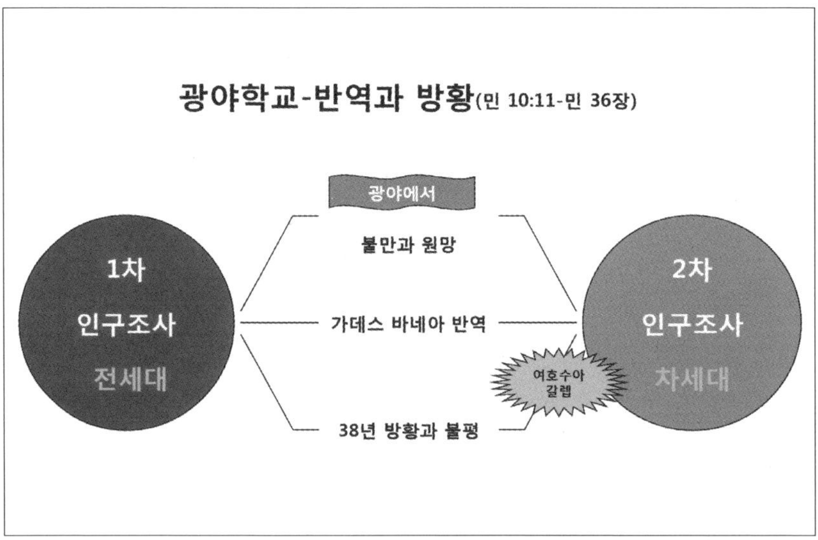

시내 산에서 출발 준비: 1차 인구조사

민수기는 시내 산에서 출발하여 38년 동안 광야 생활을 한 후에 모압 평지에 장막을 치고 가나안 정복을 대비하는 내용으로 구성되었습니다. 이스라엘은 시내 산을 출발하기 전에 출애굽 세대의 인구를 조사합니다. 이때 조사된 숫자가 603,550명입니다. 이는 20세 이상 군대에 나갈 수 있는 숫자로 이제 이스라엘 백성은 노예가 아닌 군대의 면모를 갖춥니다. 앞으로 살아갈 광야에서의 삶은 이스라엘이 얼마나 거룩한 삶을 살며 하나님을 의존하는가에 달려 있습니다. 이제 광야로 출발하기 전에 레위인들과 각 지파 진과 성막을 거룩한 모습으로 정비합니다. 광야 생활의 핵심은 성막과 제사입니다. 성막 안에서 이루어지는 제사를 통하여 이스라엘이 얼마나 거룩함을 유지하느냐에 이스라엘의 성공 유무가 달려 있습니다(민 1장).

> 이상은 이스라엘 자손이 그들의 조상의 가문을 따라 계수된 자니 모든 진영의 군인 곧 계수된 자의 총계는 육십만 삼천오백오십 명이며 **민 2:32**

이스라엘 백성이 앞으로 살아갈 광야는 하나님만 의지해야 하는 곳입니다. 시내 산에서 받은 말씀을 이루는 백성으로 살아가기 위해서는 광야에서 시험을 통과해야 합니다.

말씀을 의지한다는 말은 그 말씀이 하나님이라는 것을 고난 속에서 경험하는 데 있습니다. 신앙은 이성이 아닌 삶입니다. 직접 몸으로 경험하면서 하나님을 만나고 신뢰하는 것이 중요합니다. 이제 거룩한 이스라엘의 백성임이 광야 속에서 하나님만 신뢰하며 나갈 때 증명되는 것입니다. 이런 점에서 아론의 축복기도는 힘든 광야생활 속에서 하나님이 동행하신다는 뜻이 담겨 있습니다. 아론의 축복기도 내용을 그대로 믿고 사는 것이 신앙입니다.

이스라엘 백성은 출발하기 전에 시내 광야에서 유월절을 지킴으로 처음 애굽에서 이스라엘을 구원하신 은혜를 다시 기억하게 됩니다. 거룩하신 하나님은 거룩한 사람과 함께합니다(민 2-10장).

> 레위 자손 중에서 고핫 자손을 그들의 종족과 조상의 가문에 따라 집계할지니 곧 삼십 세 이상으로 오십 세까지 회막의 일을 하기 위하여 그 역사에 참가할 만한 모든 자를 계수하라 **민 4:2-3**
>
> 이스라엘 자손에게 전하여 그들에게 이르라 남자나 여자가 특별한 서원 곧 나실인의 서원을 하고 자기 몸을 구별하여 여호와께 드리려고 하면 포도주와 독주를 멀리하며 포도주로 된 초나 독주로 된 초를 마시지 말며 포도즙도 마시지 말며 생포도나 건포도도 먹지 말지니 **민 6:2-3**
>
> 아론과 그의 아들들에게 말하여 이르기를 너희는 이스라엘 자손을 위하여 이렇게 축복하여 이르되 여호와는 네게 복을 주시고 너를 지키시기를 원하며 여호와는 그의 얼굴을 네게 비추사 은혜 베푸시기를 원하며 여호와는 그 얼굴을 네게로 향하여 드사 평강 주시기를 원하노라 할지니라 하라 그들은 이같이 내 이름으로 이스라엘 자손에게 축복할지니 내가 그들에게 복을 주리라 **민 6:23-27**
>
> 모세가 이스라엘 자손에게 명령하여 유월절을 지키라 하매 그들이 첫째 달 열넷째 날 해 질 때에 시내 광야에서 유월절을 지켰으되 이스라엘 자손이

여호와께서 모세에게 명령하신 것을 다 따라 행하였더라 민 9:4-5

불만과 원망

이스라엘은 시내 산을 출발하여 얼마 가지 못해 하나님을 원망합니다. 모세의 처남은 봉사를 거절하고, 이스라엘 백성은 악한 말로 원망합니다. 그러자 하나님은 불을 내려 진영 끝을 불사릅니다. 그 곳 이름을 다베라라고 불렀습니다. 그들은 하나님이 베푸신 은혜를 잊어버리고 만나밖에 없다고 음식 불평을 합니다. 그러자 하나님은 메추라기 재앙을 주십니다. 원망과 불평은 하나님을 불신하는 죄악에서 나오는 모습입니다(민 11장).

여호와께서 들으시기에 백성이 악한 말로 원망하매 여호와께서 들으시고 진노하사 여호와의 불을 그들 중에 붙여서 진영 끝을 사르게 하시매 백성이 모세에게 부르짖으므로 모세가 여호와께 기도하니 불이 꺼졌더라 그 곳 이름을 다베라라 불렀으니 이는 여호와의 불이 그들 중에 붙은 까닭이었더라 민 11:1-3

바람이 여호와에게서 나와 바다에서부터 메추라기를 몰아 진영 곁 이쪽 저쪽 곧 진영 사방으로 각기 하룻길 되는 지면 위 두 규빗쯤에 내리게 한지라 백성이 일어나 그 날 종일 종야와 그 이튿날 종일토록 메추라기를 모으니 적게 모은 자도 열 호멜이라 그들이 자기들을 위하여 진영 사면에 펴 두었더라 고기가 아직 이 사이에 있어 씹히기 전에 여호와께서 백성에게 대하여 진노하사 심히 큰 재앙으로 치셨으므로 그 곳 이름을 기브롯 핫다아와라 불렀으니 욕심을 낸 백성을 거기 장사함이었더라 민 11:31-34

모세와 가까운 사람들이 먼저 불평을 하며 그를 대적합니다. 모세의 형제인 아론과 미리암이 모세를 비난합니다. 하나님은 선동한 미리암에게 나병을 내리십니다(민 12장). 인간의 욕심과 불만족은 끝이 없습니다. 이것은 하나님의 은혜를 잊어버리는 데서 오는 죄악입니다.

> 모세가 구스 여자를 취하였더니 그 구스 여자를 취하였으므로 미리암과 아론이 모세를 비방하니라 민 12:1
> 구름이 장막 위에서 떠나갔고 미리암은 나병에 걸려 눈과 같더라 아론이 미리암을 본즉 나병에 걸렸는지라 민 12:10

가데스 바네아와 열두 정탐꾼

가데스 바네아에 이르자 모세는 가나안에 열두 명의 정탐꾼을 보냅니다. 정탐 결과 열두 명 중에 열 명은 부정적이었으나 여호수아와 갈렙은 믿음을 가지고 정복할 수 있다고 백성을 설득합니다. 하지만 백성은 부정적으로 보고한 열 명의 정탐꾼의 말에 동의합니다. 이것에 대해 하나님은 정탐한 날수를 1년으로 계산하여 40년을 방황하게 하시며 불평한 출애굽 세대는 광야에서 모두 죽는 징계를 내리십니다. 하나님을 불순종한 결과가 얼마나 무서운지 보여 줍니다(민 13-14장).

> 사람을 보내어 내가 이스라엘 자손에게 주는 가나안 땅을 정탐하게 하되 그들의 조상의 가문 각 지파 중에서 지휘관 된 자 한 사람씩 보내라 모세가 여호와의 명령을 따라 바란 광야에서 그들을 보냈으니 그들은 다 이스라엘 자

손의 수령 된 사람이라 민 13:2-3

갈렙이 모세 앞에서 백성을 조용하게 하고 이르되 우리가 곧 올라가서 그 땅을 취하자 능히 이기리라 하나 그와 함께 올라갔던 사람들은 이르되 우리는 능히 올라가서 그 백성을 치지 못하리라 그들은 우리보다 강하니라 하고 민 13:30-31

여분네의 아들 갈렙과 눈의 아들 여호수아 외에는 내가 맹세하여 너희에게 살게 하리라 한 땅에 결단코 들어가지 못하리라 너희가 사로잡히겠다고 말하던 너희의 유아들은 내가 인도하여 들이리니 그들은 너희가 싫어하던 땅을 보려니와 너희의 시체는 이 광야에 엎드러질 것이요 너희의 자녀들은 너희 반역한 죄를 지고 너희의 시체가 광야에서 소멸되기까지 사십 년을 광야에서 방황하는 자가 되리라 너희는 그 땅을 정탐한 날 수인 사십 일의 하루를 일 년으로 쳐서 그 사십 년간 너희의 죄악을 담당할지니 너희는 그제서야 내가 싫어하면 어떻게 되는지를 알리라 하셨다 하라 나 여호와가 말하였거니와 모여 나를 거역하는 이 악한 온 회중에게 내가 반드시 이같이 행하리니 그들이 이 광야에서 소멸되어 거기서 죽으리라 민 14:30-35

38년 방황과 불평

이스라엘 백성은 하나님의 징계에도 불구하고 불평과 죄악을 쉬지 않았습니다. 38년의 긴 기간이었지만 여기에 대한 기록이 많지 않습니다. 이스라엘 백성의 원망과 불평은 크게 달라지지 않았던 것 같습니다. 20세 이상의 전세대가 다 죽기까지 그들은 방황해야 했습니다. 이 기간 동안에 고라와 다단과 아비람의 250명은 집단으로 모세에게 반역합니다. 하나님은 땅을 갈라지게 하여 그들을 모두 죽게 합니다. 이런 처벌에 이스라엘 백성이 불평하자 또 하나님은 14,700명을 죽입니다(민 15-19장). 하나님이 세우신 종 모세에 대한 반역은 곧 하나님에 대한 반역입니다. 점점 이스라엘 백성의 완고함은 더해만 갑니다.

> 레위의 증손 고핫의 손자 이스할의 아들 고라와 르우벤 자손 엘리압의 아들 다단과 아비람과 벨렛의 아들 온이 당을 짓고 이스라엘 자손 총회에서 택함을 받은 자 곧 회중 가운데에서 이름 있는 지휘관 이백오십 명과 함께 일어나서 모세를 거스르니라 **민 16;1-2**

가데스로 돌아온 백성은 물이 없다고 불평합니다. 그러자 모세가 화를 내면서 하나님의 명령대로 하지 않고 반석에 지팡이를 쳐서 물을 냅니다. 이 일로 모세는 하나님께 징계를 받아 가나안에 들어가지 못합니다. 결국 백성의 계속되는 불평은 모세까지 무너지게 만듭니다(민 20:2-13). 또 백성은 우회하는 길이 멀다고 불평합니다. 그러자 하나님은 불뱀을 보내 백성을 물어 죽게 합니다. 다시 모세가 기도하자 놋뱀을 만들어 그것을 쳐다보는 자는 살도록 은혜를 베푸십니다(민 21:4-9).

> 여호와께서 모세에게 말씀하여 이르시되 지팡이를 가지고 네 형 아론과 함께 회중을 모으고 그들의 목전에서 너희는 반석에게 명령하여 물을 내라 하라 네가 그 반석이 물을 내게 하여 회중과 그들의 짐승에게 마시게 할지니라 모세가 그 명령대로 여호와 앞에서 지팡이를 잡으니라 모세와 아론이 회중을 그 반석 앞에 모으고 모세가 그들에게 이르되 반역한 너희여 들으라 우리가 너희를 위하여 이 반석에서 물을 내랴 하고 모세가 그의 손을 들어 그

의 지팡이로 반석을 두 번 치니 물이 많이 솟아나오므로 회중과 그들의 짐승이 마시니라 여호와께서 모세와 아론에게 이르시되 너희가 나를 믿지 아니하고 이스라엘 자손의 목전에서 내 거룩함을 나타내지 아니한 고로 너희는 이 회중을 내가 그들에게 준 땅으로 인도하여 들이지 못하리라 하시니라 **민 20:7–12**

여호와께서 모세에게 이르시되 불뱀을 만들어 장대 위에 매달아라 물린 자마다 그것을 보면 살리라 모세가 놋뱀을 만들어 장대 위에 다니 뱀에게 물린 자가 놋뱀을 쳐다본즉 모두 살더라 **민 21: 8–9**

민수기 22-25장은 발람의 예언과 이스라엘의 배신을 그리고 있습니다. 성경은 이방 선지자 발람의 예언을 길게 언급합니다(민 22-24장). 발람은 이스라엘에게 저주를 내리려 하지만 하나님이 그를 막아 오히려 이스라엘을 축복하게 하십니다. 그렇지만 돈에 매수된 발람은 발락에게 꾀를 내어 이스라엘을 범죄케 합니다. 그로 인하여 이스라엘 남자들이 모압 여자와 집단적으로 바알 브올의 제단에 참여한 음행 사건이 일어납니다. 하나님은 징벌로 염병을 보내어 음행에 가담한 24,000명을 죽게 합니다(25장). 끝까지 하나님을 불신하며 인간의 욕망에 사로잡히는 사람들의 타락된 모습을 보여 줍니다.

발락이 발람에게 이르되 그대가 어찌 내게 이같이 행하느냐 나의 원수를 저주하라고 그대를 데려왔거늘 그대가 오히려 축복하였도다 발람이 대답하여 이르되 여호와께서 내 입에 주신 말씀을 내가 어찌 말하지 아니할 수 있으리이까 **민 23:11–12**

이스라엘이 싯딤에 머물러 있더니 그 백성이 모압 여자들과 음행하기를 시

작하니라 민 25:1

그 염병으로 죽은 자가 이만 사천 명이었더라 민 25:9

가나안 땅 입성 준비: 2차 인구조사

민수기 1장은 첫 번째 인구조사, 민수기 26장은 두 번째 인구조사 내용이 나옵니다. 첫 번째 인구조사는 출애굽 세대로 603,550명이었지만 두 번째 인구조사는 차세대 601,730명으로 1,820명이 적습니다. 이것은 가데스 바네아 사건으로 인해 반역한 전 세대는 모두 죽었음을 알려 줍니다. 이렇게 해서 광야의 방황은 끝이 나고 새로운 세대가 가나안에 들어가게 됩니다. 불평은 끝까지 만족함을 모르는 인간의 욕심에서 나옵니다. 이것은 하나님을 온전히 신뢰하지 못하는 불신에서 나오는 것입니다. 한 번의 불평은 또 다른 불평을 낳습니다. 불평은 인간을 파멸시키는 무서운 병입니다(민 26-36장).

이는 그들의 종족을 따른 납달리 종족들이니 계수된 자가 사만 오천사백 명이었더라 민 26:50

민수기 마지막 부분은 요단 동편에 정착한 지파들에 대해 언급하고, 지금까지의 여정을 종합하여 요약하며 마칩니다(민 33장). 모세는 비록 직접 가나안 땅에 들어가지 못하지만 앞으로 들어갈 가나안 땅에 대한 정복과 땅 분배에 대해서 말합니다. 또한 부지중에 살인했을 경우에 구제책으로 도피성 제도를 언급합니다. 혹시라도 발생할 수 있는 작은 예외 규정을 두면서 생명의 중요성을 강조합니다.

> 모세와 아론의 인도로 대오를 갖추어 애굽을 떠난 이스라엘 자손들의 노정은 이러하니라 **민 33:1**
>
> 이스라엘 자손에게 말하여 그들에게 이르라 너희가 요단 강을 건너 가나안 땅에 들어가거든 너희를 위하여 성읍을 도피성으로 정하여 부지중에 살인한 자가 그리로 피하게 하라 **민 35:10-11**

돋보기로 삶에 적용하기

1. 나는 하루를 얼마나 감사함으로 살고 있습니까? 얼마나 하나님의 인도하심을 경험하고 살고 있습니까?

2. 나에게 있는 불평과 변덕과 두려움을 찾아보고, 그 원인과 치유 방법을 세워 보십시오.

"쉽게 설명할 수 없다면 제대로 이해한 것이 아니다"
알버트 아인슈타인

12
모압 언약 : 차세대 말씀 전수

망원경으로 전체 조망하기

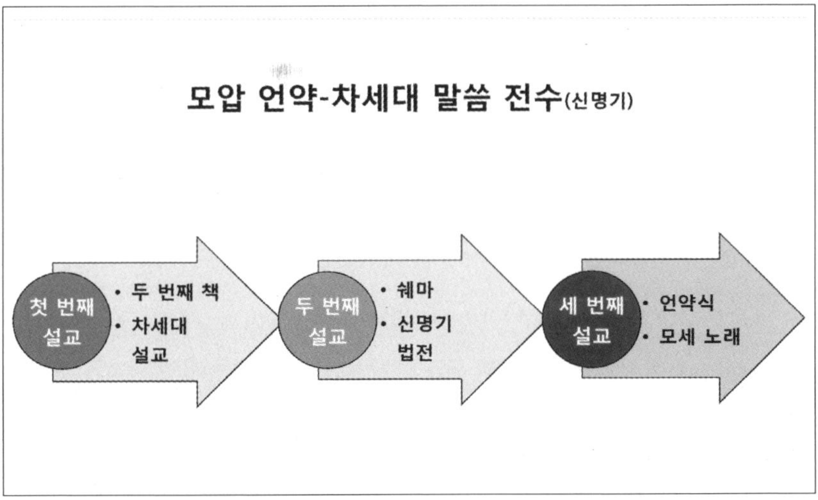

차세대 설교의 필요성

신명기는 모세가 모압 평지에서 행한 차세대를 위한 유언적 설교입니다. '신명(申命)'이란 율법이 반복되었다는 뜻으로 신명기를 '제2의 율법 책'이라고 합니다. 신명기는 모세의 설교(교육)로 이루어졌습니다. 모세는 앞으로 이스라엘의 후세들은 선조들이 범한 죄악을 반복하지 말라는 의미에서 백성에게 죄악을 다시 상기시키고 있습니다. 신명기는 기억의 책입니다. 모세는 이스라엘이 가나안 땅에 들어가서 꼭 기억해야 할 내용이 무엇인지 말하고 있습니다. 이스라엘의 성패는 신명기 내용을 얼마나 기억하며 삶으로 실천하는가에 달려 있습니다(신 1-2장).

> 모세가 요단 저쪽 모압 땅에서 이 율법을 설명하기 시작하였더라 **신 1:5**
>
> 너는 기억하라 네가 애굽 땅에서 종이 되었더니 네 하나님 여호와가 강한 손과 편 팔로 거기서 너를 인도하여 내었나니 그러므로 네 하나님 여호와가 네게 명령하여 안식일을 지키라 하느니라 **신 5:15**
>
> 네 하나님 여호와를 기억하라 그가 네게 재물 얻을 능력을 주셨음이라 이같이 하심은 네 조상들에게 맹세하신 언약을 오늘과 같이 이루려 하심이니라 **신 8:18**
>
> 너는 광야에서 네 하나님 여호와를 격노하게 하던 일을 잊지 말고 기억하라 네가 애굽 땅에서 나오던 날부터 이 곳에 이르기까지 늘 여호와를 거역하였으되 **신 9:7**

신명기의 내용

신명기는 크게 세 가지 내용으로 구성되었습니다.

1) 과거: 과거의 일을 되돌아보라(1-4:43).

2) 현재: 우리에게 주신 것을 다시 쳐다보라(4:44-28장).

3) 미래: 가나안 정복의 꿈을 바라보며 앞으로 나아가라(29-34장).

모세는 가나안 땅에 들어가서 이스라엘 백성이 잊지 말아야 할 내용으로 시내 산에서 맺었던 율법(시내 산 언약)을 다시 강조하여 말합니다. 유월절과 광야의 반역을 기억하고, 특히 구약성경의 핵심인 쉐마(신 6:4-5)의 말씀을 자손에게 가르치고 전수하는 일을 잊지 말라고 가르칩니다.

> 이스라엘아 들으라 우리 하나님 여호와는 오직 유일한 여호와이시니 너는 마음을 다하고 뜻을 다하고 힘을 다하여 네 하나님 여호와를 사랑하라 오늘 내가 네게 명하는 이 말씀을 너는 마음에 새기고 네 자녀에게 부지런히 가르치며 집에 앉았을 때에든지 길을 갈 때에든지 누워 있을 때에든지 일어날 때에든지 이 말씀을 강론할 것이며 **신 6:4-7**

언약에 대한 준비와 원리

여기에서 출애굽기에 소개된 십계명을 다시 반복합니다. 하나님이 호렙 산에서 이스라엘과 언약을 맺었던 내용을 다시 상기시키는 것입니다. 모세가 구약의 율법들을 십계명을 풀어서 설명한 것입니다. 이스라엘이 가나안 사람과 구별된 삶을 살아야 하는데 그것의 핵심은 하나님만을 사랑하는 일입니다. 그리고 하나님의 사랑은 이웃 사랑으로 나타납니다. 십계명 언약을 잘 지키는 것은 가나안 사람들과 혼합하지 않고 사는 비결입니다. 얼마나 하나님이 주신 언약을 잘 지키고 사느냐에 따라 미래의 축복과 저주가 결정됩니다. 이것을 위해서 모세는 특별히 자녀들에게 가르치는 것이 중요함을 강조합니다. 앞에 언급했던 쉐마의 내용(신 6:1-9)을 백성을 한자리에 모아 다시 반복해서 가르치는 것을 봅니다(신 5장, 신 11:18-21).

> 모세가 온 이스라엘을 불러 그들에게 이르되 이스라엘아 오늘 내가 너희의 귀에 말하는 규례와 법도를 듣고 그것을 배우며 지켜 행하라 우리 하나님 여호와께서 호렙 산에서 우리와 언약을 세우셨나니 이 언약은 여호와께서 우리 조상들과 세우신 것이 아니요 오늘 여기 살아 있는 우리 곧 우리와 세우신 것이라 신 5:1-3
>
> 이러므로 너희는 나의 이 말을 너희의 마음과 뜻에 두고 또 그것을 너희의 손목에 매어 기호를 삼고 너희 미간에 붙여 표를 삼으며 또 그것을 너희의 자녀에게 가르치며 집에 앉아 있을 때에든지, 길을 갈 때에든지, 누워 있을 때에든지, 일어날 때에든지 이 말씀을 강론하고 또 네 집 문설주와 바깥 문에 기록하라 신 11:18-20

신명기 법전

신명기 12-26장은 핵심 장으로 '신명기 법전'이라 불립니다. 십계명에 따라 내용이 구성되어 있는데 십계명의 시행 세칙으로 보면 됩니다. 이스라엘 백성이 가나안 땅에서 평생 동안 지켜 행할 규례와 법도입니다. 언약의 규정들은 하나님 자신의 성품과 특성을 반영하고 있습니다. 이스라엘 백성이 하나님의 법을 지키면서 점차 하나님의 거룩한 성품을 닮고 그리하여 하나님의 성민이 되는 데 있습니다. 이런 점에서 신명기 법전은 이스라엘에게만 해당되는 것이 아니라 오늘날 우리에게도 적용될 수 있습니다. 신명기 법전은 크게 세 가지 내용으로 구성되었습니다. 하나님만 섬기는 예배 율법과 지도자인 제사장, 레위인, 선지자들에 대한 리더십과 관련된 율법과 공동체 생활과 관련된 율법입니다.

> 네 조상의 하나님 여호와께서 네게 주셔서 차지하게 하신 땅에서 너희가 평생에 지켜 행할 규례와 법도는 이러하니라 너희가 쫓아낼 민족들이 그들의 신들을 섬기는 곳은 높은 산이든지 작은 산이든지 푸른 나무 아래든지를 막론하고 그 모든 곳을 너희가 마땅히 파멸하며 그 제단을 헐며 주상을 깨뜨리며 아세라 상을 불사르고 또 그 조각한 신상들을 찍어 그 이름을 그 곳에서 멸하라 **신 12:1-3**
>
> 너는 네 하나님 여호와의 성민이라 여호와께서 지상 만민 중에서 너를 택하여 자기 기업의 백성으로 삼으셨느니라 너는 가증한 것은 무엇이든지 먹지 말라 너희가 먹을 만한 짐승은 이러하니 곧 소와 양과 염소와 사슴과 노루와 불그스름한 사슴과 산 염소와 볼기가 흰 노루와 뿔이 긴 사슴과 산양들이라 **신 14:2-5**
>
> 만일 어떤 선지자가 내가 전하라고 명령하지 아니한 말을 제 마음대로 내 이름으로 전하든지 다른 신들의 이름으로 말하면 그 선지자는 죽임을 당하리라 하셨느니라 **신 18:20**
>
> 네 형제의 나귀나 소가 길에 넘어진 것을 보거든 못 본 체하지 말고 너는 반

드시 형제를 도와 그것들을 일으킬지니라 여자는 남자의 의복을 입지 말 것이요 남자는 여자의 의복을 입지 말 것이라 이같이 하는 자는 네 하나님 여호와께 가증한 자이니라 신 22:4-5

그 품삯을 당일에 주고 해 진 후까지 미루지 말라 이는 그가 가난하므로 그 품삯을 간절히 바람이라 그가 너를 여호와께 호소하지 않게 하라 그렇지 않으면 그것이 네게 죄가 될 것임이라 신 24:15

네가 네 감람나무를 떤 후에 그 가지를 다시 살피지 말고 그 남은 것은 객과 고아와 과부를 위하여 남겨두며 신 24:20

언약 예식

언약의 내용을 법전을 통해 전해 주어도 그것을 지키지 못하면 아무 의미가 없습니다. 이런 점에서 언약 예식은 중요합니다. 언약을 지키지 못할 경우에 나타나는 결과를 미리 말해줌으로 언약을 지키는 것이 얼마나 중요한지를 보여 줍니다.

하나님과 이스라엘 백성이 모압에서 언약을 맺는 것을 '모압 언약'이라고 말합니다. 가나안 땅에 들어가서 에발 산과 그리심 산에서 백성을 둘로 나누어 여섯 지파는 그리심 산에 서고 다른 여섯 지파는 에발 산 위에 서도록 합니다. 에발 산에서는 저주를, 그리심 산에서는 축복의 말씀을 낭독하면 백성들은 아멘으로 응답합니다. 이스라엘의 축복과 저주는 말씀을 순종하느냐에 달려 있음을 분명하게 말하고 있습니다.

앞으로 이스라엘 백성의 삶은 모압 언약의 실천 여부에서 결정됩니다. 축복 내용보다 저주 내용이 더 많은 것은 이스라엘이 앞으로 말씀을 어길 가능성이 더 많음을 시사합니다. 말씀을 청종하지 않을 때 하나님은 멸하시기를 기뻐하신다고 강조합니다. 실제로 후에 이스라엘 백성이 멸망한 것은 신명기 법전을 어겼기 때문에 주어진 하나님의 저주였습니다(신 27-30장).

> 너희가 하늘의 별 같이 많을지라도 네 하나님 여호와의 말씀을 청종하지 아니하므로 남는 자가 얼마 되지 못할 것이라 여호와께서 너희에게 선을 행하시고 너희를 번성하게 하시기를 기뻐하시던 것 같이 이제는 여호와께서 너희를 망하게 하시며 멸하시기를 기뻐하시리니 너희가 들어가 차지할 땅에서 뽑힐 것이요 여호와께서 너를 땅 이 끝에서 저 끝까지 만민 중에 흩으시리니 네가 그 곳에서 너와 네 조상들이 알지 못하던 목석 우상을 섬길 것이라 그 여러 민족 중에서 네가 평안함을 얻지 못하며 네 발바닥이 쉴 곳도 얻지 못하고 여호와께서 거기에서 네 마음을 떨게 하고 눈을 쇠하게 하고 정신을 산란하게 하시리니 네 생명이 위험에 처하고 주야로 두려워하며 네 생명을 확신할 수 없을 것이라 **신 28:62-66**
>
> 보라 내가 오늘 생명과 복과 사망과 화를 네 앞에 두었나니 곧 내가 오늘 네게 명령하여 네 하나님 여호와를 사랑하고 그 모든 길로 행하며 그의 명령과 규례와 법도를 지키라 하는 것이라 그리하면 네가 생존하며 번성할 것이요 또 네 하나님 여호와께서 네가 가서 차지할 땅에서 네게 복을 주실 것임이니라 **신 30:15-16**

모세의 노래

하나님은 모세에게 이 율법책을 언약궤 안에 넣어 두고 7년마다 꺼내 읽게 했습니다. 말씀을 잊어버리는 순간 이스라엘은 패망하기 때문입니다. 그리고 모세는 그 자리에서 노래를 지어 백성에게 가르쳐 주었습니다. 모세의 노래는 자자손손 잊어버리지 않고 기억하게 하는 효과적인 교육 방법이었습니다. 이 노래는 이스라엘이 미래에 하나님의 말씀을 어기고 열국 중에 흩어지게 될 것을 예언적으로 말하고 있습니다. 그리고 모세는 각 지파를 차례로 축복함으로 마무리합니다. 모세는 범한 죄 때문에 가나안 땅에 들어가지 못하고 느보 산에서 죽습니다. 이것은 죄를 짓는 것이 얼마나 무서운 것인지 백성들에게 알리려는 의도가 담겨 있습니다. 하나님이 모세에게도 이렇게 하셨다면 이스라엘 백성이야 오죽하겠느냐는 것입니다(신 31-34장).

> 그들이 수많은 재앙과 환난을 당할 때에 그들의 자손이 부르기를 잊지 아니한 이 노래가 그들 앞에 증인처럼 되리라 나는 내가 맹세한 땅으로 그들을 인도하여 들이기 전 오늘 나는 그들이 생각하는 바를 아노라 그러므로 모세가 그 날 이 노래를 써서 이스라엘 자손들에게 가르쳤더라 **신 31:21-22**
>
> 내가 재앙을 그들 위에 쌓으며 내 화살이 다할 때까지 그들을 쏘리로다 그들이 주리므로 쇠약하며 불 같은 더위와 독한 질병에 삼켜질 것이라 내가 들짐승의 이와 티끌에 기는 것의 독을 그들에게 보내리로다 밖으로는 칼에, 방 안에서는 놀람에 멸망하리니 젊은 남자도 처녀도 백발 노인과 함께 젖 먹는 아이까지 그러하리로다 **신 32:23-25**
>
> 하나님의 사람 모세가 죽기 전에 이스라엘 자손을 위하여 축복함이 이러하

니라 **신 33:1**

이스라엘이여 너는 행복한 사람이로다 여호와의 구원을 너같이 얻은 백성이 누구냐 그는 너를 돕는 방패시요 네 영광의 칼이시로다 네 대적이 네게 복종하리니 네가 그들의 높은 곳을 밟으리로다 **신 33:29**

팔레스타인

가나안 땅이라고 불리는 팔레스타인 지역은 이스라엘에게 주신 약속의 땅입니다. 이 지역은 면적은 작지만 다양한 지리적 환경을 가지고 있습니다. 해안평야 지대, 산지와 골짜기, 광야와 사막, 숲이 많은 평원, 고원 지대 등 아주 다양한 형태가 어우러져 있습니다. 동서거리가 130-180km, 남북거리가 최대 400km인 팔레스타인 지역은 한국의 9분의 1 정도의 면적으로 강원도 크기의 땅입니다.

팔레스타인은 서쪽으로는 지중해를 두고 있으며 세계의 중심부에 위치해 있습니다. 남쪽 이집트와 동쪽 중앙아시아 그리고 유럽으로 갈 수 있는 북쪽이 허브처럼 서로 연결된 중심 지역입니다. 걸어서 모든 지역을 다 갈 수 있는 천혜의 지역이기도 합니다. 그런 이유로 역사적으로 팔레스타인은 열강들의 동네북과 같은 곳이었습니다. 그 틈바구니 사이에서 이스라엘이 수천 년 동안 살아남았다는 것은 놀라운 일입니다. 하나님이 이끄시지 않았다면 불가능한 일입니다.

팔레스타인이라 불리는 것은 블레셋 사람과 페니키아 사람이 약 1000년 동안 이곳을 차지하고 있었기 때문입니다. 블레셋 이름을 따서 팔레스타인이라고 부르고 있습니다. 팔레스타인은 갈릴리 호수가 유일한 젖줄기로 호수의 물은 요단 강을 통하여 팔레스타인 전지역에 공급되고 있습니다.

돋보기로 삶에 적용하기

1. 왜 하나님의 말씀대로 사는 것이 중요하다고 생각합니까?

2. 나는 삶 속에서 하나님의 말씀을 어떠한 자세로 받아들이고 있는지 이야기해 보십시오.

"쉽게 설명할 수 없다면 제대로 이해한 것이 아니다"
알버트 아인슈타인

장면 4

하나님이 왕이 되는 나라를 꿈꾸다 :

정복시대·사사시대

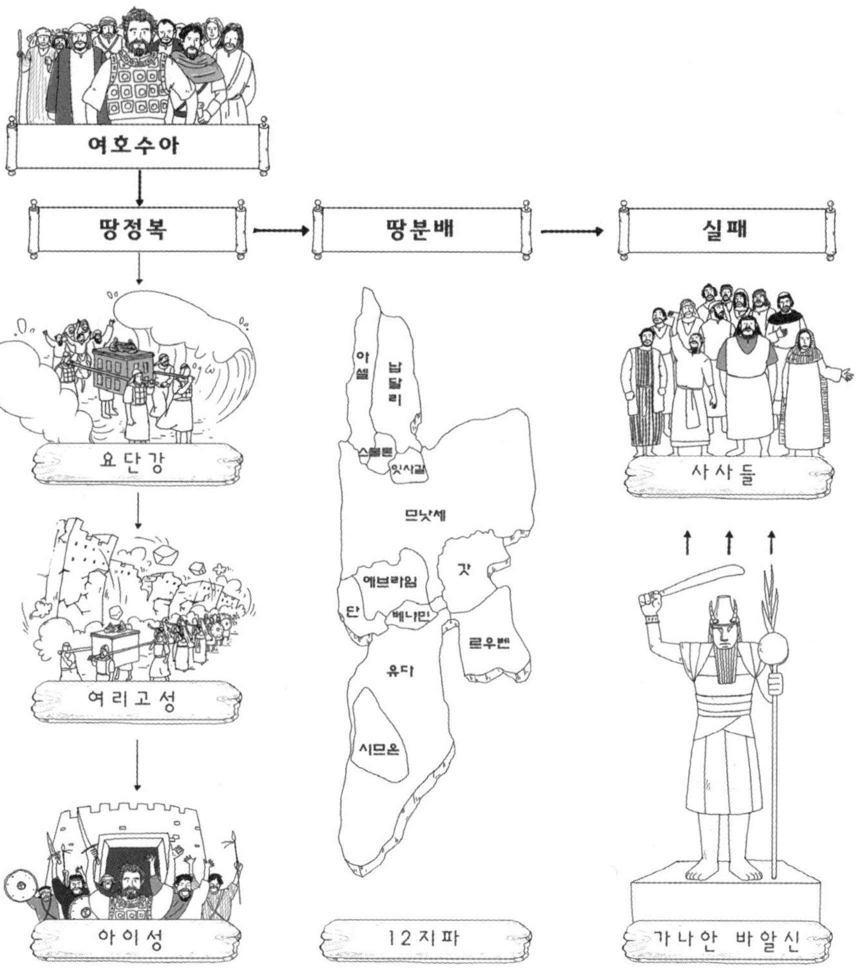

광야 생활 40년을 통해 거룩한 삶을 훈련 받은 이스라엘 백성은 드디어 가나안 땅에 입성합니다. 하나님을 믿는 믿음으로 요단 강을 건너고 여리고 성을 무너뜨립니다. 그리고 가나안 땅을 정복하고 땅을 분배합니다. 이렇게 정착한 이스라엘 백성은 이제 제사장 나라의 사명을 이루어야 합니다.

하지만 여호수아가 죽자 그 이후 세대는 하나님을 잊어버리고 가나안 땅의 우상인 바알을 숭배하고 가나안의 물질 문명에 점점 미혹됩니다. 땅은 정복했지만 가나안의 문화를 넘어서지 못하고 하나님을 떠납니다. 사사들이 나타나 이스라엘을 구원하려고 노력하지만 나중에는 사사들조차 가나안의 죄악에 빠져 실패하게 됩니다. 결국은 자기 소견대로 행하는 백성이 많아짐으로 하나님을 버리고 왕을 요구하는 상황까지 오게 됩니다. 장면 4는 여호수아-사사기-룻기 이야기를 담고 있습니다.

아브라함의 비전을 품고 오랜 기간 준비하고 목표를 향해 달려왔지만 결국 목표지점에서 무너지는 인간의 연약한 모습을 보게 됩니다. 근본적으로 하나님을 거부하는 인간의 죄악이 드러난 것입니다. 구원의 은혜를 잊어버리고 자기중심으로 살아가는 이스라엘 백성의 역사는 오늘날 우리의 모습을 그대로 재현하고 있습니다. 십자가의 놀라운 구원의 은혜로 천국까지 얻은 우리들이지만 물질과 세상 즐거움에 미혹되어 여전히 인간 중심의 삶을 살아가는 그리스도인과 흡사합니다.

13
가나안 땅 정복과 분배

망원경으로 전체 조망하기

가나안 땅 정복과 분배(여호수아)

정복	분배
정복준비 – 요단 강, 할례, 유월절	갈렙 믿음 모범
중앙전투 – 여리고 성, 아이 성	제비뽑기로 땅 분배
남부전투 - 기브온 전투	도피성과 레위 성읍
북부전투 - 하솔 전투	세겜 언약

가나안 땅 정복

모세가 떠난 후 여호수아가 새로운 지도자가 되어 이스라엘을 이끌었습니다. 40년 동안의 광야생활을 통하여 하나님을 의지하는 훈련을 한 이스라엘 백성은 이제 그들의 목적지인 가나안을 향해 진군합니다. 여호수아서는 이스라엘 백성이 어떻게 하나님께서 약속한 땅 가나안을 정복할 수 있었는가를 보여 줍니다. 사실 이스라엘 백성은 무장한 군인들이 아니었습니다. 그들의 힘으로는 이미 가나안에 거주하고 있는 여러 족속들을 이길 수 없었습니다. 이런 상황에서 이스라엘이 어떻게 가나안을 정복하는지 여호수아서는 그 정복 과정을 그리고 있습니다.

여호수아는 모세를 대신하여 가나안 땅 정복의 사명을 받았습니다. 이 일은 오직 하나님의 힘으로만 가능한 일입니다. 이때 여호수아에게 주신 약속의 말씀은 "네 평생에 너를 능히 대적할 자가 없으리니 내가 모세와 함께 있었던 것같이 너와 함께 있을 것임이니라 강하고 담대하라"입니다. 또 이것을 위해서는 "율법 책을 네 입에서 떠나지 말게 하며 주야로 그것을 묵상하여 그 안에 기록한 대로 다 지켜 행"해야 합니다. 그러므로 여호수아와 이스라엘 백성은 두려워하지 말며 놀라지 말고 담대하게 하나님이 함께하심을 믿고 나아가야 합니다(수 1:5-9).

네 평생에 너를 능히 대적할 자가 없으리니 내가 모세와 함께 있었던 것같이 너와 함께 있을 것임이니라 내가 너를 떠나지 아니하며 버리지 아니하리니 강하고 담대하라 너는 내가 그들의 조상에게 맹세하여 그들에게 주리라 한 땅을 이 백성에게 차지하게 하리라 오직 강하고 극히 담대하여 나의 종 모세가 네게 명령한 그 율법을 다 지켜 행하고 우로나 좌로나 치우치지 말라 그리하면 어디로 가든지 형통하리니 이 율법책을 네 입에서 떠나지 말게 하며 주야로 그것을 묵상하여 그 안에 기록된 대로 다 지켜 행하라 그리하면 네 길이 평탄하게 될 것이며 네가 형통하리라 내가 네게 명령한 것이 아니냐 강하고 담대하라 두려워하지 말며 놀라지 말라 네가 어디로 가든지 네 하나님 여호와가 너와 함께 하느니라 하시니라 **수 1:5-9**

정복 준비

여호수아는 가나안 땅을 정복하기 위해 두 명의 정탐꾼을 먼저 보냅니다. 정탐꾼은 여리고 성 안에서 평소 하나님에 대한 믿음을 갖고 구원을 기다리고 있던 라합을 만납니다. 라합을 통하여 위험에서 구출되고 그 대가로 라합과 그 가족의 구원을 보장해 줍니다. 여리고 전투에서 모두 진멸하지만 예비된 믿음의 사람인 라합은 구원받게 됩니다.

눈의 아들 여호수아가 싯딤에서 두 사람을 정탐꾼으로 보내며 이르되 가서 그 땅과 여리고를 엿보라 하매 그들이 가서 라합이라 하는 기생의 집에 들어가 거기서 유숙하더니 **수 2:1**

우리가 듣자 곧 마음이 녹았고 너희로 말미암아 사람이 정신을 잃었나니 너희의 하나님 여호와는 위로는 하늘에서도 아래로는 땅에서도 하나님이시니라 **수 2:11**

여호수아가 기생 라합과 그의 아버지의 가족과 그에게 속한 모든 것을 살렸으므로 그가 오늘까지 이스라엘 중에 거주하였으니 이는 여호수아가 여리고를 정탐하려고 보낸 사자들을 숨겼음이었더라 수 6:25

여호수아와 백성은 큰 장애물인 요단 강을 믿음으로 건넙니다. 언약궤를 멘 제사장이 앞서서 물을 가르자 그 뒤를 이스라엘 백성이 뒤따릅니다. 이것은 모세가 홍해를 갈라서 이스라엘 백성이 건너는 것과 같습니다. 차세대 역시 홍해와 같은 놀라운 기적을 체험합니다.

여호와의 언약궤를 멘 제사장들은 요단 가운데 마른 땅에 굳게 섰고 그 모든 백성이 요단을 건너기를 마칠 때까지 모든 이스라엘은 그 마른 땅으로 건너갔더라 수 3:17

가나안을 정복하기 전에 남자들은 할례를 행합니다. 이것은 앞으로 가나안 땅에서 살 때 이스라엘의 정체성을 다시 재확인하는 의미가 있습니다. 가나안 땅은 할례를 받은 구별된 백성만이 정복할 수 있습니다. 그런데 광야 세대는 할례를 받지 못했습니다. 또한 출애굽 할 때 유월절을 지킨 것처럼 이제 가나안을 정복하기 전에 유월절을 지키게 됩니다. 광야 생활 중에는 유월절을 지키지 못하고 39년 만에 유월절을 지키게 됩니다. 처음에 이스라엘이 어떻게 구원을 받았는가를 상기함으로써 전투는 하나님이 함께하는 것임을 다시 한 번 다지게 됩니다.

여호수아가 할례를 시행한 까닭은 이것이니 애굽에서 나온 모든 백성 중 남자 곧 모든 군사는 애굽에서 나온 후 광야 길에서 죽었는데 그 나온 백성은 다 할례를 받았으나 다만 애굽에서 나온 후 광야 길에서 난 자는 할례를 받

지 못하였음이라 **수 5:4-5**

하나님은 가나안 전투가 하나님이 함께하시는 그분의 전쟁임을 알려주기 위해서 전쟁 전에 여호와의 군대장관을 보냅니다. 여기서 여호수아는 모세처럼 발에서 신을 벗어 거룩함을 경험합니다. 여호수아의 지도하에 싸우는 이 전투는 하나님의 이름으로 치르는 것임을 분명하게 말하고 있습니다.

그가 이르되 아니라 나는 여호와의 군대 대장으로 지금 왔느니라 하는지라 여호수아가 얼굴을 땅에 대고 엎드려 절하고 그에게 이르되 내 주여 종에게 무슨 말씀을 하려 하시나이까 여호와의 군대 대장이 여호수아에게 이르되 네 발에서 신을 벗으라 네가 선 곳은 거룩하니라 하니 여호수아가 그대로 행하니라 **수 5:14-15**

중앙전투

난공불락의 성인 여리고 성을 언약궤를 메고 엿새 동안 돌면서 견고한 성이 무너지는 기적을 경험합니다. 요단 강에서와 마찬가지로 하나님의 언약궤 뒤를 따른 결과로 주어진 승리입니다. 이것은 가나안 땅 정복은 칼과 힘이 아닌 하나님을 믿는 믿음에 있음을 보여 줍니다. 그러나 여리고 성보다 작은 아이 성은 처음에 정복하지 못합니다. 인간적인 생각으로 전쟁에 나섰다가 실패하게 된 것입니다. 여리고 성 정복 때 죄를 지은 아간을 색출하지 못한 채 아이 성을 공격한 것이 화근이었습니다. 거룩한 전쟁에 문제가 생긴 것입니다. 이것을 해결하고 나가자 아이 성이 정복당합니다. 이렇게 해서 가나안 1차 정복은 성공합니다. 여호수아는 신명기에서 모세가 명령한 대로(신 28장) 에발 산과 그리심 산에 이르러 축복과 저주의 말씀을 낭독합니다. 이런 일이 있은 후에 대세가 기울어짐을 알았던 기브온 거민들은 화해를 요청했고, 이스라엘은 그들을 멸망시키지 못하고 종으로 삼습니다.

> 이에 백성은 외치고 제사장들은 나팔을 불매 백성이 나팔 소리를 들을 때에 크게 소리 질러 외치니 성벽이 무너져 내린지라 백성이 각기 앞으로 나아가 그 성에 들어가서 그 성을 점령하고 **수 6:20**
>
> 너희는 매복한 곳에서 일어나 그 성읍을 점령하라 너희 하나님 여호와께서 그 성읍을 너희 손에 주시리라 **수 8:7**
>
> 그 후에 여호수아가 율법책에 기록된 모든 것 대로 축복과 저주하는 율법의 모든 말씀을 낭독하였으니 **수 8:34**

남방 전투와 북방 전투

여호수아는 아모리 왕들의 남쪽 연합군과 싸워 그들을 이깁니다. 하나님이 함께하심으로 승리를 거둔 싸움이었습니다. 하나님이 우박을 내려 승리하게 하고, 태양이 머무르고 달을 멈추게 하여 낮의 길이를 보통 때보다 두 배 많게 하여 전쟁에서 승리할 수 있는 충분한 시간을 연장해 주셨습니다. 이것은 하나님이 주도적으로 싸움에 개입함으로 거둔 승리입니다.

여호수아는 세 번째 전쟁으로 북방 전투를 치릅니다. 북방 전투는 하솔 왕 야빈을 중심한 연합군들과의 싸움입니다. 그들이 아무리 숫자가 많아도 두려워하지 않는 까닭은 하나님이 함께하시기 때문입니다. 이 전투 역시 하나님의 도우심으로 승리합니다. 정복된 지역과 왕들의 이름이 여호수아 11:16-23에 요약되어 있습니다.

> 여호수아가 여호와께 아뢰어 이스라엘의 목전에서 이르되 태양아 너는 기브온 위에 머무르라 달아 너도 아얄론 골짜기에서 그리할지어다 하매 태양이 머물고 달이 멈추기를 백성이 그 대적에게 원수를 갚기까지 하였느니라
>
> **수 10:12-13**

갈렙의 분깃

여호수아는 이스라엘 백성을 이끌고, 하나님의 도움만으로 가나안에 있는 여러 족속들을 무찌르고 땅을 정복했습니다. 그리고 제비를 뽑아 각 지파들에게 분배했습니다. 땅을 분배하는 과정에서 갈렙은 이전의 약속을 기억하고 이 산지를 내게 달라고 믿음으로 말합니다. 갈렙은 다른 지파들에게 아직 정복하지 못한 땅을 어떻게 정복해야 하는지 보여주는 모델이 됩니다.

> 그날에 여호와께서 말씀하신 이 산지를 지금 내게 주소서 당신도 그 날에 들으셨거니와 그 곳에는 아낙 사람이 있고 그 성읍들은 크고 견고할지라도 여호와께서 나와 함께하시면 내가 여호와께서 말씀하신 대로 그들을 쫓아

내리이다 수 14:12

지파들 땅 분배

각 지파들에게 땅의 분배가 이루어졌습니다. 가나안 땅에 들어오기 전에 르우벤, 갓, 므낫세 반 지파는 이미 요단 동편의 땅을 분배 받았습니다. 이 곳은 아모리 왕조가 차지하고 있던 땅입니다. 유다와 에브라임과 남은 므낫세 반지파에게 땅을 분배해 줍니다. 성막은 실로로 옮겼습니다. 나머지 시므온, 스블론, 잇사갈, 아셀, 납달리, 단 지파에게 분깃을 주었습니다. 단은 나중에 북쪽 지역으로 이주했습니다.

정복한 땅을 분배하는 일은 정복하는 일만큼 쉽지 않습니다. 사람에게는 욕심이 있기에 만족함이 없습니다. 그런 이유로 제비뽑기를 통하여 각자에게 하나님이 주신 땅을 분배받게 합니다. 이것은 창세기 마지막에 나오는 야곱의 아들들에 대한 예언을 성취하는 의미가 있습니다. 제비뽑기를 그냥 하는 것 같지만 야곱의 예언이 그대로 성취되는 모습을 볼 수 있습니다.

제사장 엘르아살과 눈의 아들 여호수아와 이스라엘 자손의 지파의 족장들이 실로에 있는 회막 문 여호와 앞에서 제비 뽑아 나눈 기업이 이러하니라 이에 땅 나누는 일을 마쳤더라 수 19:51

도피성과 레위 지파 성읍

열두 지파에 땅을 분배하면서 부지중에 실수한 사람을 보호하기 위해서 특별히 여섯 개의 도피성을 둡니다. 그리고 레위 지파는 기업을 주지 않고 하나님의 일만 감당하게 합니다. 전국적으로 레위인과 가족들이 흩어져 있는 48개의 성읍에 살게 되었습니다.

> 이스라엘 자손에게 말하여 이르기를 내가 모세를 통하여 너희에게 말한 도피성들을 너희를 위해 정하여 부지중에 실수로 사람을 죽인 자를 그리로 도망하게 하라 이는 너희를 위해 피의 보복자를 피할 곳이니라 수 20:2-3

세겜 언약

승리를 경험한 여호수아와 이스라엘 백성은 세겜에(그리심 산과 에발 산) 이르러 축복과 저주에 해당되는 신명기 말씀(신 28장)을 낭독합니다. 이는 모압 평지에서 모세가 명한 말씀을 순종하는 의미가 있습니다. 이것을 '여호수아의 고별설교'라고 말합니다. 모세가 신명기를 통해 유언한 것처럼 여호수아도 세겜 설교를 통해 후손에게 부탁합니다. 이스라엘 백성은 그렇게 하기로 모두 맹세합니다. 이것을 영원히 백성들 속에 남게 하기 위해 율법책에 기록합니다. 그리고 증거할 기념비가 될 돌을 그곳에 세웁니다. 이스라엘의 성공 비결은 오직 하나, 하나님만 섬기며 하나님의 뜻을 따라 행하는 것입니다. 인간의 생각대로 사는 것은 잠시는 성공하는 것처럼 보일지 모르지만 결국은 실패할 수밖에 없습니다. 여호수아 이후에 나오는 사사기에는 이런 약속을 이스라엘이 반복적으로 어기는 이야기가 소개되고 있습니다(수 8:31-35, 24:1, 14-18).

> 여호수아가 이스라엘 모든 지파를 세겜에 모으고 이스라엘 장로들과 그들의 수령들과 재판장들과 관리들을 부르매 그들이 하나님 앞에 나와 선지라 수 24:1
>
> 그러므로 이제는 여호와를 경외하며 온전함과 진실함으로 그를 섬기라 너희의 조상들이 강 저쪽과 애굽에서 섬기던 신들을 치워 버리고 여호와만 섬기라 만일 여호와를 섬기는 것이 너희에게 좋지 않게 보이거든 너희 조상들이 강 저쪽에서 섬기던 신들이든지 또는 너희가 거주하는 땅에 있는 아모리 족속의 신들이든지 너희가 섬길 자를 오늘 택하라 오직 나와 내 집은 여호와를 섬기겠노라 수 24:14-15

가나안 종교

가나안 7족속이 살고 있던 팔레스타인은 다신교를 섬겼습니다. 이스라엘은 가나안 땅에 들어오면서부터 바벨론에게 멸망당할 때까지 가나안 종교와 홍역을 치렀습니다. 결국은 이 종교의 힘을 이기지 못하고 이스라엘은 멸망하게 됩니다. 가나안 땅은 이집트나 메소포타미아 지역과 달리 강수량이 적었습니다. 늘 물 부족으로 농사를 짓기가 어려웠는데 농사에 필요한 비를 내려주는 신으로 바알을 섬겼습니다. 가나안의 대표적인 종교인 바알 신은 땅에 물을 공급하고 생명을 주는 신으로 알려졌습니다. 바알 종교는 남신인 바알과 여신인 아스다롯과 아세라 신과 성적 관계를 맺을 때 비가 내린다고 믿으면서 이런 종교적인 의식을 행했습니다. 당시 이스라엘에서 인기를 끌었던 종교 형태는 하나님과 바알을 혼합해서 예배를 드리는 것이었습니다.

돋보기로 삶에 적용하기

1. 그리스도인이 세상을 정복하는 것은 세상의 방법이 아닌 하나님의 방법인 믿음으로만 가능합니다. 세상과의 싸움에서 이기기 위해 나는 어떤 믿음을 가져야 합니까?

2. 세상은 영적 전투 현장입니다. 눈에 보이는 싸움이 아닌 보이지 않는 악한 영과의 전투입니다. 그렇다면 이 싸움을 이기기 위해서 우리가 무장하고 준비해야 할 일은 무엇입니까?

3. 하나님이 우리에게 분깃을 주신 것은 하나님의 약속을 이루기 위함입니다. 어떻게 하는 것이 하나님의 약속을 이루는 것입니까?

"쉽게 설명할 수 없다면 제대로 이해한 것이 아니다"
알버트 아인슈타인

14
사사시대와 실패 역사

망원경으로 전체 조망하기

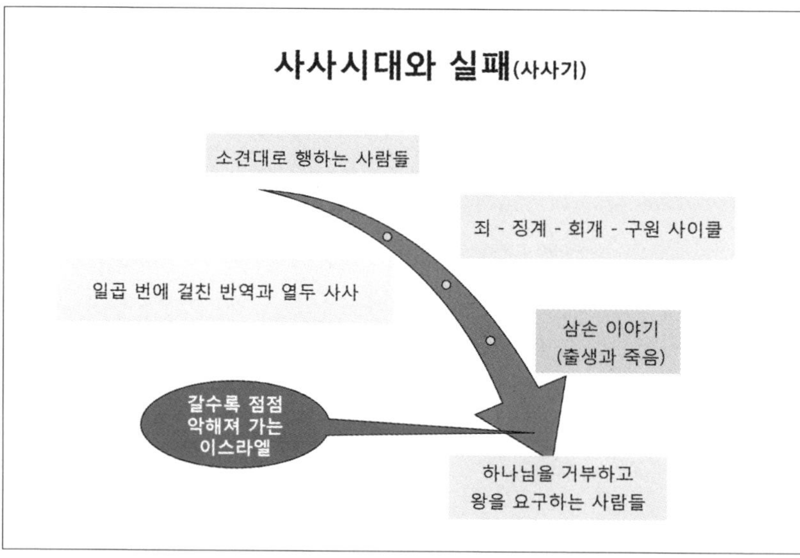

자기 소견대로 사는 사사시대

아브라함에게 주신 약속은 이삭과 야곱과 요셉을 이은 족장시대를 거쳐 애굽에서 200만 명이나 되는 이스라엘 백성의 번성으로 이어졌습니다. 이스라엘 백성들은 400여 년의 노예생활에서 벗어나 출애굽을 했습니다. 이것은 전적으로 하나님이 일으키신 구원의 역사입니다. 하지만 애굽에서 굳어진 세상의 잔재를 죽이는 과정으로 40여 년의 광야 생활이 필요했습니다. 광야에서 방황하는 동안 이스라엘 백성들은 하나님을 신뢰하는 믿음을 배웠고, 그 힘으로 가나안 땅을 정복했습니다. 이것이 여호수아서입니다. 사사기는 여호수아 사후에 이스라엘 백성이 가나안 땅에서 어떠한 모습으로 살았는지 기록하고 있습니다. 사사기는 실패의 책입니다. 사사기 후반으로 갈수록 이스라엘은 하나님의 약속을 잊어버리고 세상을 닮아가는 모습으로 변질되었습니다.

> 그 날에 여호와께서 아브람과 더불어 언약을 세워 이르시되 내가 이 땅을 애굽 강에서부터 그 큰 강 유브라데까지 네 자손에게 주노니 곧 겐 족속과 그니스 족속과 갓몬 족속과 헷 족속과 브리스 족속과 르바 족속과 아모리 족속과 가나안 족속과 기르가스 족속과 여부스 족속의 땅이니라 하셨더라 **창 15:18-21**

가나안 땅은 바알을 숭배하는 이방 민족들로 가득 찼습니다. 그 땅을 정복한 것은 거룩한 하나님의 말씀에 순종하는 나라를 세우기 위함이었습니다. 하지만 가나안 땅의 민족을 모두 쫓아내야 하는 하나님의 명령을 어기고 지파들은 땅을 분배 받고도 대부분의 지역에서 가나안 민족을 몰아내지 않고 그대로 둡니다. 결국 그것이 이스라엘의 가시가 되고 이스라엘을 멸망하게 하는 올무가 됩니다. 이방 사람과 타협하였기에 결국 이방문화에 이스라엘이 흡수되고 맙니다. 이런 점에서 사사기는 이스라엘의 실패를 다룬 책입니다. 가나안 땅 정복의 즐거움도 잠시 이스라엘은 내리막길로 내려가는 불행을 맞이합니다.

> 내가 그들을 너희 앞에서 쫓아내지 아니하리니 그들이 너희 옆구리에 가시가 될 것이며 그들의 신들이 너희에게 올무가 되리라 하였노라 삿 2:3

하나님은 가나안의 우상들과는 다릅니다. 하나님은 세상을 창조한 유일한 분이십니다. 이스라엘은 다른 나라처럼 왕을 세우지 않고 사사를 통하여 통치하게 했습니다. 사사는 왕이 아닌 재판관입니다. 이스라엘의 왕은 사람이 아닌 보이지 않는 하나님이십니다. 하나님이 꿈꾸는 나라는 하나님이 왕이 되는 나라였는데 이스라엘은 그것을 거부합니다. 땅을 정복한 여호수아가 죽으면서 약속을 차세대로 잇는 일에 실패했습니다. 차세대는 하나님에 대한 지식과 역사를 알지 못했고 결국은 하나님을 떠나 바알을 숭배하는 이방민족과 별반 다를 바 없는 민족이 되었습니다. 사사시대는 하나님을 거부하고 인간 스스로 왕이 되는 시대였습니다. 하나님 없는 삶의 결국은 패망입니다. 그것을 이스라엘은 경험하게 됩니다(삿 2:6-7).

> 백성이 여호수아가 사는 날 동안과 여호수아 뒤에 생존한 장로들 곧 여호와께

서 이스라엘을 위하여 행하신 모든 큰 일을 본 자들이 사는 날 동안에 여호와를 섬겼더라 삿 2:7
그 세대의 사람도 다 그 조상들에게로 돌아갔고 그 후에 일어난 다른 세대는 여호와를 알지 못하며 여호와께서 이스라엘을 위하여 행하신 일도 알지 못하였더라 삿 2:10

죄-징계-회개-구원 사이클

이스라엘은 당시 가나안의 신이었던 바알을 숭배했습니다. 하나님은 우상숭배에 진노하셔서 주변 이방 족속들을 사용해 이스라엘을 징계하십니다. 이스라엘 백성은 고통스러워하며 하나님께 부르짖습니다. 하나님은 그들의 기도를 들으시고 사사들을 보내어 구원하십니다. 그리고 평화의 기간이 계속되다가 사사가 죽으면 이스라엘은 또다시 우상 숭배를 하여 하나님께 반역합니다. 사사기는 이런 사이클이 반복해서 300여 년 동안 반복됩니다. 이스라엘 백성이 우상을 숭배하는 것은 하나님보다 세상을 더 사랑하기 때문입니다. 보이는 세상에 미혹된 결과입니다. 죄-징계-회개-구원의 사이클은 사사시대뿐 아니라 모든 인류 역사에 적용되어 계속 반복되는 과정입니다(삿 2:11-19).

여호와께서 사사들을 세우사 노략자의 손에서 그들을 구원하게 하셨으나…
그 사사가 죽은 후에는 그들이 돌이켜 그들의 조상들보다 더욱 타락하여 다른 신들을 따라 섬기며 그들에게 절하고 그들의 행위와 패역한 길을 그치지 아니하였으므로 삿 2:16, 19

일곱 번에 걸친 반역과 열두 사사

사사시대는 하나님의 구원하심에 대한 이스라엘의 믿음이 오래가지 못하고 반역하는 과정을 그리고 있습니다. 이스라엘 백성은 일곱 번에 걸쳐 반복적으로 하나님을 저버리는 행동을 합니다. 오직 하나님만 섬기라는 신명기의 말씀(모세와 여호수아의 설교)을 거부하고 바알 우상을 섬깁니다. 이런 이스라엘 백성을 보시고 하나님은 이방 민족들을 통하여 이스라엘을 징계하십니다. 그러자 이스라엘은 다시 하나님께 도움을 구합니다. 이때마다 내려주신 구원자가 사사들입니다.

다섯 명의 대사사인 옷니엘, 드보라, 기드온, 입다, 삼손과 일곱 명의 소사사인 에훗, 삼갈, 돌라, 야일, 입산, 엘론, 압돈입니다. 사사들이 나타나는 과정은 이스라엘이 타락해 가는 것과 연관이 있습니다. 이스라엘의 죄가 갈수록 더 심해져 나중에는 하나님을 왕으로 모시는 것에 대해 거부하는 상황까지 이르게 됩니다. 지금도 인간은 하나님을 왕으로 섬기는 일을 거부하고 인간 스스로 주인이 되는 죄악을 계속 범하고 있습니다.

> 이스라엘 자손이 여호와의 목전에 악을 행하여 자기들의 하나님 여호와를 잊어버리고 바알들과 아세라들을 섬긴지라 여호와께서 이스라엘에게 진노하사 그들을 메소보다미아 왕 구산 리사다임의 손에 파셨으므로 이스라엘 자손이 구산 리사다임을 팔 년 동안 섬겼더니 이스라엘 자손이 여호와께 부르짖으매 여호와께서 이스라엘 자손을 위하여 한 구원자를 세워 그들을 구원하게 하시니 그는 곧 갈렙의 아우 그나스의 아들 옷니엘이라 삿 3:7-9

사사 삼손 이야기

성경은 다른 사사에 대해서는 전투에서 승리한 핵심 내용만 기록하지만, 삼손은 출생부터 죽음까지 일대기를 그리고 있습니다. 삼손의 타락 이야기는 나실인과 같은 이스라엘의 타락을 대표하고 있습니다. 아울러 삼손 이야기는 이후에 나올 블레셋과의 오랜 투쟁의 시작을 알리고 있습니다. 삼손 이야기는 사사기의 순환도식을 그대로 따릅니다. 즉 배반-징계-회개-구원의 과정을 따르고 있습니다.

나실인으로 선택 받은 삼손

삼손은 나실인으로, 즉 다른 사람들과 구별된 존재로 태어났습니다. 당시 이스라엘은 블레셋의 압제로 40년 간 고통받고 있었습니다. 삼손의 출생에는 이스라엘을 구원하기 위한 하나님의 뜻이 담겨 있습니다. 아이에게는 하나님의 특별한 계획하심이 있었고, 그가 자라면서 하나님의 영이 그에게 임했습니다. 특히 삼손은 다른 사람보다 무척 힘이 셌는데 그 힘으로 이스라엘을 구원하는 사명을 감당해야 했습니다. 이것은 이스라엘이 구별된 민족으로 선택받은 이유와 목적을 상징하고 있습니다.

> 그가 내게 이르기를 보라 네가 임신하여 아들을 낳으리니 이제 포도주와 독주를 마시지 말며 어떤 부정한 것도 먹지 말라 이 아이는 태에서부터 그가 죽는 날까지 하나님께 바쳐진 나실인이 됨이라 하더이다 **삿 13:7**

점점 타락하는 삼손

삼손은 거룩한 자기의 사명을 저버리고 이방 블레셋 여인과 결혼하고 또 죽은 사자의 몸에서 얻은 꿀을 먹었습니다. 이것은 구별된 나실인으로서 지켜야 할 계명을 어긴 것입니다. 자기의 힘이 어디서 온 것인지 잘 파악하지 못하고 교만하게 행하는 삼손은 바알과 아스다롯과 음행한 이스라엘을 그대로 반영하고 있습니다.

은혜 받는 삼손

삼손은 하나님의 언약을 저버리고 나실인임을 잊어버리는 실수와 잘못을 저지르지만 하나님은 삼손을 사용하셔서 이스라엘을 블레셋의 위협에서 구원하십니다. 하나님은 여전히 그를 사용하시면서 은혜를 베풉니다. 삼손은 아내에게 배신당한 후 아스글론에서 30명의 사람을 죽이고 블레셋 사람들에게 복수합니다. 심지어 그는 하나님이 주신 힘을 가지고 나귀 턱뼈로 천 명을 죽이기도 합니다. 그러나 삼손은 하나님의 뜻을 알지 못하고 점점 죄악 속에 빠져듭니다. 이것은 가나안 땅을 정복하고 살게 하시고 악을 행함에도 여전히 은혜를 베푸시는 하나님을 잊어버리는 이스라엘 백성을 그리고 있습니다. 악을 행함에도 사랑을 베푸시는 것은 하루빨리 하나님께 돌아오라는 사랑의 메시지입니다(삿 15:9-20).

> 여호와의 영이 삼손에게 갑자기 임하시매 삼손이 아스글론에 내려가서 그곳 사람 삼십 명을 쳐죽이고 노략하여 수수께끼 푼 자들에게 옷을 주고 심히 노하여 그의 아버지의 집으로 올라갔고 **삿 14:19**

패망하는 삼손

삼손은 블레셋 여인 들릴라의 유혹에 빠져 배신을 당하여 가사로 끌려갑니다. 그는 거기서 눈이 뽑히고 황소처럼 맷돌을 돌리는 비참한 신세가 됩니다. 하나님의 은혜를 망각한 삼손의 최후가 어떤지 잘 보여줍니다. 이것은 하나님을 거역한 이스라엘의 미래상을 보여주는 것입니다.

> 블레셋 사람들이 그를 붙잡아 그의 눈을 빼고 끌고 가사에 내려가 놋 줄로 매고 그에게 옥에서 맷돌을 돌리게 하였더라 삿 16:21

회개하는 삼손

삼손은 눈이 멀고 감옥에 갇힌 상태에서 자신의 힘이 하나님에게서 온다는 사실을 다시 인식합니다. 그 후에 그는 여호와께 부르짖어 기도하며 회개합니다. 그는 블레셋 사람들로 가득 채운 다곤 신전을 하나님이 주신 힘으로 무너뜨리고, 그 과정에서 자신도 죽고 수많은 블레셋 사람들도 죽이는 공을 세웁니다. 삼손이 살아 있을 때 죽인 숫자보다 더 많은 사람들을 몰살시키면서 마지막에 하나님의 영광을 드러냅니다. 이것은 이스라엘이 자신을 의지하지 않고 하나님을 의지할 때만이 승리할 수 있음을 보여줍니다.

> 삼손이 여호와께 부르짖어 이르되 주 여호와여 구하옵나니 나를 생각하옵소서 하나님이여 구하옵나니 이번만 나를 강하게 하사 나의 두 눈을 뺀 블레셋 사람에게 원수를 단번에 갚게 하옵소서 삿 16:28

하나님을 거부하며 왕을 요구하는 이스라엘

이스라엘은 점점 타락의 상황으로 치닫게 됩니다. 지도자인 사사들마

저도 삼손처럼 타락하게 됩니다. 지도자격인 레위인조차도 타락했습니다. 이스라엘은 점점 더 자기 소견대로 행하고 급기야는 하나님을 왕으로 섬기는 것조차 거부합니다. 하나님의 계속적인 용서와 구원에도 불구하고 이스라엘 백성은 하나님을 반역하는 죄를 계속 저지릅니다.

사사기의 마지막은 그들의 타락이 얼마나 악한지를 잘 보여줍니다. 종교와 도덕과 정치가 전반적으로 타락했습니다. 레위인들의 타락과 더불어 베냐민 지파가 사라질 뻔한 아슬아슬한 위기의 이야기가 기록됩니다(삿 17:6-8, 19:1-3, 21:1-6, 25). 사사기 마지막 구절은 사사기의 결론입니다. 하나님은 당신이 선택한 이스라엘만큼은 이방 나라들과는 다른 방식으로 살아 나가길 원하셨습니다.

> 그 사람 미가에게 신당이 있으므로 그가 에봇과 드라빔을 만들고 한 아들을 세워 그의 제사장으로 삼았더라 **삿 17:5**
>
> 그때에 이스라엘에 왕이 없으므로 사람이 각기 자기의 소견에 옳은 대로 행하였더라 **삿 21: 25**

가나안 땅에 들어간 이스라엘은 하나님을 잊어버리고 결국 깊은 타락으로 빠져들었습니다. 하나님을 주인으로 섬기기보다는 가나안의 우상인 바알을 섬겼습니다. 이러한 신앙의 실패는 결국 이스라엘에게 고통을 안겨 주었습니다. 그러나 실패는 순종을 이끌기 위한 하나님의 또 다른 축복의 통로이기도 했습니다. 이것을 통해 인간은 어쩔 수 없는 죄인임을 다시 생각하게 되고 아울러 하나님의 무한한 용서를 발견하게 됩니다.

돋보기로 삶에 적용하기

1. 나에게 하나님보다 세상을 더 사랑하는 악한 모습과 인생에서 자기가 왕이 되려는 자기중심적인 생각이 있다면 이야기해 보십시오.

2. 현재 나에게 하나님을 떠난 결과 만나게 된 고난과 하나님의 징계가 있으면 찾아보고, 그것을 이기기 위한 방안을 이야기해 보십시오.

"쉽게 설명할 수 없다면 제대로 이해한 것이 아니다"
알버트 아인슈타인

15
짧지만 깊은 이야기 룻기

망원경으로 전체 조망하기

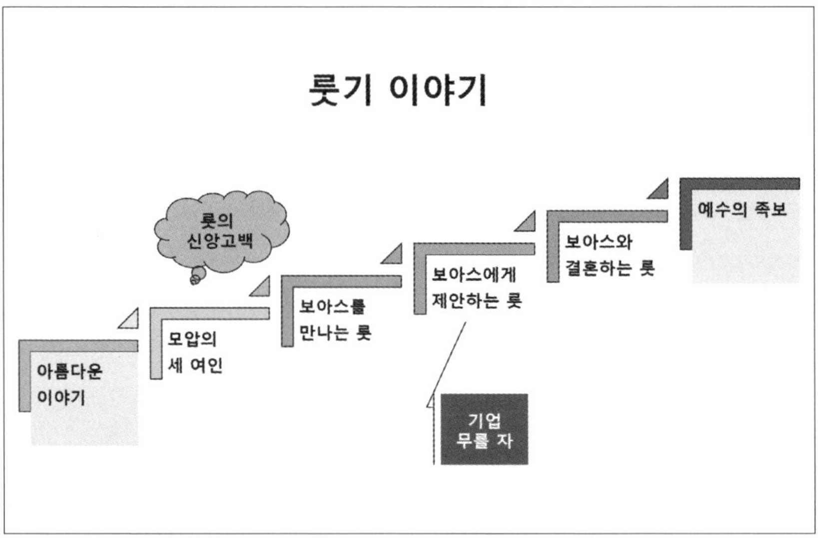

사사시대와 같은 시대의 책

룻기는 사사기 뒤에 이어지는 책입니다. 사사시대는 이스라엘 백성이 하나님을 버리고 바알 신을 섬기는 배교의 시대였습니다. 이런 시점에서 이방 여인 룻의 이야기는 타락한 사사시대에 한줄기 소망을 보여줍니다. 선택받은 이스라엘이 가나안의 신인 바알을 숭배하며 하나님을 떠나가는 시점에 이방 모압 땅에 사는 룻을 소개함으로 참된 믿음이 무엇이지 도전적으로 보여주고 있습니다.

"사사들이 치리하던 때"(룻 1:1)라는 시대의 언급은 룻기의 집필 의도를 잘 보여주고 있습니다. 그리고 뒤에 나오는 사무엘서를 연결해 주는 의미도 있습니다. 룻기는 하나님께서 다윗을 선택하셨음을 보여주는 목적으로 유다 지파와 연결된 룻을 소개합니다. 룻은 자연스럽게 다윗과 이어집니다.

모압 땅의 세 여인

유다 땅에 기근이 들자 엘리멜렉과 그의 아내 나오미는 어린 두 아들을 데리고 양식이 풍성한 모압 땅으로 이주했습니다. 두 아들이 모압 여인과 결혼하지만 모두 세상을 떠나 결국 과부 세 명만 남게 됩니다. 이제 유다에 기근이 끝나서 베들레헴으로 돌아가려 할 때 한 며느리 오르바는 모압에 남지만 다른 며느리 룻은 시어머니 나오미를 따라 유다에 돌아옵니다. 이때 룻은 어머니의 하나님이 나의 하나님이라고 고백하면서, 이스라엘의 하나님을 따르기로 결심합니다. 인간의 힘으로는 많은 어려움을 감수하고 나라와 민족을 버리고 하나님을 선택할 수 없습니다. 이런 선택은 오직 믿음으로만 가능합니다.

> 사사들이 치리하던 때에 그 땅에 흉년이 드니라 유다 베들레헴에 한 사람이 그의 아내와 두 아들을 데리고 모압 지방에 가서 거류하였는데 룻 1:1
>
> 룻이 이르되 내게 어머니를 떠나며 어머니를 따르지 말고 돌아가라 강권하지 마옵소서 어머니께서 가시는 곳에 나도 가고 어머니께서 머무시는 곳에서 나도 머물겠나이다 어머니의 백성이 나의 백성이 되고 어머니의 하나님이 나의 하나님이 되시리니 룻 1:16

룻과 보아스

베들레헴에 온 룻은 가난한 사람들이 이삭을 줍는 밭에 가서 일합니다. 이 밭은 보아스의 소유였습니다. 여기서 자연스럽게 룻은 보아스를 만나 그에게 친절과 배려를 받습니다. 룻은 보아스의 보호 아래 일꾼들과 함께 일하고 먹을거리를 얻습니다. 보아스가 룻에게 베푼 친절을 들은 나오미는 룻을 보아스에게로 인도하시는 하나님의 섭리로 보고 자신과 룻의 어려운 상황을 해결하는 방법을 생각합니다. 보아스가 나오미 가정의 기업을 무를 자 중에 하나라고 말합니다.

> 나오미가 자기 며느리에게 이르되 그가 여호와로부터 복 받기를 원하노라 그

가 살아 있는 자와 죽은 자에게 은혜 베풀기를 그치지 아니하도다 하고 나오미가 또 그에게 이르되 그 사람은 우리와 가까우니 우리 기업을 무를 자 중의 하나이니라 하니라 룻 2:20

보아스에게 결혼을 제안하는 룻

남편을 잃은 나오미와 룻의 경제 문제를 해결할 수 있는 길은 부유한 친척에게 기업을 무르는 일뿐입니다. 부유한 친척만이 살아남은 과부와 결혼할 수 있었습니다. 나오미와 보아스는 친척관계입니다. 그는 이 일에 적합한 사람이었습니다. 이것을 알고 있는 나오미는 밤중에 룻을 보아스에게 보내 결혼할 의사를 전달하게 합니다. 하지만 보아스보다 더 가까운 다른 친척이 있기에 율법에 따라 결혼은 보류됩니다.

이르되 네가 누구냐 하니 대답하되 나는 당신의 여종 룻이오니 당신의 옷자락을 펴 당신의 여종을 덮으소서 이는 당신이 기업을 무를 자가 됨이니이다 하니 룻 3:9

보아스와 결혼하는 룻

하지만 가까운 친척은 룻과의 결혼을 포기합니다. 그러자 보아스는 자연스럽게 룻의 기업을 무르는 자로 정해져 룻과 결혼합니다. 보아스는 나오미의 친족 구원자로 결정되어 룻을 구원하게 됩니다. 룻이 모압 땅에서 자기 민족을 버리고 시어머니의 민족과 하나님을 선택한 어려움을 감수했듯이 보아스도 위험을 감수하고 결혼합니다. 이렇게 결혼하여 낳은 아들이 오벳입니다. 오벳의 어머니 룻은 이방 모압 사람이면서 가난한 과부였습니다. 하지만 보아스가 속한 유다 지파의 족보에 들어감으로써 당당하게 예수 그리스도의 조상이 됩니다.

또 말론의 아내 모압 여인 룻을 사서 나의 아내로 맞이하고 그 죽은 자의 기업을 그의 이름으로 세워 그의 이름이 그의 형제 중과 그 곳 성문에서 끊어지지 아니하게 함에 너희가 오늘 증인이 되었느니라 하니 룻 4:10

다윗과 예수 그리스도의 족보

보아스는 살몬의 자손이었습니다. 살몬은 기생 라합의 남편입니다(마 1:5). 그런 보아스가 이방 여인 룻과 결혼합니다. 구속사의 계보가 이스라엘의 선택된 사람이 아닌 이방 여인과 가나안 이방 여인을 통해 이새의 아들인 다윗의 가문으로 이어집니다. 그리고 먼 미래에 예수님의 가계로 이어져 갑니다. 하나님의 선택은 인간이 이해할 수 있는 범위를 넘어 우리에게 다가옵니다. 이런 면에서 복음은 이스라엘 민족만을 위한 것이 아닌 모든 민족을 위한 좋은 소식입니다. 하나님의 자녀가 되는 기준은 혈통이나 성별이나 신분이 아닌 오직 믿음에 의한 것입니다.

살몬은 보아스를 낳았고 보아스는 오벳을 낳았고 오벳은 이새를 낳고 이새는 다윗을 낳았더라 룻 4:21–22

돋보기로 삶에 적용하기

1. 하나님의 선택과 인도하심은 인간이 생각하는 그 이상입니다. 나는 인생 속에서 하나님의 인도하심을 어떻게 받고 살아갑니까?

2. 내가 하나님의 자녀로 선택된 것에 대해 얼마나 감사하며 믿음으로 받아들이고 있습니까?

"쉽게 설명할 수 없다면 제대로 이해한 것이 아니다"
알버트 아인슈타인

하나님이 보기에 악한 나라로 만든 인간 왕 :

통일왕국시대·분열왕국시대

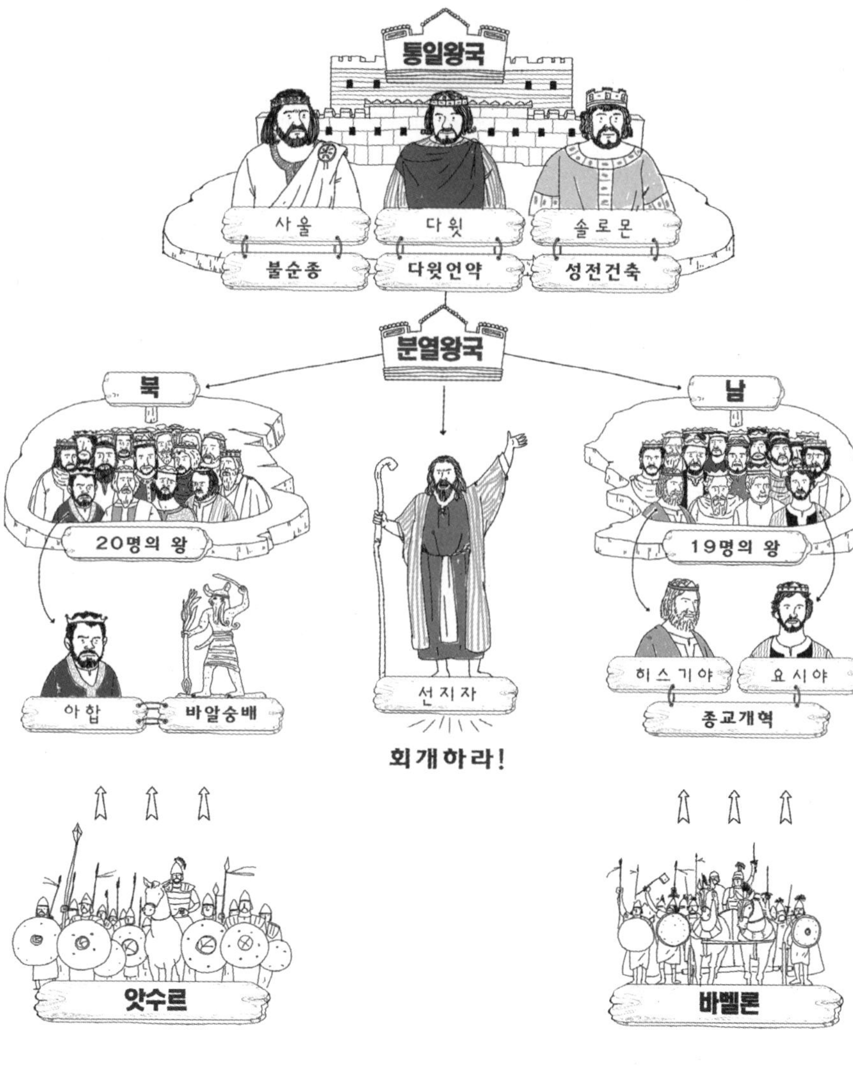

이스라엘의 왕은 하나님이십니다. 그래서 왕을 세우지 않고 사사들을 통하여 통치했지만 그것이 실패로 돌아가고 이제 왕이 통치하는 세상 나라와 같게 되었습니다. 하나님은 왕을 달라는 이스라엘 백성의 요구에 응하시고 허락하셨습니다. 그것은 인간 스스로 깨닫고 돌아오기를 기대하셨기 때문입니다. 장면 5는 사무엘서, 열왕기서, 선지서가 해당됩니다.

인간의 마음에 드는 초대왕은 사울이었습니다. 그는 처음에는 이스라엘 백성을 위해서 전쟁을 했지만 시간이 흐르면서 하나님과 멀어졌습니다. 세상 나라의 전형적인 왕과 비슷했습니다. 진정한 왕이 하나님이라는 사실을 알지 못한 채 자기가 왕인 것처럼 착각하면서 타락의 길로 가게 됩니다. 사울은 하나님의 말씀에 불순종하였고 결국 하나님께 버림받습니다.

하나님은 하나님의 마음에 합한 새로운 왕을 준비했는데 그 사람이 다윗입니다. 다윗을 통하여 진정한 왕의 모습이 무엇인지 보여주고자 했습니다. 다윗 역시 연약한 사람이었지만 하나님을 섬기는 왕의 모습을 보여주었습니다. 이런 다윗 왕을 통하여 앞으로 그리스도가 오심을 약속받게 됩니다. 왕위가 솔로몬으로 이어지면서 왕정시대는 타락의 길로 가고 결국은 나라가 남북으로 분열하게 됩니다. 분열왕국은 하나님을 떠난 지도자들과 제사장들의 악한 모습이 적나라하게 드러나고 있습니다. 남북 40명의 왕들이 통치했지만 대부분 하나님을 떠나 바알을 숭배했습니다. 히스기야와 요시야 정도만 기억될 만한 왕이고 나머지는 하나님을 떠나는 죄를 범했습니다. 하나님은 선지자들을 쉬지 않고 보내어 하나님에게로 돌아서도록 촉구하지만 그들은 돌이키지 않았습니다. 이것은 이스라엘의 왕정 제도가 실패했음을 역사적으로 증명하는 것입니다.

16
사무엘과 사울 왕

망원경으로 전체 조망하기

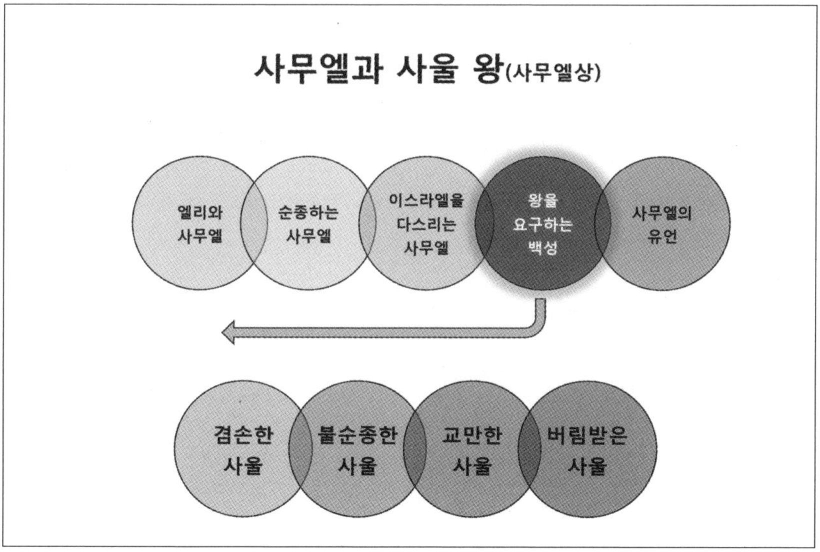

엘리와 사무엘

삼손이 사사로 활동하던 시대 이후에 이스라엘의 중요한 인물은 사무엘입니다. 사무엘은 사사 이상의 인물입니다. 그는 선지자이면서 아울러 제사장 직분까지 담당하고 있었습니다.

사무엘은 어머니의 기도로 태어난 특별한 사람입니다. 사무엘은 젖을 뗀 후부터 하나님께 드려져 성막에 거했습니다. 그의 스승인 엘리의 지도하에 차세대 지도자로 양육 받았습니다.

엘리의 아들들은 행실이 나빠 많은 문제를 일으켰습니다. 나중에는 법궤를 가지고 전쟁에 나갔다가 죽임을 당했습니다. 하나님의 법궤를 인간의 욕망의 도구로 사용함으로 문제를 일으킨 것입니다. 결국 법궤를 블레셋에게 빼앗기는 수치를 당합니다. 당시 이스라엘이 얼마나 타락했는지를 상징적으로 보여줍니다. 이스라엘에게 법궤가 없다는 것은 곧 하나님이 없는 암흑의 상황임을 보여줍니다. 엘리의 집은 이렇게 해서 저주가 임하고 그 뒤를 이어 사무엘이 이스라엘의 지도자가 됩니다.

> 엘리의 아들들은 행실이 나빠 여호와를 알지 못하더라 **삼상 2:12**
>
> 아이 사무엘이 점점 자라매 여호와와 사람들에게 은총을 더욱 받더라 **삼상 2:26**
>
> 하나님의 궤는 빼앗겼고 엘리의 두 아들 홉니와 비느하스는 죽임을 당하였더라 **삼상 4:11**

순종하는 사무엘

사무엘은 어릴 때부터 성전에서 거하면서 하나님의 종으로 훈련받습니다. 하나님이 어린 사무엘을 부르자 사무엘은 스승인 엘리가 부른 줄 알고 그에게 달려옵니다. 사무엘은 그 소리가 하나님의 음성인지 몰랐습니다. 그러나 엘리가 사무엘에게 하나님의 음성을 듣는 법을 알려 줍니다. "여호와여 말씀하옵소서. 주의 종이 듣겠나이다." 사무엘은 이때부터 하나님의 음성을 듣고 순종하는 사람으로 우뚝 섭니다.

> 여호와께서 임하여 서서 전과 같이 사무엘아 사무엘아 부르시는지라 사무엘이 이르되 말씀하옵소서 주의 종이 듣겠나이다 하니 삼상 3:10

이스라엘을 다스리는 사무엘

엘리 가문이 저주를 받고 그 뒤를 이어 사무엘이 이스라엘을 다스리는 지도자가 됩니다. 블레셋 사람들이 쳐들어오자 사무엘은 백성을 미스바로 모이게 한 후에 하나님께 금식하며 도움을 구합니다. 사무엘이 기도하자 하나님은 블레셋 사람들에게 큰 우레를 발하여 패하게 하십니다. 사무엘은 이것을 기념하여 돌을 취하여 세웠는데 에벤에셀(여호와께서 여기까지 우리를 도우셨다)이라고 했습니다.

사무엘이 기도한 것은 땅에 떨어지지 않았을 정도로 그는 하나님과 관계가 좋았습니다. 사무엘은 암흑의 시대 속에서 한 줄기 빛과 같은 사람으로서 나라의 운명을 좌우하는 중요한 키를 잡고 있었습니다.

사무엘이 돌을 취하여 미스바와 센 사이에 세워 이르되 여호와께서 여기까지 우리를 도우셨다 하고 그 이름을 에벤에셀이라 하니라 **삼상 7:12**

사무엘이 사는 날 동안에 이스라엘을 다스렸으되 해마다 벧엘과 길갈과 미스바로 순회하여 그 모든 곳에서 이스라엘을 다스렸고 **삼상 7:15–16**

왕을 요구하는 백성

사사시대의 마지막 사사였던 사무엘이 늙어 그의 아들들을 사사로 삼았지만, 두 아들이 아버지의 행위를 따르지 않고 뇌물을 받는 등 악한 일을 행했습니다. 그 와중에 백성은 인간이 통치하는 왕의 제도를 하나님께 요구했습니다. 하나님은 왕의 제도의 문제점을 말하지만 백성이 끝까지 요구하자 하나님은 허락하십니다.

사무엘이 늙으매 그의 아들들을 이스라엘 사사로 삼으니 장자의 이름은 요엘이요 차자의 이름은 아비야라 그들이 브엘세바에서 사사가 되니라 그의 아들들이 자기 아버지의 행위를 따르지 아니하고 이익을 따라 뇌물을 받고 판결을 굽게 하니라 이스라엘 모든 장로가 모여 라마에 있는 사무엘에게 나아가서 그에게 이르되 보소서 당신은 늙고 당신의 아들들은 당신의 행위를 따르지 아니하니 모든 나라와 같이 우리에게 왕을 세워 우리를 다스리게 하소서 한지라 **삼상 8:1–5**

겸손한 사울

이렇게 해서 백성의 마음에 맞는 첫 번째 왕으로 선택된 사람이 사울입니다. 이스라엘의 초대 왕인 사울은 백성이 좋아할 만한 외적인 모습을 갖추었습니다. 사울은 처음에는 하나님의 신의 감동을 크게 받았으며, 암몬 사람을 물리쳐 백성에게 좋은 평가를 받았습니다. 사울의 출발은 아주 좋았습니다. 자기가 미약한 자라는 사실을 알았고 겸손한 자세를 가졌습니다. 전쟁에서 승리하여 백성이 그동안 그렇게 원했던 욕구를 충족시키는 왕이 되었습니다. 그러나 그의 겸손은 오래가지 못했습니다.

> 기스에게 아들이 있으니 그의 이름은 사울이요 준수한 소년이라 이스라엘 자손 중에 그보다 더 준수한 자가 없고 키는 모든 백성보다 어깨 위만큼 더 컸더라 **삼상 9:2**
>
> 사울이 대답하여 이르되 나는 이스라엘 지파의 가장 작은 지파 베냐민 사람이 아니니이까 또 나의 가족은 베냐민 지파 모든 가족 중에 가장 미약하지 아니하니이까 당신이 어찌하여 내게 이같이 말씀하시나이까 하니 **삼상 9:21**

사무엘의 마지막 말

사무엘은 이제 자기 소명을 다하고 일선에서 물러납니다. 왕이 선출된 이상 그의 임무는 다한 것입니다. 사무엘은 마지막으로 백성에게 부탁합니다. 그것은 오직 하나님을 섬기고 헛된 것을 따르지 말라는 것입니다. 그리고 사무엘은 백성을 위하여 결단코 기도하기를 쉬는 죄를 범하지 않고 계속 선하고 의로운 길을 가도록 가르치는 일을 하겠다고 말합니다. 그는 만일 이스라엘이 하나님을 버리고 악을 행하면 백성뿐만 아니라 왕까지 멸망하게 된다고 예언합니다.

> 나는 너희를 위하여 기도하기를 쉬는 죄를 여호와 앞에 결단코 범하지 아니하고 선하고 의로운 길을 너희에게 가르칠 것인즉 너희는 여호와께서 너희를 위하여 행하신 그 큰 일을 생각하여 오직 그를 경외하며 너희의 마음을 다하여 진실히 섬기라 만일 너희가 여전히 악을 행하면 너희와 너희 왕이 다 멸망하리라 **삼상 12:23-25**

불순종하는 사울

사울은 출발이 좋았지만 얼마 가지 못해서 하나님께 불순종하는 잘못을 범합니다. 블레셋 전투에서 그는 사무엘을 기다리지 못하고 사무엘을 대신하여 제사를 드립니다. 또한 아말렉 전투에서 아각과 좋은 것은 살려두고 가치 없는 것은 진멸하는 불순종의 죄를 범합니다.

왕의 가장 큰 임무가 하나님의 말씀을 듣고 순종하는 것임을 망각하고 자기 생각대로 모든 것을 처리합니다. 잘못을 저질렀음에도 끝까지 자기 합리화를 하면서 체면을 먼저 생각합니다. 잘못을 회개하기보다는 오히려 여러 가지 변명의 태도를 보입니다. 사울은 40세에 이스라엘 초대 왕으로 즉위하여 40년간 통치합니다. 즉위 후 차츰 시간이 흐르면서 그는 하나님보다는 자신과 인간을 더 의지하는 모습을 보임으로 결국은 하나님에게서 버림을 받습니다.

사울과 백성이 아각과 그의 양과 소의 가장 좋은 것 또는 기름진 것과 어린 양과 모든 좋은 것을 남기고 진멸하기를 즐겨 아니하고 가치 없고 하찮은 것은 진멸하니라 **삼상 15:9**

사무엘이 이르되 여호와께서 번제와 다른 제사를 그의 목소리를 청종하는 것을 좋아하심 같이 좋아하시겠나이까 순종이 제사보다 낫고 듣는 것이 숫양의 기름보다 나으니 이는 거역하는 것은 점치는 죄와 같고 완고한 것은 사신 우상에게 절하는 죄와 같음이라 왕이 여호와의 말씀을 버렸으므로 여호와께서도 왕을 버려 왕이 되지 못하게 하셨나이다 하니 **삼상 15:22-23**

교만한 사울

하나님은 사울을 왕으로 삼으신 것을 후회하셨습니다. 사울은 자기의 잘못을 깨닫고 즉시 회개하며 하나님께 돌아오지 못했습니다. 입으로는 회개하고 순종하겠다고 했지만 그는 진실되지 못했습니다. 불순종의 잘못을 인정하지 않고 하나님께 제사하려고 양과 소를 끌고왔다고 변명합니다. 그리고 하나님보다 장로들의 눈치를 보면서 사람들 앞에서 왕의 체면을 세워 달라고 요구합니다.

결국 사울의 왕위는 끝났고, 사무엘은 사울보다 더 나은 다른 사람에게 왕위가 돌아가게 될 것을 예언합니다. 사울이 하지 못한 악을 죽이는 일을 사무엘이 대신 시행합니다. 이것으로 사무엘과 사울은 더 이상 만나지 못합니다. 하나님의 영광보다 자신의 체면과 지위에 집착한 사울은 오늘날 인간의 교만한 모습을 그대로 보여줍니다.

다만 백성이 그 마땅히 멸할 것 중에서 가장 좋은 것으로 길갈에서 당신의 하나님 여호와께 제사하려고 양과 소를 끌어 왔나이다 하는지라 **삼상 15:21**

사무엘이 죽는 날까지 사울을 다시 가서 보지 아니하였으니 이는 그가 사울을 위하여 슬퍼함이었고 여호와께서는 사울을 이스라엘 왕으로 삼으신 것을 후회하셨더라 **삼상 15:35**

버림받는 사울

사울이 하나님께 버림받자 즉시 악령이 들어옵니다. 그는 자기를 시중들던 다윗을 시기함으로 권력욕에 사로잡히게 됩니다. 그는 다윗을 죽이려고 합니다. 자신의 아들인 요나단과 딸 미갈에게도 인정받지 못합니다. 심지어 다윗 때문에 무고한 85명의 제사장들을 죽이기까지 합니다. 결국 나중에 이방 엔돌의 무당에게 찾아가는 돌이킬 수 없는 죄까지 범합니다. 그는 나중에 길보아 전투에서 패하여 블레셋의 추격을 받고 더 이상 피할 수 없자 자기 칼에 엎드려 자결하는 비참한 최후를 맞이합니다. 사울은 세상 왕의 모델입니다. 자기만족에 사로잡혀 하나님을 생각지 않는 교만한 왕의 모습이 어떤지 그리고 있습니다.

여호와의 영이 사울에게서 떠나고 여호와께서 부리시는 악령이 그를 번뇌하게 한지라 **삼상 16:14**

사울이 그의 아들 요나단과 그의 모든 신하에게 다윗을 죽이라 말하였더니 사울의 아들 요나단이 다윗을 심히 좋아하므로 그가 다윗에게 말하여 이르되 내 아버지 사울이 너를 죽이기를 꾀하시느니라 그러므로 이제 청하노니

아침에 조심하여 은밀한 곳에 숨어 있으라 **삼상 19:1-2**

왕이 도엑에게 이르되 너는 돌아가서 제사장들을 죽이라 하매 에돔 사람 도엑이 돌아가서 제사장들을 쳐서 그 날에 세마포 에봇 입은 자 팔십오 명을 죽였고 **삼상 22:18**

사울이 그의 신하들에게 이르되 나를 위하여 신접한 여인을 찾으라 내가 그리로 가서 그에게 물으리라 하니 그의 신하들이 그에게 이르되 보소서 엔돌에 신접한 여인이 있나이다 **삼상 28:7**

그가 무기를 든 자에게 이르되 네 칼을 빼어 그것으로 나를 찌르라 할례 받지 않은 자들이 와서 나를 찌르고 모욕할까 두려워하노라 하나 무기를 든 자가 심히 두려워하여 감히 행하지 아니하는지라 이에 사울이 자기의 칼을 뽑아서 그 위에 엎드러지매 **삼상 31:4**

블레셋

블레셋은 사사시대에 이스라엘에게 가장 강력한 적이었습니다. 블레셋은 본래 이집트 삼각주를 공격했다가 실패하고 자신이 살던 가나안 남쪽 해안지역에 자리를 잡았습니다. BC 17세기 초반 블레셋은 해변길을 따라 세워진 가사, 아스돗, 아스글론을 장악하면서 가나안 땅에 대한 소유권을 주장했습니다. 이후에 에그론과 가드 등 다섯 도시를 통합한 연합국가를 만들어 힘을 발휘하였습니다. 특히 철을 사용함으로써 이스라엘과의 전쟁에서 우위를 차지했습니다.

돋보기로 삶에 적용하기

1. 나는 보이는 인간을 더 신뢰합니까, 아니면 보이지 않는 하나님을 의지합니까?

2. 사람들은 권력과 힘 있는 사람들에게 마음을 빼앗기고 그들을 따르는 것을 좋아합니다. 왜 그렇다고 봅니까? 나에게는 그런 마음이 없습니까?

"쉽게 설명할 수 없다면 제대로 이해한 것이 아니다"
알버트 아인슈타인

17
뒤쫓는 사울, 쫓기는 다윗

망원경으로 전체 조망하기

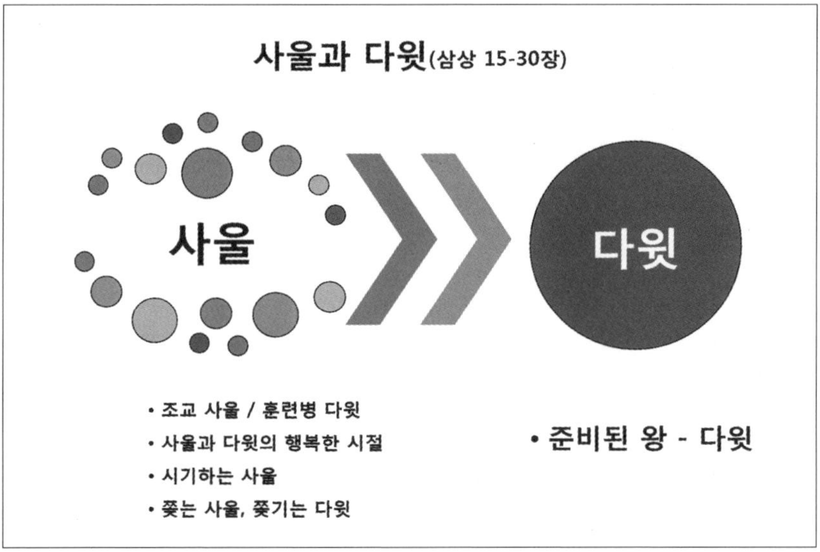

조교 사울, 훈련병 다윗

사무엘상 16-26장은 사울과 다윗의 이야기입니다. 현재의 왕인 사울과 다음 왕으로 내정된 다윗과의 관계를 그리고 있습니다. 사울은 지는 해요 다윗은 떠오르는 태양과도 같습니다. 사울은 이미 하나님께 버림을 받았고 명목상의 왕일 뿐입니다. 하나님은 이스라엘의 두 번째 왕으로 다윗을 선택합니다. 다윗은 하나님의 마음에 합한 자로서 미리 준비된 사람이었습니다.

이새의 아들 중 말째인 다윗은 아버지와 식구들에게 주목받지 못한 사람이었습니다. 그러나 하나님은 다윗을 선택할 때 외모가 아니라 중심을 보셨습니다. 다윗이 사무엘을 통하여 기름부음을 받았지만 바로 왕이 되지 않고 준비 과정을 거칩니다. 사울 왕을 통하여 다윗에게 왕의 수업을 시키십니다. 사울은 다윗을 시기하며 죽이려고 하지만 오히려 다윗은 사울을 두 번이나 살려줍니다. 칼이 칼을 연단하듯이 왕을 통하여 왕을 훈련하는 사울과 다윗의 이야기는 참으로 오묘합니다.

> 여호와께서 사무엘에게 이르시되 그의 용모와 키를 보지 말라 내가 이미 그를 버렸노라 내가 보는 것은 사람과 같지 아니하니 사람은 외모를 보거니와 나 여호와는 중심을 보느니라 하시더라 **삼상 16:7**

사울과 다윗의 좋았던 시절

사무엘상 16-17장은 사울과 다윗이 사이 좋았던 시절을 그리고 있습니다. 다윗은 이스라엘의 2대 왕으로 부름 받은 후 사울을 시중드는 사람으로 천거되어 왕궁으로 들어가 왕의 수업을 받습니다. 하나님을 향한 신앙과 담대한 용기는 어느 누구보다 대단했습니다. 다윗은 모두가 겁내는 골리앗에게 당당히 대항했습니다. 그는 오직 하나님만 믿고 물맷돌을 던져 골리앗에게 맞섰습니다. 하나님의 이름을 모욕하는 골리앗을 향해 담대하게 나서는 다윗의 용기는 그의 믿음이 어느 정도인지 보여주는 대목입니다. 다윗의 승리는 하나님의 구원이 칼과 창에 있지 않다는 걸 알려줍니다. 이것을 통해 하나님이 왜 다윗을 선택했는지 알 수 있습니다. 하나님의 거룩한 분노를 가진 다윗을 보면, 그가 얼마나 하나님을 사랑하고 있었는지 알 수 있습니다.

> 나는 만군의 여호와의 이름 곧 네가 모욕하는 이스라엘 군대의 하나님의 이름으로 네게 나아가노라 **삼상 17:45**
> 또 여호와의 구원하심이 칼과 창에 있지 아니함을 이 무리에게 알게 하리라 전쟁은 여호와께 속한 것인즉 그가 너희를 우리 손에 넘기시리라 **삼상 17:47**

시기하는 사울

다윗이 전쟁에서 큰 승리를 거두고 백성이 "사울은 천천이요 다윗은 만만이라"고 환호하자 사울은 불안과 시기심이 생겼습니다. 그리고 다윗을 죽이기로 마음먹습니다. 그러나 하나님이 다윗과 함께하셨고 다윗은 점점 더 이스라엘 백성에게 사랑을 받았습니다.

사울은 다윗에게 자기 딸 미갈을 아내로 주는 대신에 블레셋 사람 100명을 죽인 증거를 가져오라고 말합니다. 그것은 100명을 죽이는 과정에서 다윗이 죽기를 원했기 때문입니다. 그러나 다윗은 오히려 블레셋 사람 200명을 죽이고 미갈을 아내로 맞이합니다. 그러나 미갈은 사울보다 다윗을 더 사랑합니다. 아들 요나단 역시 아버지를 배반하면서까지 다윗의 생명을 구해 줍니다. 그런 이유로 사울은 다윗을 두려워하여 평생 다윗의 대적이 됩니다. 사울이 아무리 노력해도 하나님이 함께하는 사람 다윗을 이길 수 없었습니다.

> 다윗이 그의 모든 일을 지혜롭게 행하니라 여호와께서 그와 함께 계시니라 **삼상 18:14**
>
> 여호와께서 다윗과 함께 계심을 사울이 보고 알았고 사울의 딸 미갈도 그를 사랑하므로 사울이 다윗을 더욱더욱 두려워하여 평생에 다윗의 대적이 되니라 **삼상 18:28-29**

쫓는 사울, 쫓기는 다윗

다윗은 사울에게서 여덟 번에 걸쳐 죽음의 위협을 받습니다(삼상 18:10-11, 18:17-29, 19:9-10, 19:15, 19:20-24, 20:31, 23:13-14, 23:24-28). 그러나 하나님은 당신의 종 다윗을 매순간 다양한 방법으로 위험에서 구해 내셨습니다. 아무리 사울이 다윗을 찾아내 죽이려 해도 하나님이 다윗을 보호하시니 죽일 수가 없는 것입니다(삼상 23:14). 다윗에게 이런 위험은 왕이 되기 위한 훈련이요, 왕의 수업을 받는 학교였습니다.

다윗은 숱한 어려움을 잘 이겨 냅니다. 두 번이나 사울을 죽일 수 있는 기회가 있었지만 하나님께 모든 것을 맡깁니다. 하나님이 기름 부으신 자를 치는 것은 하나님의 뜻에 위배된다고 하면서 사울을 살려 줍니다. 다윗은 모든 일을 자기 스스로 처리하지 않고 하나님께 묻고 행했습니다. 블레셋을 칠 때도 어김없이 하나님께 묻고 행동합니다. 둘의 대립은 대적 사울이 죽으면서 다윗의 승리로 막을 내립니다. 누구도 하나님이 함께하시는 사람을 이길 수 없습니다.

> 이에 다윗이 여호와께 묻자와 이르되 내가 가서 이 블레셋 사람들을 치리이까 여호와께서 다윗에게 이르시되 가서 블레셋 사람들을 치고 그일라를 구원하라 **삼상 23:2**
>
> 다윗이 광야의 요새에도 있었고 또 십 광야 산골에도 머물렀으므로 사울이 매일 찾되 하나님이 그를 그의 손에 넘기지 아니하시니라 **삼상 23:14**
>
> 자기 사람들에게 이르되 내가 손을 들어 여호와의 기름 부음을 받은 내 주를 치는 것은 여호와께서 금하시는 것이니 그는 여호와의 기름 부음을 받은 자가 됨이니라 **삼상 24:6**
>
> 다윗이 아비새에게 이르되 죽이지 말라 누구든지 손을 들어 여호와의 기름 부음 받은 자를 치면 죄가 없겠느냐 하고 다윗이 또 이르되 여호와께서 살아 계심을 두고 맹세하노니 여호와께서 그를 치시리니 혹은 죽을 날이 이르거나 또는 전장에 나가서 망하리라 내가 손을 들어 여호와의 기름 부음 받은 자를 치는 것을 여호와께서 금하시나니 너는 그의 머리 곁에 있는 창과 물병만 가지고 가자 **삼상 26:9–11**

준비된 왕, 다윗

다윗은 사울의 끊임없는 시기와 질투와 죽이려는 위협으로 인해 방황의 시간을 오랫동안 보냅니다. 다윗은 대적 사울을 미워하지 않고 자비를 베풀면서 하나님의 때를 기다립니다. 그리고 왕으로서의 자질을 갖추는 과정을 잘 이수합니다. 다윗은 하나님의 마음에 합한 왕의 모델입니다.

다윗은 이스라엘을 가장 높은 수준까지 끌어올립니다. 우리는 이 시기를 '이스라엘의 황금시대'라고 말합니다. 다윗이 통치하던 시대는 우상이나 산당도 없었습니다. 세속적인 생각 또한 왕궁에 자리 잡지 못했습니다. 무역도 번창하여 경제적으로도 부강한 나라가 되었습니다. 전쟁에서 승리를 거듭함으로써 외세의 침략에도 불안하지 않은 태평시대였습니다. 하나님이 다윗과 함께하셨기 때문에 다윗이 점점 강성해진 것입니다.

> 다윗이 그 산성에 살았으므로 무리가 다윗 성이라 불렀으며 다윗이 밀로에서부터 두루 성을 쌓았고 그 성의 나머지는 요압이 중수하였더라 만군의 여호와께서 함께 계시니 다윗이 점점 강성하여 가니라 **대상 11:7-9**

돋보기로 삶에 적용하기

1. 나는 지금 하나님의 사람으로서 준비를 하기 위해 어떤 훈련을 하고 있습니까? 나를 힘들게하는 사람에 대해서 어떤 자세를 가져야 할까요?

2. 나에게 사울과 같은 부분이 있다면 그것은 무엇입니까? 다윗과 같은 신앙을 갖기 위해서 내가 준비해야 할 것은 무엇입니까?

"쉽게 설명할 수 없다면 제대로 이해한 것이 아니다"
알버트 아인슈타인

18

다윗 왕과 영원한 언약

망원경으로 전체 조망하기

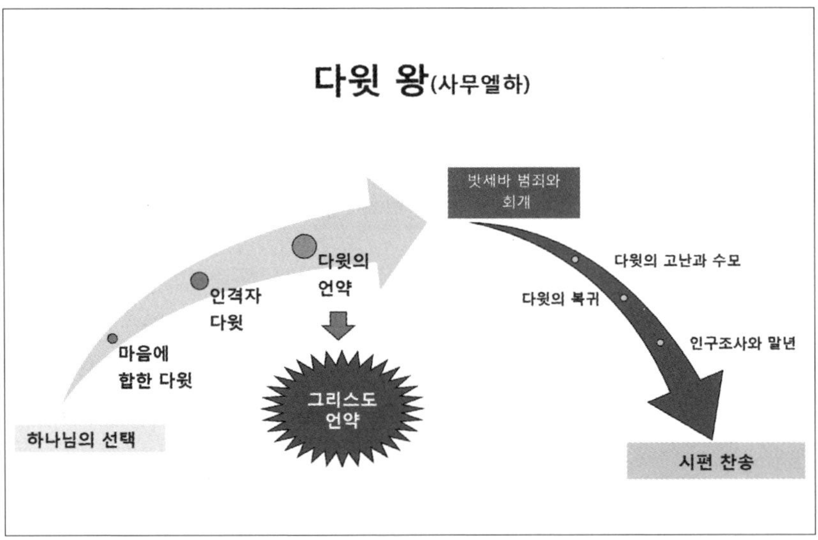

하나님의 마음에 합한 다윗 왕

사무엘하는 다윗의 이야기로 구성되어 있는데, 언약에 성실한 다윗 이야기가 전반부를 지배하고 있습니다. 다윗은 언약의 말씀에 절대적인 순종을 보인 왕입니다. 그것은 다윗 언약으로 연결됩니다. 이는 앞으로 분열왕국 시대의 이스라엘 왕들이 본받아야 할 모델로 제시됩니다. 사울은 인간이 선택한 왕의 모델이지만 다윗은 하나님이 선택한 왕의 모델입니다. 비록 세상의 왕으로 세움받았지만 하나님이 세우신 왕은 전적으로 하나님을 주인으로 인정해야 함을 말하고 있습니다.

인격자 다윗

다윗은 믿음뿐 아니라 인격도 훌륭한 왕이었습니다. 그것은 전임자였던 사울의 죽음을 애통해하며 그 집안을 극진히 배려한 것에서 잘 드러납니다. 그는 원수인 사울의 죽음을 슬퍼하며 사울과 요나단의 죽음을 애도하는 시를 짓습니다. 다윗은 사울과 요나단이 한 모든 선한 일들을 돌아보며 그들을 애도할 것을 이스라엘 백성에게 부탁합니다. 또한 사울 집안에 므비보셋이라는 두 발을 다 저는 사람이 남아 있었는데 다윗은 요나단의 아들인 므비보셋을 긍휼히 여겨 왕자 중 하나처럼 왕의 상에서 항상 먹도록 배려합니다(삼하 1장, 9장).

사울과 요나단이 생전에 사랑스럽고 아름다운 자이러니 죽을 때에도 서로 떠나지 아니하였도다 그들은 독수리보다 빠르고 사자보다 강하였도다 이스라엘 딸들아 사울을 슬퍼하여 울지어다 그가 붉은 옷으로 너희에게 화려하게 입혔고 금 노리개를 너희 옷에 채웠도다 **삼하 1:23-24**

왕이 이르되 사울의 집에 아직도 남은 사람이 없느냐 내가 그 사람에게 하나님의 은총을 베풀고자 하노라 하니 시바가 왕께 아뢰되 요나단의 아들 하나가 있는데 다리 저는 자니이다 하니라 **삼하 9:3**

다윗의 언약

다윗의 위대함은 누구보다 하나님의 언약을 사랑한 데 있습니다. 다윗은 엘리 제사장 시대에 블레셋에게 빼앗겼던 언약궤를 다시 찾아옵니다. 이것은 사사시대에 잃어버렸던 하나님의 왕권을 다시 회복한다는 중요한 의미가 있습니다. 그리고 나라를 하나님의 말씀으로 통치할 것을 강조하는 상징적인 의미가 있습니다.

다윗은 돌아온 언약궤 앞에서 춤을 추며 말씀이신 하나님을 찬양합니다. 그리고 하나님의 성전을 건축하고 싶은 마음을 나단 선지자에게 전합니다. 그러자 하나님은 다윗을 위하여 영원히 언약을 세워 주시고, 성전 건축은 아들 솔로몬에게 위임합니다. 하나님은 마음에 합한 다윗에게 영원한 왕이신 예수 그리스도를 예언하면서 다윗의 집을 영원한 가문으로 세워 주십니다. 다윗에게 주신 가장 놀라운 하나님의 축복입니다. 이 언약 덕분에 솔로몬이 잘못을 범해도 그를 사울처럼 버리지 않으셨습니다.

여호와의 궤를 멘 사람들이 여섯 걸음을 가매 다윗이 소와 살진 송아지로 제사를 드리고 다윗이 여호와 앞에서 힘을 다하여 춤을 추는데 그때에 다윗이 베 에봇을 입었더라 **삼하 6:13-14**

여호와께서 주위의 모든 원수를 무찌르사 왕으로 궁에 평안히 살게 하신 때에 왕이 선지자 나단에게 이르되 볼지어다 나는 백향목 궁에 살거늘 하나님의 궤는 휘장 가운데에 있도다 **삼하 7:1-2**

내가 네 앞에서 물러나게 한 사울에게서 내 은총을 빼앗은 것처럼 그에게서 빼앗지는 아니하리라 네 집과 네 나라가 내 앞에서 영원히 보전되고 네 왕위가 영원히 견고하리라 **삼하 7:15-16**

간음하는 죄와 회개

다윗도 인간인지라 과오가 있습니다. 그는 왕이 되고 안정되자 교만함이 생겨 밧세바와 동침합니다. 그녀가 임신하자 다윗은 그녀의 남편 우리아를 죽이는 죄악을 저지릅니다. 사무엘서 기자는 "다윗이 행한 그 일이 여호와 보시기에 악하였더라"(11:27)는 말로 이 사건을 평가합니다.

나단 선지자의 경고를 듣고 다윗은 즉시 여호와 앞에서 자신의 죄를 회개합니다. 하나님은 다윗의 진심어린 회개를 받으시고 용서하십니다. 하지만 범죄로 낳은 아들은 죽게 됩니다. 그것은 앞으로 더 이상 죄를 짓지 않게 하기 위한 하나님의 선한 방비책입니다. 죄는 용서를 받아도 죄로 인한 고난의 대가는 피하지 못합니다. 이것이 우리가 죄를 짓지 말아야 하는 이유입니다(삼하 11-12장).

다윗이 전령을 보내어 그 여자를 자기에게로 데려오게 하고 그 여자가 그 부정함을 깨끗하게 하였으므로 더불어 동침하매 그 여자가 자기 집으로 돌아가니라 그 여인이 임신하매 사람을 보내 다윗에게 말하여 이르되 내가 임신하였나이다 하니라 **삼하 11:4-5**

다윗이 나단에게 이르되 내가 여호와께 죄를 범하였노라 하매 나단이 다윗에게 말하되 여호와께서도 당신의 죄를 사하셨나니 당신이 죽지 아니하려니와 이 일로 말미암아 여호와의 원수가 크게 비방할 거리를 얻게 하였으니 당신이 낳은 아이가 반드시 죽으리이다 **삼하 12:13-14**

다윗의 고난과 수모

다윗의 인생 후반기는 죄의 대가로 받은 고난의 삶이 지속됩니다. 사무엘하 13-18장까지 고난 이야기가 기록됩니다. 큰아들 암논이 다말이라는 이복 여동생을 범하는 일이 일어납니다. 다말의 오빠였던 압살롬은 분노를 참지 못하고 암논을 죽입니다. 결국 압살롬은 아버지 다윗을 피해 도망갑니다. 이 일로 다윗은 압살롬과 불화합니다.

시간이 흘러 압살롬이 궁으로 돌아왔지만 아버지 다윗을 만난 후 그는 오히려 반역을 일으켜 아버지를 왕궁에서 쫓아냅니다. 나중에 압살롬이 죽고 다윗이 왕으로 복귀합니다. 그러나 가족 관계가 다 깨어졌습니다. 이처럼 다윗은 죄의 대가를 철저하게 치렀습니다. 그러나 다윗은 끝까지 하나님을 의지합니다(삼하 13-18장).

암논이 그 말을 듣지 아니하고 다말보다 힘이 세므로 억지로 그와 동침하니

라 삼하 13:14

압살롬이 이미 그의 종들에게 명령하여 이르기를 너희는 이제 암논의 마음이 술로 즐거워할 때를 자세히 보다가 내가 너희에게 암논을 치라 하거든 그를 죽이라 두려워하지 말라 내가 너희에게 명령한 것이 아니냐 너희는 담대히 용기를 내라 한지라 삼하 13:28

제사 드릴 때에 압살롬이 사람을 보내 다윗의 모사 길로 사람 아히도벨을 그의 성읍 길로에서 청하여 온지라 반역하는 일이 커가매 압살롬에게로 돌아오는 백성이 많아지니라 삼하 15:12

요압의 무기를 든 청년 열 명이 압살롬을 에워싸고 쳐죽이니라 삼하 18:15

다윗은 여러 면에서 실수를 했지만 하나님의 용서를 체험하면서 좋은 신앙인으로 단련되어 갔습니다. 그는 자신에게 잘못을 행한 사람들, 예를 들면 시므이가 저주해도 자비롭게 용서하는 사람으로 성장했습니다. 이것이 가능한 이유는 하나님에 대한 믿음이 더 확고해졌기 때문입니다. 다윗은 '내 죄가 항상 내 앞에 있다'고 하며 자신이 철저한 죄인임을 고백합니다. 자신의 죄로 많은 소중한 것들을 잃었지만 오히려 그는 하나님을 더 신뢰함으로써 이스라엘의 온전한 왕으로 자리매김을 했습니다. 많은 고난이 그를 더 큰 축복의 길로 이끄는 도구가 되었습니다. 이런 고난은 영감 있는 시편을 짓게 하는 기초가 되었습니다(시 22편, 51편).

하나님이여 주의 인자를 따라 내게 은혜를 베푸시며 주의 많은 긍휼을 따라 내 죄악을 지워 주소서 나의 죄악을 말갛게 씻으시며 나의 죄를 깨끗이 제하소서 무릇 나는 내 죄과를 아오니 내 죄가 항상 내 앞에 있나이다 시 51:1-3

다윗의 노년

구약에서 다윗은 모세와 쌍벽을 이루는 중요한 인물입니다. 다윗은 자신의 생애를 마무리하는 노래를 부릅니다. 다윗은 “여호와는 나의 반석이시요 나의 요새”라고 찬양하면서 하나님이 다 하셨다고 고백합니다. 특히 다윗의 고별사는 야곱과 모세와 여호수아의 고별사와 같은 의미를 지니고 있습니다.

그는 고별사에서 기름 부음을 받은 왕으로서 자신의 역할을 인정하고 있습니다. 하나님의 기름 부음을 받은 사람은 하나님이 책임지시고 지켜주신다는 사실을 선포하고, 아울러 하나님의 기름 부음을 받은 사람을 전복시키려는 행위는 하나님의 심판을 받게 될 것을 말합니다.

마지막에 다윗이 인구조사를 시행하는 죄를 짓는데 이는 모세가 지팡이로 반석을 치면서 화를 낸 것과 흡사합니다. 아무리 대단한 인물이라도 연약함을 가진 인간일 뿐임을 알 수 있습니다. 특별히 인구조사 후 아라우나 타작마당에서 번제와 화목제를 드렸는데 하나님은 그것을 받으시고 재앙을 멈추십니다. 이 타작마당은 앞으로 솔로몬이 성전을 건축하는 모리아 산입니다(대하 3:1). 더 나아가서 예수님이 십자가에 죽으신 갈보리 산으로 이어지면서 궁극적으로 다윗의 자손 예수 그리스도와 연결된다는 점에서 다윗의 제사는 중요한 의미가 있습니다.

이르되 여호와는 나의 반석이시요 나의 요새시요 나를 위하여 나를 건지시는 자시오 내가 피할 나의 반석의 하나님이시요 나의 방패시요 나의 구원의 뿔이시요 나의 높은 망대시요 그에게 피할 나의 피난처시요 나의 구원자시라 나를 폭력에서 구원하셨도다 내가 찬송 받으실 여호와께 아뢰리니 내 원

수들에게서 구원을 받으리로다 **삼하 22:2-4**

여호와께서 다시 이스라엘을 향하여 진노하사 그들을 치시려고 다윗을 격동시키사 가서 이스라엘과 유다의 인구를 조사하라 하신지라 **삼하 24:1**

왕이 아라우나에게 이르되 그렇지 아니하다 내가 값을 주고 네게서 사리라 값 없이는 내 하나님 여호와께 번제를 드리지 아니하리라 하고 다윗이 은 오십 세겔로 타작 마당과 소를 사고 그 곳에서 여호와를 위하여 제단을 쌓고 번제와 화목제를 드렸더니 이에 여호와께서 그 땅을 위한 기도를 들으시매 이스라엘에게 내리는 재앙이 그쳤더라 **삼하 24:24-25**

예루살렘

예루살렘은 해발 700m 고지 산등성이 위에 세워진 도시입니다. 이 산등성이는 북쪽에서 남쪽으로 확장되어 깊은 골짜기처럼 요새를 이룹니다. 도시를 이렇게 건설한 이유는 적을 방어하기에 쉽고, 이 지역에 물을 공급하는 기혼 샘이 가까이 있었기 때문입니다. 성전을 세운 곳은 모리아 산으로 알려진 곳으로 남쪽보다 75m 더 높습니다. 이것을 성전산이라 부릅니다.

돋보기로 삶에 적용하기

1. 나 스스로 교만에 빠져 죄를 범한 일이 있는지 정직하게 살펴 보십시오. 죄를 범했을 때 우리는 어떤 자세로 나아가야 합니까? 왜 사람들은 죄를 깨달으면서도 진정한 회개(행동까지 이어지는)를 하기가 어려운 것입니까?

2. 다윗 왕과 같은 사람이 되기 위해서 나에게 필요한 것은 무엇입니까?

"쉽게 설명할 수 없다면 제대로 이해한 것이 아니다"
알버트 아인슈타인

19
솔로몬 왕과 성전 건축

망원경으로 전체 조망하기

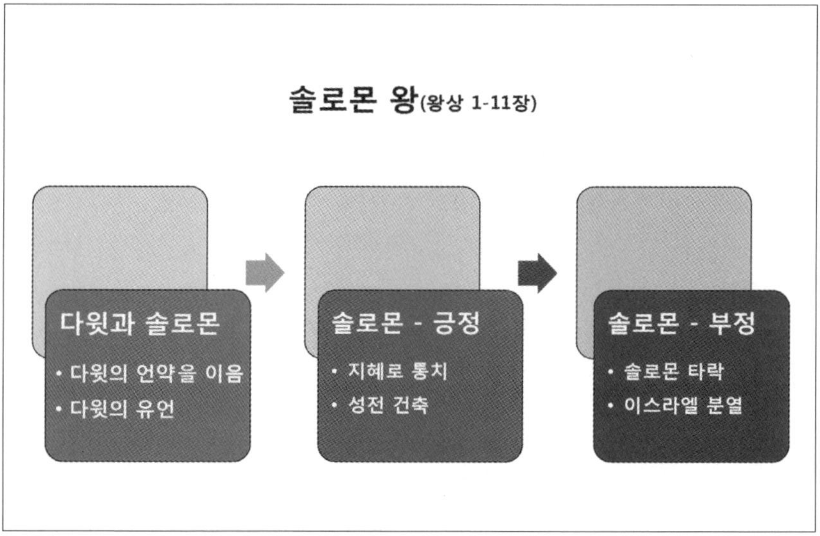

솔로몬의 긍정적인 면

다윗의 언약을 이어가는 솔로몬

19세인 솔로몬은 다윗의 계승자로 인정받아 왕이 될 준비를 합니다. 다윗의 언약 계승자로 솔로몬은 제3대 왕이 됩니다. 솔로몬은 하나님을 경외하고 총명한 지혜를 갖춘 훌륭한 왕이었습니다. 그는 다윗 왕이 쌓아놓은 든든한 기반을 바탕으로 찬란한 왕좌를 누렸습니다.

솔로몬이 통치하는 영토는 북으로는 유프라테스 강에서 서쪽으로는 블레셋, 남쪽으로는 애굽에 이르는 넓은 지역이었습니다(대하 9:26). 이스라엘 역사상 가장 넓은 지역을 통치했습니다. 이것은 오래전에 하나님이 아브라함에게 약속한 땅(창 15:18; 출 23:31)을 능가합니다. 솔로몬 때에 아브라함과 이삭과 야곱에게 주어진 약속이 실현되었음을 보여줍니다.

솔로몬이 이렇게 복을 누린 것은 가깝게는 다윗에게 주신 언약이요 멀게는 아브라함에게 약속한 언약 때문입니다. 자칫하면 아도니야가 왕이 될 뻔했지만 나단 선지자의 도움으로 다윗이 하나님 앞에서 맹세한 언약에 근거하여 솔로몬이 왕이 됩니다. 하나님의 약속의 반열에 든다는 것이 얼마나 큰 축복인지 알 수 있습니다. 우리는 행위가 아닌 하나님의 언약에 따라 사는 존재임을 말해 줍니다.

> 그가 왕께 대답하되 내 주여 왕이 전에 왕의 하나님 여호와를 가리켜 여종에게 맹세하시기를 네 아들 솔로몬이 반드시 나를 이어 왕이 되어 내 왕위에 앉으리라 하셨거늘 **왕상 1:17**

다윗이 솔로몬에게 준 유언

다윗은 임종을 앞두고 솔로몬에게 하나님의 계명을 철저히 지킬 것을 강조합니다. 모세의 율법을 잘 지키는 것이 왕위를 든든히 하는 길이라고 말합니다. 왜냐하면 왕은 힘이 아닌 하나님이 지켜주셔야 하기 때문입니다. 그렇게 하려면 하나님의 말씀 안에 굳게 서야 합니다. 그러나 마지막에 솔로몬은 다윗의 유언을 잘 지키지 않아 나라가 분열되는 불행을 초래했습니다.

> 네 하나님 여호와의 명령을 지켜 그 길로 행하여 그 법률과 계명과 율례와 증거를 모세의 율법에 기록된 대로 지키라 그리하면 네가 무엇을 하든지 어디로 가든지 형통할지라 여호와께서 내 일에 대하여 말씀하시기를 만일 네 자손들이 그들의 길을 삼가 마음을 다하고 성품을 다하여 진실히 내 앞에서 행하면 이스라엘 왕위에 오를 사람이 네게서 끊어지지 아니하리라 하신 말씀을 확실히 이루게 하시리라 **왕상 2:3-4**

지혜로 통치한 솔로몬

왕위에 오른 솔로몬은 자신이 미성숙함을 알고(왕상 3:7) 하나님께 선악을 분별하는 지혜를 구합니다. 그리하여 백성을 잘 인도할 수 있게 해달라고 기도합니다. 하나님의 나라를 위해서 지혜를 구한 솔로몬에게 하나님은 모든 것을 더해 주셨습니다. 솔로몬의 지혜는 두 여인의 아이 문제를 해결하는 데서 잘 나타납니다. 솔로몬은 하나님이 주신 지혜로 나라를 다스리는데, 각료를 임명하고 이스라엘 구역을 나누고 정치적, 군사적 통제권을 확립하는 데 그 실력을 발휘합니다.

그는 정치를 잘하여 경제적 부를 이루고 이스라엘의 평화를 가져왔습니다. 이렇게 솔로몬이 지혜를 잘 발휘할 수 있었던 것은 하나님의 창조 원리를 잘 이해하고 그것을 지킴으로써 가능했습니다. 하나님의 창조물인 동식물의 생태계에서 삶의 원리를 발견하였고 수천의 잠언과 시가를 지어서 사람들에게 가르쳤습니다. 이런 솔로몬의 지혜를 보려고 원근 각처에서 찾아왔습니다(왕상 3:4-28, 4:1-34).

> 누가 주의 이 많은 백성을 재판할 수 있사오리이까 듣는 마음을 종에게 주사 주의 백성을 재판하여 선악을 분별하게 하옵소서 솔로몬이 이것을 구하매 그 말씀이 주의 마음에 든지라 **왕상 3:9-10**

성전 건축을 이룬 솔로몬

솔로몬은 위대한 사업인 성전 건축을 잘 마무리했습니다. 공사는 7년 동안 계속되었습니다. 나중에 이 성전은 371년 동안(BC 957-586)만 지속됩니다. 성전을 건축하게 한 것은 하나님이 이곳에 마음을 두고 하나님의 이름을 드러내기 위함입니다. 성전을 통해서 하나님의 언약을 따르고 순종하게 하기 위함입니다.

이제 솔로몬은 다윗과 같은 마음을 가지고 하나님의 언약에 충실하고 말씀을 지키면서 살아야 합니다. 그렇게 하면 이스라엘의 왕위는 영원히 견고하게 될 것입니다. 그러나 다른 신들을 섬기고 경배하면 성전은 망하게 되어 세상에게 이야깃거리가 될 것입니다. 이렇게 솔로몬 성전이 건축되었지만 하나님의 말씀을 어김으로 유다는 바벨론에게 멸망당하고, 성전은 파괴되었습니다(BC 586년). 그 이후로는 메시아가 온전한 성전으로 오시는 그날을 기다리게 되었습니다(대상 22:6-16; 왕상 5-8장, 9:1-9; 왕하 25:9; 겔 11:23).

네가 만일 네 아버지 다윗이 행함같이 마음을 온전히 하고 바르게 하여 내 앞에서 행하며 내가 네게 명령한 대로 온갖 일에 순종하여 내 법도와 율례를 지키면 내가 네 아버지 다윗에게 말하기를 이스라엘의 왕위에 오를 사람이 네게서 끊어지지 아니하리라 한 대로 네 이스라엘의 왕위를 영원히 견고하게 하려니와 만일 너희나 너희의 자손이 아주 돌아서서 나를 따르지 아니하며 내가 너희 앞에 둔 나의 계명과 법도를 지키지 아니하고 가서 다른 신을 섬겨 그것을 경배하면 내가 이스라엘을 내가 그들에게 준 땅에서 끊어 버릴 것이요 내 이름을 위하여 내가 거룩하게 구별한 이 성전이라도 내 앞에서 던져버리리니 이스라엘은 모든 민족 가운데에서 속담거리와 이야깃거리가 될 것이며 **왕상 9:4-7**

솔로몬의 부정적인 면

이방 여인과 결혼

솔로몬의 실패는 자신의 왕궁을 13년 동안 지으면서 시작되었습니다. 왕궁 건축은 성전을 짓는 기간보다 더 오래 걸렸습니다. 솔로몬은 왕궁에 자기와 결혼한 바로의 딸을 위한 처소를 마련했습니다. 자연스럽게 이방 부인들이 가져온 우상 숭배를 허락하게 되었습니다.

정치적 목적으로 아내를 두었지만 1000명이나 되는 솔로몬의 아내들은 솔로몬을 타락하게 하는 결정적인 역할을 했습니다(왕상 11:3). 솔로몬은 그들의 종교적 전통을 수용하기 위해서 이방신당들을 세워 주었는데 그것은 하나님의 말씀을 어기는 행동이었습니다. 솔로몬의 실패는 가장 지혜로운 사람일지라도 하나님을 무시하면 가장 어리석게 될 수 있다는 것을 교훈합니다(왕상 11:1-13).

솔로몬의 타락과 다윗의 언약

솔로몬은 통치 후반부를 부패와 타락으로 장식했습니다. 그 결과 후대부터 나라가 분열되었고, 이스라엘의 불행이 시작되었습니다. 솔로몬이 이렇게 부패와 타락에 빠진 것은 물질적인 풍요와 편안한 생활로 인해 하나님을 경시한 데서 나타난 결과입니다. 하나님을 의지하기보다는 말을 많이 두는 등 군대를 더 의지했고, 하나님보다 그의 여인들을 더 사랑했습니다. 결국 그의 여인들이 솔로몬의 마음을 돌려 다른 신들을 따르게 했습니다. 솔로몬은 하나님이 금한 이방 여인들까지 취했고, 그들이 가져온 우상들 때문에 우상숭배가 성행했습니다. 솔로몬은 아버지 다윗이 명한 것, 즉 모세를 통하여 주신 왕으로서 들어야 할 하나님의 말씀을 거부했습니다.

솔로몬의 죄의 대가는 나라가 남북으로 분열하는 치욕으로 나타났습니다. 솔로몬은 자기가 누릴 부귀와 권세를 위해 백성에게 과중한 세금을 부과했고, 사치와 부도덕과 우상숭배로 나라를 부패시켰습니다. 하지만 솔로몬이 망하지 않고 왕위를 그대로 유지한 것은 하나님이 약속하신 다윗의 언약 덕택입니다(왕상 10:18-29, 11:4-13; 신 18:14-20; 삼하 7:1-17).

> 왕은 후궁이 칠백 명이요 첩이 삼백 명이라 그의 여인들이 왕의 마음을 돌아서게 하였더라 솔로몬의 나이가 많을 때에 그의 여인들이 그의 마음을 돌려 다른 신들을 따르게 하였으므로 왕의 마음이 그의 아버지 다윗의 마음과 같지 아니하여 그의 하나님 여호와 앞에 온전하지 못하였으니 이는 시돈 사람의 여신 아스다롯을 따르고 암몬 사람의 가증한 밀곰을 따름이

라 **왕상 11:3-5**

이스라엘의 분열

솔로몬이 가진 지혜와 위대한 평화의 정치 그리고 성전을 건축하는 성공적인 위업은 하나님이 함께한 결과였습니다. 하나님은 두 번이나 솔로몬에게 나타나셔서 다른 신을 따르지 말라고 말씀해 주셨습니다. 하지만 그는 다른 신을 섬기고 하나님을 버립니다. 그 결과 하나님의 진노를 받아 나라가 분열하게 되었습니다. 솔로몬의 신하였던 여로보암에게 북쪽 10지파를 빼앗기게 됩니다. 하나님의 명령과 법도를 지키지 않은 결과입니다. 아무리 큰 은혜를 받아도 교만하면 한순간에 하나님을 저버릴 수 있음을 보여 줍니다. 누구든지 선 줄로 생각하면 넘어질까 조심하고 늘 근신하여 하나님의 말씀에 순종해야 합니다(왕상 11:11-40).

솔로몬이 마음을 돌려 이스라엘의 하나님 여호와를 떠나므로 여호와께서 그에게 진노하시니라 여호와께서 일찍이 두 번이나 그에게 나타나시고 이 일에 대하여 명령하사 다른 신을 따르지 말라 하셨으나 그가 여호와의 명령을 지키지 않았으므로 여호와께서 솔로몬에게 말씀하시되 네게 이러한 일이 있었고 또 네가 내 언약과 내가 네게 명령한 법도를 지키지 아니하였으니 내가 반드시 이 나라를 네게서 빼앗아 네 신하에게 주리라 **왕상 11:9-11**

돋보기로 삶에 적용하기

1. 솔로몬이 타락하게 된 가장 큰 원인은 무엇이라고 생각합니까? 솔로몬을 통해서 발견하는 영적 교훈은 무엇입니까?

2. 우리가 바라는 진정한 복은 세상적인 성공이 아닌 하나님을 잘 섬기는 데 있습니다. 나는 어디에 마음을 두고 살아가고 있습니까?

"쉽게 설명할 수 없다면 제대로 이해한 것이 아니다"
알버트 아인슈타인

20

분열왕국: 북이스라엘

망원경으로 전체 조망하기

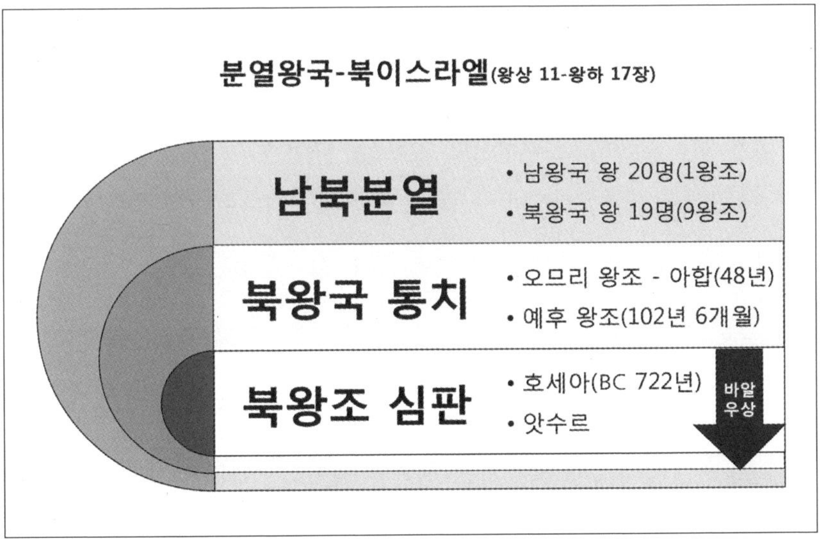

남과 북으로 분열하는 이스라엘

솔로몬은 자기가 누릴 부귀와 권세를 위해 백성에게 과중한 세금을 부담케 했고, 사치와 부도덕과 우상숭배로 나라를 부패시켰습니다. 또한 남유다 중심의 잘못된 정치로 북쪽 백성들의 불만과 각 지파 간에 시기심이 일어났습니다. 그것은 곧 나라를 분열시키는 이유가 되었습니다. 오랫동안 가슴에 남아 있던 북왕국과 남왕국의 대립 감정은 이것을 계기로 불거져 나와, 결국 나라가 두 개로 분열되고 말았습니다. 남쪽은 솔로몬의 아들 르호보암이, 북쪽은 솔로몬의 신하인 여로보암이 통치했습니다.

> 솔로몬이 그의 조상들과 함께 자매 그의 아버지 다윗의 성읍에 장사되고 그의 아들 르호보암이 대신하여 왕이 되니라 **왕상 11:43**
>
> 온 이스라엘이 여로보암이 돌아왔다 함을 듣고 사람을 보내 그를 공회로 청하여 온 이스라엘의 왕으로 삼았으니 유다 지파 외에는 다윗의 집을 따르는 자가 없으니라 **왕상 12:20**

솔로몬의 아들인 르호보암 왕은 어리석은 결정을 내립니다. 아버지의 문제점을 보완하지 않고 더 악한 정치를 시행함으로 북쪽 백성에게 반감을 샀습니다.

반면 솔로몬의 부하장군인 여로보암은 르호보암이 생각을 바꾸지 않자 북쪽 백성의 추대를 받아 북왕국의 왕이 됩니다. 여로보암은 북쪽에 성전이 없는 약점을 보완하기 위해서 자기 마음대로 성전 장소를 지정하고 제사장도 자원자를 산당의 제사장으로 삼았습니다. 그 결과 북이스라엘 백성이 하나님을 떠나는 죄악을 범합니다. 남왕국은 두 개의 지파, 즉 유다와 베냐민입니다. 반면 북왕국은 나머지 10개 지파입니다.

> 여로보암이 이 일 후에도 그의 악한 길에서 떠나 돌이키지 아니하고 다시 일반 백성을 산당의 제사장으로 삼되 누구든지 자원하면 그 사람을 산당의 제사장으로 삼았으므로 이 일이 여로보암 집에 죄가 되어 그 집이 땅 위에서 끊어져 멸망하게 되니라 **왕상 13:33-34**

왕들에 대한 하나님의 평가

분열왕국 기간에 다윗의 자손들로 이루어진 남왕국은 왕이 20명이었고 평균 통치 기간이 17년이었습니다. 이 중 여호사밧, 요시야, 히스기야를 제외한 다른 왕들은 다 악했습니다. 반면에 아홉 왕조로 이루어진 북왕국은 왕이 19명이었고 평균 통치 기간은 11년이었습니다. 북왕국의 왕들은 모두 악했습니다. 분열왕국 왕들의 사적에 대해 성경의 전체적인 평가는 '악하다'였습니다. 분열왕국은 300여 년이란 상당히 긴 기간 동안 39명의 왕들이 통치했습니다. 긴 역사에도 불구하고 여호와 보시기에 악한 일을 행하고 우상을 숭배하며, 서로 죽이고 싸우는 암투로 역사가 진행되었습니다(왕하 14:23-24, 15:8-9, 23-24, 28, 17:1-2).

> 유다의 아사 왕 둘째 해에 여로보암의 아들 나답이 이스라엘 왕이 되어 이 년 동안 이스라엘을 다스리니라 그가 여호와 보시기에 악을 행하되 그의 아

버지의 길로 행하며 그가 이스라엘에게 범하게 한 그 죄 중에 행한지라 **왕상 15:25-26**

북이스라엘 왕들의 통치

북이스라엘 19명의 왕들은 한결같이 초대 왕이었던 여로보암의 길을 벗어나지 못했습니다. 그는 하나님을 떠나 벧엘과 단에 금송아지 우상을 세웠고, 백성들이 하나님을 떠나게끔 했습니다. 이런 우상 숭배는 북이스라엘이 멸망할 때까지 계속되었습니다.

북이스라엘은 반역과 암살이 끊이지 않았고 왕조가 9번이나 바뀌었습니다. 왕조의 원칙과 정통성이 없었습니다. 그러다 보니 힘을 가진 자는 누구든지 왕이 될 수 있었습니다. 북이스라엘의 아홉 왕조 중에 여로보암 왕조(24년), 바아사 왕조(26년), 오므리 왕조, 예후 왕조가 중요합니다. 그중에서 오므리 왕조와 예후 왕조가 북이스라엘의 중심을 이루고 있습니다.

오므리는 여호와 보시기에 악을 행하되 그전의 모든 사람보다 더 악했습니다. 오므리 왕조는 오므리, 아합, 아하시야, 여호람 왕이 이어지면서 48년간 통치합니다. 오므리 왕조를 척결한 왕조는 예후 왕조로 예후, 여호아하스, 요아스, 여로보암 2세, 스가랴 왕으로 102년 6개월을 통치합니다. 나머지 살룸, 므나헴, 브가히야, 베가, 호세아 왕으로 이어지는 41년 한 달은 음모와 암살로 가득 차게 됩니다. 북이스라엘은 하나님의 말씀보다는 오직 인간의 힘으로 통치를 하는 왕조의 특징을 가지고 있습니다(왕상 16장-왕하 17장).

> 오므리가 여호와 보시기에 악을 행하되 그 전의 모든 사람보다 더욱 악하게 행하여 느밧의 아들 여로보암의 모든 길로 행하며 그가 이스라엘에게 죄를 범하게 한 그 죄 중에 행하여 그들의 헛된 것들로 이스라엘의 하나님 여호와를 노하시게 하였더라 **왕상 16:25-26**

북이스라엘에서 가장 악한 왕은 오므리의 아들 아합입니다. 아합의 아내는 이방 여인 이세벨로서 바알을 들여오고 아세라 상을 만들어 이스라엘 백성을 타락하게 했습니다. 나중에 예후에 의해 아합 일가들이 모두 멸망합니다. 여기에 대항한 사람이 엘리야 선지자입니다. 결혼을 통하여 남북 왕조에 바알을 전수시킨 장본인이 아합 왕입니다. 하나님의 거룩성을 지키지 못할 때 나라가 패망하게 됨을 교훈하고 있습니다(왕상 21-22장; 왕하 9-11장).

> 오므리의 아들 아합이 그의 이전의 모든 사람보다 여호와 보시기에 악을 더욱 행하여 느밧의 아들 여로보암의 죄를 따라 행하는 것을 오히려 가볍게 여기며 시돈 사람의 왕 엣바알의 딸 이세벨을 아내로 삼고 가서 바알을 섬겨 예배하고 사마리아에 건축한 바알의 신전 안에 바알을 위하여 제단을 쌓으며 또 아세라 상을 만들었으니 그는 그 이전의 이스라엘의 모든 왕보다 심히 이스라엘 하나님 여호와를 노하시게 하였더라 **왕상 16:30-33**

북이스라엘 심판

북이스라엘은 하나님의 심판을 받아 멸망합니다. 그것은 이미 오래전에 강조했던 신명기 말씀(신 28-29장)에 근거한 심판입니다. 북이스라엘은 마지막 호세아 왕 때 앗수르에 의해 멸망합니다(BC 722년). 북왕국 사람들은 앗수르로 끌려가지만 나중에 귀환하지 못합니다. 북왕국은 210년간 19명의 왕이 통치를 합니다만 그들은 모두 실패한 왕으로 기록됩니다. 북쪽 왕들이 실패한 이유는 초대 왕이었던 여로보암의 죄를 따라가고 여호와 보시기에 악을 행했기 때문이라고 성경은 말합니다(왕하 13:2, 11, 14:24, 15:9, 18, 24, 28).

> 그의 조상들의 행위대로 여호와 보시기에 악을 행하여 이스라엘로 범죄하게 한 느밧의 아들 여로보암의 죄에서 떠나지 아니한지라 **왕하 15:9**
>
> 유다 왕 아사랴 제삼십구년에 가디의 아들 므나헴이 이스라엘 왕이 되어 사마리아에서 십 년간 다스리며 여호와 보시기에 악을 행하여 이스라엘로 범죄하게 한 느밧의 아들 여로보암의 죄에서 평생 떠나지 아니하였더라 **왕하 15:17-18**

열왕기 기자는 이스라엘과 유다가 신명기 말씀을 얼마나 잘 지켰느냐에 따라 그들의 역사가 달라졌음을 말하고 있습니다. 북이스라엘 백성이 앗수르에게 패망한 구체적인 이유에 대해서 크게 두 가지를 말하고 있습니다. 1) 300년 동안의 긴 역사 속에서 우상을 섬겼습니다. 2) 선지자들의 경고를 무시하고 하나님과 세운 언약을 잊고 불순종했습니다. 이것을 어긴 북왕국이 먼저 멸망하고 남유다 역시 그대로 따라갔습니다.

> 또 내가 너희와 세운 언약을 잊지 말며 다른 신들을 경외하지 말고 오직 너희 하나님 여호와만을 경외하라 그가 너희를 모든 원수의 손에서 건져내리

라 하셨으나 그러나 그들이 듣지 아니하고 오히려 이전 풍속대로 행하였느니라 이 여러 민족이 여호와를 경외하고 또 그 아로새긴 우상을 섬기니 그들의 자자 손손이 그들의 조상들이 행하던 대로 그들도 오늘까지 행하니라

왕하 17:38-41

앗수르

앗수르는 메소포타미아야 북쪽 끝, 오늘날 이라크가 있는 지역의 최북단에 자리 잡고 있던 나라였습니다. 앗수르는 고대근동을 지배했던 제국으로 아주 잔인했습니다. 그들은 강력한 철기 무기로 무장한 군사력을 기반으로 잔혹한 전쟁을 치렀습니다. 앗수르는 북이스라엘을 심판하는 도구로 사용되었습니다, 북이스라엘에 대한 이야기를 읽을 때는 앗수르를 마음에 그리며 성경을 보아야 합니다. 앗수르의 디글랏 빌레셀 3세는 북이스라엘을 침공하여 주민들을 앗수르에 포로로 잡아갑니다. 성경에는 이에 대한 이야기가 언급되어 있습니다(왕하 15:29; 대하 28:20). 그리고 또 다른 앗수르 통치자가 성경에 나오는데 그의 이름은 산헤립(BC 704-681년)입니다. 그는 니느웨를 수도로 삼고 주변의 나라들을 침공합니다. 그러던 중 남쪽으로 군대를 몰아 이집트를 공격하였고, 중간에 있는 남유다의 히스기야 왕에게 조공을 강요하기도 했습니다(왕하 18:13-16; 사 36-37장). 후에 바벨론의 나보폴라살은 메대인들과 동맹하여 앗수르의 수도 니느웨를 침공해 앗수르 제국을 멸망시킵니다. 당시 최강국이었던 앗수르의 멸망을 성경은 예언하고 있습니다(사 14:24-27).

돋보기로 삶에 적용하기

1. 북이스라엘이 결국 멸망하게 된 가장 큰 이유는 무엇이라고 생각합니까?

2. 북이스라엘의 멸망 과정을 보면서 어떻게 하면 하나님이 보시기에 선한 삶을 살 수 있는지 말해 보십시오.

"쉽게 설명할 수 없다면 제대로 이해한 것이 아니다"
알버트 아인슈타인

21

분열왕국: 남유다

망원경으로 전체 조망하기

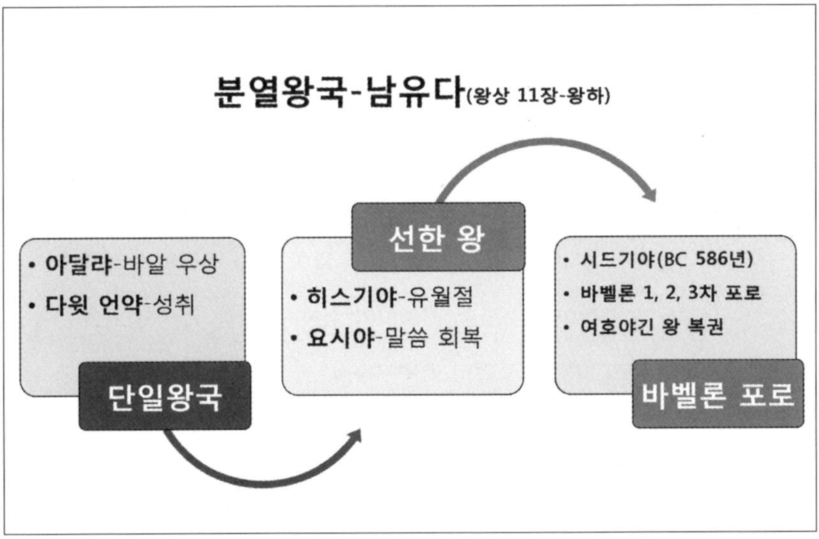

북왕국 멸망과 남유다의 특징

북이스라엘은 하나님의 말씀을 어기고 우상을 숭배함으로 앗수르에게 멸망당합니다. 남유다는 20명의 왕이 통치했으며 북이스라엘보다 약 140여 년 더 이어집니다. 통치 기간은 325년간입니다. 그러나 남유다도 얼마 가지 못해 바벨론에게 포로로 잡혀갑니다(BC 586년). 마지막 왕은 시드기야인데 눈이 뽑혀서 포로로 잡혀갔습니다. 그러나 포로귀환시에 5만여 명이 돌아옵니다. 남유다 역시 북이스라엘의 멸망을 교훈으로 삼지 못하고 죄를 회개하지 않자 비극적인 하나님의 심판을 맞이합니다. 아무리 하나님께 선택받은 백성이라 할지라도 회개하지 않고 계속 하나님을 떠나 악을 행하면 무서운 징계가 주어짐을 알 수 있습니다(왕하 25:1-7, 17:1-6).

> 앗수르 왕이 올라와 그 온 땅에 두루다니고 사마리아로 올라와 그 곳을 삼년간 에워쌌더라 호세아 제구년에 앗수르 왕이 사마리아를 점령하고 이스라엘 사람을 사로잡아 앗수르로 끌어다가 고산 강 가에 있는 할라와 하볼과 메대 사람의 여러 고을에 두었더라 **왕하 17:5-6**

바알 우상을 들여온 아달랴

남유다는 다윗의 언약을 계속 이어갑니다. 남유다도 북이스라엘처럼 많은 문제들이 있었지만, 한 가지 북이스라엘과 다른 점은 다윗의 전통을 그대로 이어갔다는 것입니다. 북이스라엘에 음모와 암살과 살인이 계속 일어나 왕조가 9번이나 바뀌었지만 남유다는 하나의 왕조입니다. 그것은 다윗의 가문이 계속 이어졌다는 것을 의미합니다.

한 가지 기억할 것이 있습니다. 남유다와 북이스라엘이 분열되었다가 동맹을 맺은 적이 한 번 있었습니다. 남유다의 여호람(요람)과 북이스라엘 아합의 딸인 아달랴가 결혼 동맹을 맺은 것입니다. 아달랴는 북이스라엘의 바알 우상을 들여와 남유다를 타락시켰습니다. 이후로 남유다는 우상숭배의 시기로 들어섭니다. 아달랴는 남편이 죽자 왕의 자손들을 모두 죽이고 왕위를 찬탈해 6년간 다스립니다. 다행히 어린 요아스가 고모를 통해 구출되어 숨어 있다가 6년 뒤에 남유다의 왕이 되면서 큰 위기를 넘기게 됩니다. 하나님이 기가 막힌 방법으로 남유다를 건지시는 장면입니다.

> 아하시야의 어머니 아달랴가 그의 아들이 죽은 것을 보고 일어나 왕의 자손을 모두 멸절하였으나 요람 왕의 딸 아하시야의 누이 여호세바가 아하시야의 아들 요아스를 왕자들이 죽임을 당하는 중에서 빼내어 그와 그의 유모를 침실에 숨겨 아달랴를 피하여 죽임을 당하지 아니하게 한지라 요아스가 그와 함께 여호와의 성전에 육 년을 숨어 있는 동안에 아달랴가 나라를 다스렸더라 **왕하 11:1-3**

단일왕국: 남유다

열왕기 기자는 주로 북이스라엘의 죄악에 대해 기록하고 있습니다. 전반부(왕상 12장-왕하 17장)는 북이스라엘이 중심을 이루면서 역사가 전개되고 있습니다. 이것은 하나님의 뜻을 저버리는 북이스라엘에 저자의 관심이 집중된 것이라 할 수 있습니다. 한편 열왕기하 11-17장에서는 북왕국이 멸망한 뒤 본격적으로 남유다 이야기가 등장합니다. 단일왕국 이야기라고도 말하는 열왕기하 18-25장까지는 남유다가 북이스라엘 멸망 이후에 어떻게 나라를 이끌어가는가에 초점을 두고 역사를 진행합니다.

히스기야와 요시야 왕

남유다 왕들 중에 우리가 기억해야 할 두 명의 선한 왕이 있습니다. 남유다가 100년 넘게 북이스라엘보다 더 존속할 수 있었던 이유는 두 명의 선한 왕 때문입니다.

바로 히스기야와 요시야 왕입니다. 히스기야에서 요시야 왕까지 통치 기간이 117년입니다. 이들이 없었다면 남유다 역시 북이스라엘과 비슷한 시기에 멸망했을 것입니다. 히스기야 왕은 모세의 율법을 따라 유월절을 지키며 하나님의 말씀으로 백성을 돌이키는 일을 했습니다. 히스기야는 모세가 만든 놋뱀 우상을 척결합니다.

요시야 왕 역시 하나님께로 마음을 돌이키는 일을 했습니다. 성경은 이들이 하나님이 보시기에 정직하게 행했다고 평가합니다. 특히 요시야는 성전에서 발견한 모세의 율법을 따라 살았습니다. 마음과 뜻과 힘을 다하여 율법을 따라 하나님을 섬긴 왕은 요시야 전에도 없었고 후에도 없었다고 평가합니다. 이처럼 요시야 왕이 남유다의 마지막 시대에 말씀을 통한 개혁을 촉구했지만 그 아들들이 요시야의 정신을 계속 이어가지 못하고 결국은 멸망에 이르게 됩니다.

그가 여러 산당들을 제거하며 주상을 깨뜨리며 아세라 목상을 찍으며 모세가 만들었던 놋뱀을 이스라엘 자손이 이때까지 향하여 분향하므로 그것을 부수고 느후스단이라 일컬었더라 히스기야가 이스라엘 하나님 여호와를 의지하였는데 그의 전후 유다 여러 왕 중에 그러한 자가 없었으니 **왕하 18:4-5**

요시야가 또 유다 땅과 예루살렘에 보이는 신접한 자와 점쟁이와 드라빔과 우상과 모든 가증한 것을 다 제거하였으니 이는 대제사장 힐기야가 여호와의 성전에서 발견한 책에 기록된 율법의 말씀을 이루려 함이라 요시야와 같이 마음을 다하며 뜻을 다하며 힘을 다하여 모세의 모든 율법을 따라 여호와께로 돌이킨 왕은 요시야 전에도 없었고 후에도 그와 같은 자가 없었더라 **왕하 23:24-25**

다윗과 맺은 언약의 성취

유다 왕의 역사는 다윗 언약을 이어가는 특징을 갖고 있습니다. 왕들이 다윗의 언약을 따르지 않아 멸망에 이르렀을지라도 왕은 다윗의 계보를 따라 결정됩니다. 이것은 하나님이 이전에 다윗에게 그의 자손에게 항상 등불을 주겠다고 말씀하셨기 때문입니다. 왕의 평가 역시 하나님이 보시기에 어떠했는지와 조상 다윗의 길을 따랐는지에 초점을 두고 있습니다.

성경 저자는 남유다 왕들이 얼마나 다윗의 언약을 이어가는지에 관심을 가지면서 다윗의 기준점에서 왕들을 평가하고 있습니다. 이것은 분열왕국이 39명의 왕이 다스리는 혼란된 역사가 교차되지만 핵심은 오래전에 아브라함과 맺은 약속과 또 다윗과 맺은 영원한 언약의 큰 줄기 속에서 진행되고 있음을 알 수 있습니다. 비록 왕들은 다윗의 언약을 저버리는 일을 했지만 하나님은 그 언약을 기억하셔서 다윗에게 한 말씀을 충성스럽게 지켜 나가고 있음을 보여주고 있습니다(왕하 14:3, 16:2).

> 여호와께서 그의 종 다윗을 위하여 유다 멸하기를 즐겨하지 아니하셨으니 이는 그와 그의 자손에게 항상 등불을 주겠다고 말씀하셨음이더라 **왕하 8:19**
>
> 아마샤가 여호와 보시기에 정직히 행하였으나 그의 조상 다윗과는 같지 아니하였으며 그의 아버지 요아스가 행한 대로 다 행하였어도 **왕하 14:3**
>
> 아하스가 왕이 될 때에 나이가 이십 세라 예루살렘에서 십육 년간 다스렸으나 그의 조상 다윗과 같지 아니하여 그의 하나님 여호와께서 보시기에 정직히 행하지 아니하고 **왕하 16:2**

예루살렘 멸망과 1·2·3차 바벨론 포로

선한 왕으로 평가된 유다의 요시야 왕은 유다 말기에 31년 간 통치했습니다. 그는 다윗 왕조를 이은 왕 가운데 가장 경건한 삶을 살았습니다. 성전을 수리하였고 율법책을 발견하여 이스라엘 백성이 율법에 따라 언약에 순종하는 삶을 사는 데 일조했습니다. 말씀을 따라 사는 종교개혁을 일으킨 왕입니다. 그러나 므깃도 전쟁에서 전사함으로 요시야의 세 아들이 왕위를 계승했습니다. 그러나 그들은 애굽과 바벨론의 통치를 받으면서 실질적인 왕의 역할을 하지 못했습니다. 여호아하스와 여호야김과 여호야긴으로 이어지는 왕정은 얼마가지 못했습니다. 그들은 한결같이 하나님이 보시기에 악을 행했습니다.

여호야김은 예레미야가 전한 두루마리 말씀을 불에 태워버리는 악한 일을 했습니다. 그의 아들 여호야긴은 바벨론의 포로로 잡혀가고 마지막 왕인 삼촌 시드기야는 바벨론에 반역함으로 아들들 앞에서 두 눈이 뽑힌 채로 바벨론으로 끌려가게 됩니다. 남유다 백성은 3차에 걸쳐서 바벨론에 포로로 잡혀 가고 남유다는 멸망하게 됩니다(BC 586년).

> 여호아하스가 그의 조상들의 모든 행위대로 여호와 보시기에 악을 행하였더니 **왕하 23:32**
>
> 여호야김이 그의 조상들이 행한 모든 일을 따라서 여호와 보시기에 악을 행하였더라 **왕하 23:37**
>
> 여호야긴이 그의 아버지의 모든 행위를 따라서 여호와께서 보시기에 악을 행하였더라 **왕하 24:9**
>
> 그들이 시드기야의 아들들을 그의 눈앞에서 죽이고 시드기야의 두 눈을 빼고 놋 사슬로 그를 결박하여 바벨론으로 끌고 갔더라 **왕하 25:7**

바벨론에서 왕으로 복권한 여호야긴

북이스라엘은 앗수르에게 멸망하였습니다. 앗수르는 혼혈 정책을 썼는데 바벨론, 앗수르 등에서 사람들을 이주시켜 사마리아에 머물게 했습니다. 사마리아는 혼혈 민족이 되었습니다. 남유다도 바벨론에게 멸망했습니다. 이렇게 이스라엘은 완전히 멸망하는 것 같았지만 하나님은 유다 왕인 여호야긴을 바벨론 포로로 남겨두어 하나님의 때에 바벨론에서 다시 왕위에 복귀하게 하십니다. 이리하여 하나님의 약속이 변하지 않았음을 증거합니다. 그것은 후에 다윗 가문이 다시 회복되어 본국으로 돌아가는 희망의 뿌리가 됩니다. 하나님은 남은 자를 통하여 언약을 이루십니다.

유다 왕 여호야긴이 사로잡혀 간 지 삼십칠 년 곧 바벨론의 에윌므로닥 왕의 즉위 원년 열두째 달 스물다섯째 날 그가 유다의 여호야긴 왕의 머리를 들어 주었고 감옥에서 풀어 주었더라 그에게 친절하게 말하고 그의 자리를 그와 함께 바벨론에 있는 왕들의 자리보다 높이고 그 죄수의 의복을 갈아 입혔고 그의 평생 동안 항상 왕의 앞에서 먹게 하였으며 그가 날마다 쓸 것을 바벨론의 왕에게서 받는 정량이 있었고 죽는 날까지 곧 종신토록 받았더라

렘 52:31-34

돋보기로 삶에 적용하기

1. 남유다의 멸망 과정을 통해서 깨달은 역사적 교훈은 무엇입니까?

2. 요시야처럼 하나님의 약속을 지키는 사람으로 살기 위해서 필요한 일은 무엇입니까?

3. 여호야긴을 남겨두어 바벨론에서 다시 이스라엘을 회복시키시는 하나님의 섭리에 대한 교훈을 말해 보십시오.

"쉽게 설명할 수 없다면 제대로 이해한 것이 아니다"
알버트 아인슈타인

22

하나님의 입을 열다 : 선지자 1

망원경으로 전체 조망하기

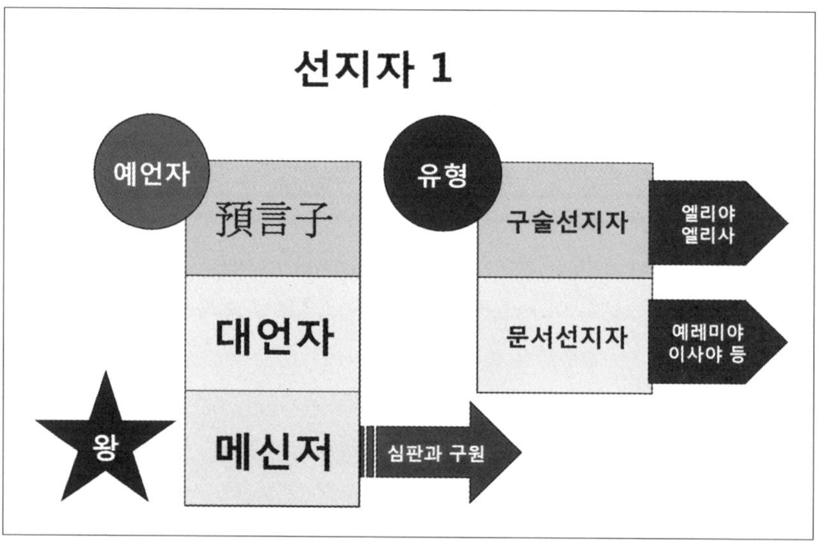

예언자(豫言者)와 예언자(預言者)

주전 7세기는 예후 왕조인 여로보암 2세가 통치하던 시기입니다. 이 시대는 북이스라엘에서 가장 번성했습니다. 하지만 영적으로는 타락했습니다. 이 시기에 사역한 선지자는 아모스, 호세아, 이사야, 미가입니다.

이렇게 하나님이 선지자들을 보낸 것은 하나님의 말씀을 전함으로 이스라엘 백성을 구원하기 위한 사랑의 표현입니다. 당시 악한 일을 주도한 왕들과 지배자들은 선지자들을 핍박하고 죽이려 했습니다. 이중에서 아모스와 호세아는 영적으로 부패한 북이스라엘을 향해 주로 예언했습니다. 하나님은 호세아에게 음란한 여자를 맞이하여 음란한 자식들을 낳으라고 하십니다. 그것은 이스라엘이 하나님을 떠나 우상을 숭배한 음란함을 보여주기 위함입니다.

선지자는 주로 미래를 예측하는 당시 예언자들과는 차원이 다릅니다. 성경의 예언자는 미래의 일을 예측하는 점술가와 같은 예언자(豫言者)가 아닌 하나님의 말씀을 위탁받아 전하는 예언자(預言者)입니다. 물론 과거, 현재, 미래가 통합된 것이지만 주로 현재에 초점을 두고 있습니다. 현재의 죄악을 지적하고 회개하기 위한 것에 초점을 두는 것입니다. 성경의 예언자들은 자기 생각이나 느낌이 아닌 언제나 신명기의 율법을 기준으로 하나님의 심판을 전했습니다(호 1:1-2; 암 1:1).

웃시야와 요담과 아하스와 히스기야가 이어 유다 왕이 된 시대 곧 요아스의 아들 여로보암이 이스라엘 왕이 된 시대에 브에리의 아들 호세아에게 임한 여호와의 말씀이라 여호와께서 처음 호세아에게 말씀하실 때 여호와께서 호세아에게 이르시되 너는 가서 음란한 여자를 맞이하여 음란한 자식들을 낳으라 이 나라가 여호와를 떠나 크게 음란함이니라 하시니 **호 1:1-2**

유다 왕 웃시야의 시대 곧 이스라엘 왕 요아스의 아들 여로보암의 시대 지진 전 이년에 드고아 목자 중 아모스가 이스라엘에 대하여 이상으로 받은 말씀이라 **암 1:1**

하나님의 말씀을 대언하는 선지자

300여 년 동안 39명의 왕들이 분열왕국을 통치했으나 거의 하나님을 배반하는 악한 일을 자행했습니다. 한 사람의 왕이 현명치 못한 일을 했기에 백성들까지 죄악에 쉽게 빠지는 결과를 가져왔습니다. 그때마다 죄로 인한 하나님의 심판이 늘 예고되었고, 이런 하나님의 경고를 외치는 사람이 선지자들이었습니다.

악한 일에 무감각한 그들에게 외치는 선지자들의 경고는 실로 날카로웠으나 사람들의 마음은 좀처럼 돌아서지 못했고, 선지자들은 자연히 고난을 당했습니다.

아모스 선지자는 북이스라엘의 타락한 지도자를 강하게 책망합니다. 지도자들이 상아 침상에 누우며 대접으로 포도주를 마시면서 환란에 대해서는 근심하지 않는다고 지적합니다. 이런 의미에서 선지자들의 회개의 외침은 이스라엘 백성을 사랑하시는 하나님의 뜨거운 사랑의 표현입니다.

화 있을진저 시온에서 교만한 자와 사마리아 산에서 마음이 든든한 자 곧

백성들의 머리인 지도자들이여 이스라엘 집이 그들을 따르는도다 암 6:1
상아 상에 누우며 침상에서 기지개 켜며 양 떼에서 어린 양과 우리에서 송아지를 잡아서 먹고 비파 소리에 맞추어 노래를 지절거리며 다윗처럼 자기를 위하여 악기를 제조하며 대접으로 포도주를 마시며 귀한 기름을 몸에 바르면서 요셉의 환난에 대하여는 근심하지 아니하는 자로다 암 6:4-6

하나님의 심판의 메신저

분열왕국은 하나님의 약속을 거역하는 이스라엘 백성에 대한 하나님의 심판을 말하고 있습니다. 하나님은 당시의 강대국이었던 앗수르와 바벨론을 사용하여 이스라엘을 치셨습니다. 하지만 하나님의 심판은 결과적으로는 구원을 위한 의로운 행동입니다. 하나님은 심판을 통하여 약속을 신실하게 이루십니다. 심판은 하나님의 약속을 이루는 도구라고 보면 됩니다.

심판이 임하기 전에 하나님은 선지자를 통하여 하나님의 심판과 구원을 말씀하십니다. 북이스라엘이 앗수르에게 멸망당하고 남유다가 바벨론에 멸망당한 것도 하나님의 심판입니다. 앗수르나 바벨론이 하나님의 심판 도구로 사용된 것이지 그들이 강해서 이스라엘이 멸망한 것이 아님을 알아야 합니다. 하나님은 사랑이시기에 오래 참으면서 하나님의 종인 선지자들을 끊임없이 보내어 구원의 메시지를 전했습니다. 이렇게 회개할 수 있는 기회를 주었지만 결국 이스라엘은 순종하지 않음으로 심판을 자초했습니다.

그러므로 주 내가 흉용하고 창일한 큰 하수 곧 앗수르 왕과 그의 모든 위력으로 그들을 뒤덮을 것이라 그 모든 골짜기에 차고 모든 언덕에 넘쳐 흘러 유다에 들어와서 가득하여 목에까지 미치리라 임마누엘이여 그가 펴는 날개가 네 땅에 가득하리라 하셨느니라 **사 8:7-8**

유다의 왕 아몬의 아들 요시야 왕 열셋째 해부터 오늘까지 이십삼 년 동안 여호와의 말씀이 내게 임하기로 내가 너희에게 꾸준히 일렀으나 너희가 순종하지 아니하였느니라 그러므로 여호와께서 그의 모든 종 선지자를 너희에게 끊임없이 보내셨으나 너희가 순종하지 아니하였으며 귀를 기울여 듣지도 아니하였도다 그가 이르시기를 너희는 각자의 악한 길과 악행을 버리고 돌아오라 그리하면 나 여호와가 너희와 너희 조상들에게 영원부터 영원까지 준 그 땅에 살리라 **렘 25:3-5**

구술 선지자

엘리야와 엘리사는 문서로 남기기보다는 직접 입으로 전하는 사역을 한 구술 선지자입니다. 엘리야와 엘리사는 누구보다도 기적을 많이 베풀었습니다. 그들은 기적을 통하여 이방 나라를 의지하지 말고 살아 계신 하나님을 의지하라고 선포했습니다.

완악한 시대일수록 기적이 필요합니다. 엘리야에게 하나님의 능력이 임하자 마차로 달리는 아합보다 앞에서 달려가는 기적이 나타납니다. 엘리사는 나병이 든 나아만 장군에게 요단 강에 가서 몸을 일곱 번 씻으라고 말합니다. 그가 그대로 행하자 깨끗하게 되는 기적이 일어납니다. 수많은 기적을 통하여 눈에 보이는 하나님을 전했지만 백성은 잠시 의지할 뿐 결국 하나님을 또 배반합니다.

인간은 기적으로는 신앙을 갖기가 어렵습니다. 인간은 당장의 필요에 의해 기적을 받아들이지만 시간이 지나면 다시 본래 악한 모습으로 돌아갑니다. 이것은 예수님 시대에도 동일했습니다. 이런 점에서 엘리사가 행한 기적들은 예수님의 기적과 유사한 점이 많습니다. 엘리야와 엘리사가 행한 기적의 구체적인 내용들은 다음의 성경구절을 보면 자세하게 알 수 있습니다(엘리야/ 왕상 17:1-7, 18:46; 왕하 1:1-12. 2:11. 엘리사/ 왕하 2:14-24, 3:16-17, 4:1-44, 5:1-14. 6:8-23, 13:20-21).

> 조금 후에 구름과 바람이 일어나서 하늘이 캄캄해지며 큰 비가 내리는지라 아합이 마차를 타고 이스르엘로 가니 여호와의 능력이 엘리야에게 임하매 그가 허리를 동이고 이스르엘로 들어가는 곳까지 아합 앞에서 달려갔더라
> **왕상 18:45-46**
>
> 엘리사가 사자를 그에게 보내 이르되 너는 가서 요단 강에 몸을 일곱 번 씻으라 네 살이 회복되어 깨끗하리라 하는지라 **왕하 5:10**

엘리야와 엘리사

열왕기상·하에서 많은 분량을 차지하는 두 명의 선지자가 있습니다. 엘리야(왕상 17-19장)와 엘리사(왕하 2:1-8:15)입니다. 북왕국에서 가장 악한 때는 오므리 왕조였던 아합이 통치하던 때입니다. 이때 사역한 선지자가 엘리야입니다. 아합은 바알을 숭배하던 왕으로 그 아내 이세벨이 주도하였습니다. 바알 선지자들과 엘리야 선지자가 850:1로 대결한 장면은 당시

상황을 잘 보여줍니다. 엘리야 선지자는 하나님을 대신하는 입이었습니다. 엘리야는 담대하게 바알 선지자들을 잡아 기손 시냇가에서 죽입니다.

당시 바알 우상숭배에 빠져 있던 아합 왕에게 엘리야는 분명 걸림돌이었습니다. 그런 이유로 그는 엘리야를 죽이려 했고 엘리야는 많은 고난을 당했습니다. 그러나 엘리야는 하나님의 뜻을 가감없이 전했습니다.

엘리사는 예후 왕조 때 사역한 선지자입니다. 예후 왕조는 북왕국에서 가장 오랜 기간 통치한 왕조입니다. 엘리사는 예후에게 기름을 부어 왕으로 삼았습니다. 그것은 엘리야의 예언을 이루기 위함입니다. 악한 일을 행한 아합과 이세벨의 다른 상속자들을 모두 죽이는 일을 예후가 합니다. 예후는 이스라엘 역사상 가장 많이 피를 흘린 왕입니다. 결국 피의 대가로 하나님의 심판이 그에게 임합니다(호 1:4).

하나님의 입이 되어 엘리야와 엘리사가 사역했지만 북이스라엘의 악함을 멈추게 하지는 못했습니다(왕상 17-19장; 왕하 2:1-8:15).

엘리야가 그들에게 이르되 바알의 선지자를 잡되 그들 중 하나도 도망하지 못하게 하라 하매 곧 잡은지라 엘리야가 그들을 기손 시내로 내려다가 거기서 죽이니라 **왕상 18:40**

두 사람이 길을 가며 말하더니 불수레와 불말들이 두 사람을 갈라놓고 엘리야가 회오리 바람으로 하늘로 올라가더라 **왕하 2:11**

한 사람이 바알 살리사에서부터 와서 처음 만든 떡 곧 보리떡 이십 개와 또 자루에 담은 채소를 하나님의 사람에게 드린지라 그가 이르되 무리에게 주어 먹게 하라 그 사환이 이르되 내가 어찌 이것을 백 명에게 주겠나이까 하나 엘리사는 또 이르되 무리에게 주어 먹게 하라 여호와의 말씀이 그들이 먹고 남으리라 하셨느니라 그가 그들 앞에 주었더니 여호와께서 말씀하신 대로 먹고 남았더라 **왕하 4:42-44**

문서 선지자

문서 선지자의 역할은 문서를 통하여 하나님의 말씀을 당대뿐 아니라 후대까지 전하는 것입니다. 만약 선지자들이 당대에 입으로만 전하고 문서로 기록하지 않았다면 오늘날 선지서는 없었을 것입니다. 성경에 나오는 대부분의 선지자들이 문서 선지자들입니다. 그리고 내용 또한 구약성경에서 많은 분량을 차지합니다. 이것은 선지서의 역할이 중요함을 의미합니다.

하나님은 주로 악한 시대 속에서 하나님의 입이 되어 하나님의 뜻을 전할 사람들을 사용했는데 그들이 선지자입니다. 그들은 모세오경(토라)에 근거하여 주로 회개와 심판의 메시지를 전했습니다. 그러면서도 언제나 희망과 구원을 말했습니다.

문서 선지자들이 전한 메시지를 들으면 당시 이스라엘을 향한 하나님의 마음을 알 수 있습니다. 바알을 숭배하는 이스라엘의 악한 모습에 하나님은 어떻게 반응하고 있는지 선지서를 읽어 보면 잘 알 수 있습니다.

예를 들면 미가는 하나님이 원하시는 것은 정의와 인자와 사랑이라고 전합니다. 이사야는 구속함을 받은 거룩한 백성인 이스라엘이 하나님을 떠나는 상황이 지속되지만 결국 남은 자를 통하여 하나님의 구원이 이루어질 것이라는 희망의 메시지를 계속 선포합니다.

특히 이사야의 내용은 고난 받는 종 예수 그리스도의 오심을 예언한다는 점에서 신약과 중요한 연결고리가 됩니다. 예레미야는 예루살렘의 멸망을 예언합니다. 그리고 바벨론 포로 70년을 거치면 다시 돌아올 것이라 말합니다. 하나님의 뜻은 지금 바벨론을 통한 심판인데, 그것을 그대로 받아들이는 순종이야말로 진정한 신앙이라고 말합니다. 호세야는 북이스라엘의 바알과 영적간음을 한 타락한 상태를 자기의 결혼 과정을 통하여 전합니다. 아모스는 북이스라엘이 부패에서 회복하는 길은 오직 정의와 공의를 이루는 것임을 강력하게 전합니다. 특히 지도자들에게 회개를 촉구합니다. 또 요엘은 하나님의 영을 남종과 여종에게 부어줄 것을 예언합니다. 하박국은 종교개혁을 일으킨 핵심 구절인 "의인은 믿음으로 말미암아 살리라"는 말씀을 오래 전에 전합니다. 다음에 제시하는 구절은 선지자들이 전한 핵심 내용입니다(욜 2:28-32; 사 53:1-6, 55:1-3, 58:6-9; 미 6:6-8, 5:2; 렘 4:1-4, 31:31-34; 욘 4:2-5, 11; 암 5:18-20; 호 6:1-6, 24; 합 2:4).

> 사람아 주께서 선한 것이 무엇임을 네게 보이셨나니 여호와께서 네게 구하시는 것은 오직 정의를 행하며 인자를 사랑하며 겸손하게 네 하나님과 함께 행하는 것이 아니냐 **미 6:8**
>
> 그 후에 내가 내 영을 만민에게 부어 주리니 너희 자녀들이 장래 일을 말할 것이며 너희 늙은이는 꿈을 꾸며 너희 젊은이는 이상을 볼 것이며 그 때에 내가 또 내 영을 남종과 여종에게 부어 줄 것이며 **욜 2:28-29**
>
> 여호와께서 내게 대답하여 이르시되 너는 이 묵시를 기록하여 판에 명백히 새기되 달려가면서도 읽을 수 있게 하라 이 묵시는 정한 때가 있나니 그 종말이 속히 이르겠고 결코 거짓되지 아니하리라 비록 더딜지라도 기다리라 지체되지 않고 반드시 응하리라 보라 그의 마음은 교만하며 그 속에서 정직하지 못하나 의인은 그의 믿음으로 말미암아 살리라 **합 2:2-4**

돋보기로 삶에 적용하기

1. 인간이 오래 사느냐 아니면 부유하고 건강하게 사느냐보다도 하나님이 기억하는 삶이냐가 중요합니다. 현재 내가 하는 이 일이 과연 하나님이 기억할 가치가 있는지 점검해 보십시오.

2. 나는 이 세상에서 악한 일을 자행하는 사람들에 대해서 과감하게 선지자의 역할을 감당하고 있습니까? 이런 사명을 감당하기 위해 나는 무엇을 준비해야 합니까?

"쉽게 설명할 수 없다면 제대로 이해한 것이 아니다"
알버트 아인슈타인

23
하나님의 마음을 전하다 : 선지자 2

망원경으로 전체 조망하기

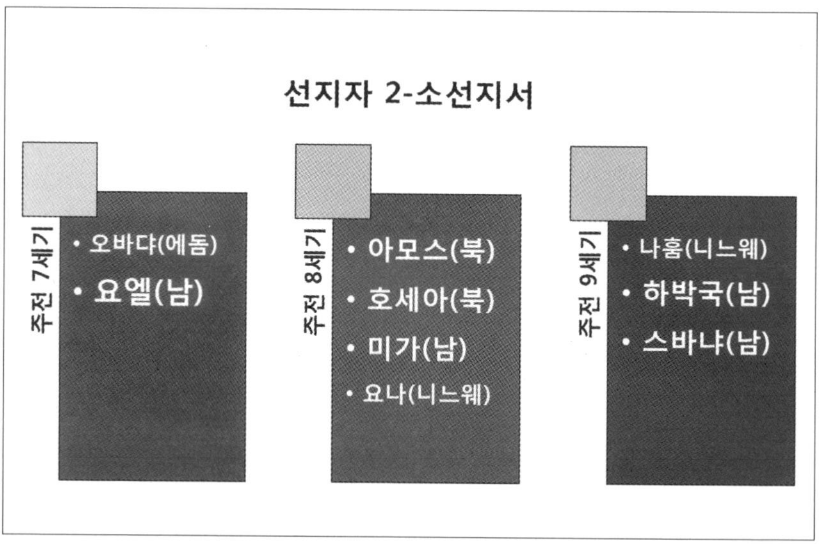

시대별로 본 선지자

선지서를 읽을 때 가장 중요한 것은 당대의 역사적 상황입니다. 이것을 알지 못하면 선지자들의 메시지를 파악하기 어렵습니다. 선지서는 당시의 상황을 이해하면서 읽어야 정확한 하나님의 마음을 알 수 있습니다. 선지자들이 활동한 시기와 당시 왕들의 역사를 같이 보면서 읽어야 합니다. 그래서 선지서는 언제나 역사서(열왕기와 역대기)를 배경으로 읽어야 합니다. 역사서와 선지서는 분리할 수 없습니다. 많은 사람들이 선지서를 어렵게 느끼는 것은 선지자들의 말을 이해하기 어렵기 때문이기도 하지만 당대의 역사적 상황에 대한 이해가 부족해서입니다. 그런 이유로 시대를 파악할 수 있도록 연대별로 선지서를 이해하기 쉽게 정리했습니다.

여기에 나오는 연대는 학자들에 따라 조금씩 다릅니다. 그 이유는 시기가 정확하지 않기에 나름대로 추정하면서 연대를 정했기 때문입니다. 독자들은 이것을 염두에 두고 읽으면 도움이 될 것입니다.

주전 7세기

오바댜: 에돔 사역

오바댜는 구약에서 가장 짧은 책입니다. 오바댜가 메시지를 전하는 대상은 에돔입니다. 에돔은 에서의 후예로 이스라엘과 형제나라입니다. 이스라엘은 야곱의 후손이고 에돔은 에서의 후손이라는 점에서 이들의 관계는 긴 역사를 갖고 있습니다.

역사상 두 민족에게는 많은 갈등이 있었습니다. 에돔은 예루살렘을 공격하는 적들과 함께 약탈했습니다. 에돔은 이스라엘이 당한 곤경을 보며 즐거워했습니다. 이스라엘이 심판을 당하는 것은 하나님이 하시는 일인데, 그것을 조롱했다는 것은 하나님을 모욕한 일이 됩니다. 하나님의 백성을 비난하는 그들에게 하나님이 심판을 내리십니다. 오바댜는 이런 하나님의 메시지를 전하고 있습니다. 핵심 내용은 에돔에게 임할 하나님의 심판입니다.

야곱은 기업을 누릴 것이지만 에서 족속인 에돔은 남은 자가 없을 것입니다.

> 여호와께서 만국을 벌할 날이 가까웠나니 네가 행한 대로 너도 받을 것인즉 네가 행한 것이 네 머리로 돌아갈 것이라 너희가 내 성산에서 마신 것같이 만국인이 항상 마시리니 곧 마시고 삼켜서 본래 없던 것같이 되리라 오직 시온 산에서 피할 자가 있으리니 그 산이 거룩할 것이요 야곱 족속은 자기 기업을 누릴 것이며 야곱 족속은 불이 될 것이며 요셉 족속은 불꽃이 될 것이요 에서 족속은 지푸라기가 될 것이라 그들이 그들 위에 붙어서 그들을 불사를 것인즉 에서 족속에 남은 자가 없으리니 여호와께서 말씀하셨음이라
>
> 옵 1:15-18

요엘: 남유다 사역

요엘서는 정확한 연대를 알 수 없습니다. 보통 주전 7세기와 9세기 설이 있습니다만 여러 정황상 주전 7세기로 추측해 볼 수 있습니다. 요엘서는 심판 선언-회개 요청-구원의 약속의 패턴을 따라 기록되었습니다. 이

것을 통해 요엘은 하나님만이 참 신임을 강조하고 있습니다.

요엘 선지자는 '여호와의 날'(1:15, 2:11, 2:31)을 반복하여 전하고 있습니다. '여호와의 날'은 하나님의 전쟁을 의미하는 것으로 최종적인 승리의 날입니다. 자연을 통해서 하나님의 심판이 임하는데 특히 메뚜기에 의한 파괴를 은유로 사용하고 있습니다. 요엘은 하나님의 영을 마지막 날에 부어줄 것이라 선포합니다. 이것은 앞으로 모든 사람에게 나타날 성령의 강림을 예언하고 있다는 점에서 중요한 의미가 있습니다.

> 내가 전에 너희에게 보낸 큰 군대 곧 메뚜기와 느치와 황충과 팥중이가 먹은 햇수대로 너희에게 갚아 주리니 욜 2:25
>
> 그 후에 내가 내 영을 만민에게 부어 주리니 너희 자녀들이 장래 일을 말할 것이며 너희 늙은이는 꿈을 꾸며 너희 젊은이는 이상을 볼 것이며 그때에 내가 또 내 영을 남종과 여종에게 부어 줄 것이며 욜 2:28-29

주전 8세기

아모스: 북이스라엘 사역

아모스 선지자가 사역한 시대는 빈부 격차가 심했으며 가난한 자들이 희생물이 되었습니다. 그리고 우상 숭배와 사치와 욕심과 부도덕과 탈법이 난무했습니다. 이런 상황에서 하나님의 의를 외치고 나선 선지자가 아모스입니다. 하나님의 의는 정직과 공의로움이 실현되는 것입니다. 그러나 당시 북이스라엘의 상황은 그렇지 못했습니다. 아모스의 관심은 정의가 물같이, 공의가 강같이 흐르는 것입니다.

아모스가 외친 '바산의 암소'는 당시 사마리아 여인들을 상징하는 것으로, 그들은 가난한 자들을 압제하는 그들의 남편을 격려했습니다. 권력자들은 상아 침대에 누우면서 안락한 생활을 했지만 가난한 자들은 그들에게 학대를 받고 살았습니다. 하나님의 자비를 상실한 그들에게 아모스는 하나님의 심판이 임할 것을 예언하면서 회개를 촉구합니다.

아모스가 선포한 핵심 주제는 하나님과의 관계를 바르게 세우는 의로서의 '공의'와 다른 사람과의 관계를 바르게 세우는 의로서의 '공평'입니다. 하나님이 원하시는 의는 하나님과 이웃과의 관계를 균형 있게 세우는 것을 말합니다. 이것은 이미 토라에 언급한 십계명의 내용이기도 합니다 (암 3:2, 5:4-17, 24).

> 너희는 살려면 선을 구하고 악을 구하지 말지어다 만군의 하나님 여호와께서 너희의 말과 같이 너희와 함께 하시리라 너희는 악을 미워하고 선을 사랑하며 성문에서 정의를 세울지어다 만군의 하나님 여호와께서 혹시 요셉의 남은 자를 불쌍히 여기시리라 **암 5:14-15**
>
> 오직 정의를 물같이, 공의를 마르지 않는 강같이 흐르게 할지어다 **암 5:24**

호세아: 북이스라엘 사역

호세아는 아모스와 동시대 상황에서 하나님의 사랑을 외친 선지자입니다. 아모스가 공의를 외쳤다면 호세아는 사랑을 외쳤습니다. 이것은 하나님의 사랑과 공의를 균형있게 다룬다는 점에서 의미가 있습니다. 여로보암 2세 시대는 우상숭배가 만연하고 세속적인 사치를 일삼았습니다. 호세아는 40년 동안 예언했는데 이스라엘이 앗수르에 멸망할 때까지 계속했습니다.

호세아는 간음한 아내 고멜로 인하여 고통스러운 날을 보냅니다. 결혼 생활의 비극을 통해 호세아는 하나님과 이스라엘의 관계를 비유하여 하나님의 심정을 전하고 있습니다. 호세아는 간음한 아내를 향한 사랑을 통하여 하나님을 버리고 바알을 숭배하는 패역한 이스라엘의 모습을 그리고 있습니다.

4-13장의 내용은 이런 이스라엘을 향한 고발의 메시지가 들어 있습니다. 이스라엘의 죄악은 '거짓 맹세, 거짓말, 살인, 도둑질, 간음' 등입니다. 하나님에 대해서 신실하지도 않고 하나님에 대한 지식을 버린 이스라엘이지만 지금이라도 하나님께 돌아오면 용서해 주신다고 전합니다. 신실하지 못한 이스라엘에 대한 심판을 예고하시면서 아울러 회복과 용서를 구하라고 말씀하십니다(호 4-13장, 6:6, 13:16, 14:1-9). 하지만 이스라엘이 하나님께 돌아오지 않는 가장 큰 이유는 하나님의 율법을 잊어버리고 하나님을 아는 지식이 없기 때문입니다.

> 내 백성이 지식이 없으므로 망하는도다 네가 지식을 버렸으니 나도 너를 버려 내 제사장이 되지 못하게 할 것이요 네가 네 하나님의 율법을 잊었으니 나도 네 자녀들을 잊어버리리라 **호 4:6**
>
> 나는 인애를 원하고 제사를 원하지 아니하며 번제보다 하나님을 아는 것을 원하노라 그들은 아담처럼 언약을 어기고 거기에서 나를 반역하였느니라 **호 6:6-7**
>
> 그런즉 너의 하나님께로 돌아와서 인애와 정의를 지키며 항상 너의 하나님을 바랄지니라 **호 12:6**

미가: 남유다 사역

미가는 남유다의 선지자로서 이사야와 동시대 사람입니다. 미가가 활동하던 시대는 우상 숭배와 사회 불의가 점점 심해졌습니다. 미가서는 이스라엘이 하나님과 맺은 언약을 어긴 것에 대해 하나님이 심판하시지만 반면 끝까지 사랑하심을 드러내고 있습니다. 하나님의 심판은 곧 하나님의 사랑의 표현입니다. 심판 속에는 회개하고 하나님께로 돌아오라는 메시지가 담겨 있습니다. 이스라엘 백성은 하나님의 사랑을 심판 속에서 깨달아야 했는데 그러지 못했습니다.

미가서는 앞으로 오실 그리스도가 유다 땅 베들레헴에서 태어날 것을 예언하고 있습니다. 심판 속에 하나님의 구원 소식이 담겨 있습니다. 앞으로 오실 그리스도에 대한 구체적인 예언이 나오는데, 그리스도가 태어날 장소가 구체적으로 언급되었습니다. 훗날 이것이 그대로 성취되었습니다. 특히 미가 7:1-7에 나오는 애곡은 예루살렘 멸망의 장면이지만 소망으로 마무리되고 있습니다.

> 베들레헴 에브라다야 너는 유다 족속 중에 작을지라도 이스라엘을 다스릴 자가 네게서 내게로 나올 것이라 그의 근본은 상고에, 영원에 있느니라 그러므로 여인이 해산하기까지 그들을 붙여 두시겠고 그 후에는 그의 형제 가운데에 남은 자가 이스라엘 자손에게로 돌아오리니 **미 5:2-3**

요나: 니느웨 사역

요나서에서 처음부터 마지막까지 흐르는 일관된 주제는 하나님의 주권입니다. 하나님에게서 도망하는 선지자 요나를 통하여 하나님이 세상 모든 것을 주장하심을 말하고 있습니다. 하나님은 이스라엘뿐 아니라 이방 나라까지도 섭리하십니다. 요나서는 한 장 한 장 넘길수록 하나님의 주권이 강조되고 있습니다. 불순종한 요나 선지자가 하나님을 예배하는 사람으로 변화되고 하나님의 뜻을 점차 발견합니다. 요나의 소극적인 메시지 선포에도 불구하고 니느웨는 왕부터 전 국민적인 회개가 일어납니다. 요나의 메시지를 듣고 니느웨가 회개하는 일은 인간의 힘으로는 일어날 수 없는 기적입니다. 하나님은 니느웨를 용서하시고 그들에게도 자비와 사랑을 베푸시는 모습을 요나서를 통해 보여 주십니다. 이스라엘의 하나님이시지만 아울러 모든 사람의 하나님이신 것을 잘 드러내고 있습니다.

> 요나가 그 성읍에 들어가서 하루 동안 다니며 외쳐 이르되 사십 일이 지나면 니느웨가 무너지리라 하였더니 니느웨 사람들이 하나님을 믿고 금식을 선포하고 높고 낮은 자를 막론하고 굵은 베 옷을 입은지라 그 일이 니느웨 왕에게 들리매 왕이 보좌에서 일어나 왕복을 벗고 굵은 베 옷을 입고 재 위에 앉으니라 **욘 3:4-6**

주전 9세기

나훔: 니느웨 사역

나훔은 니느웨를 멸망시키는 하나님의 메시지를 전합니다. 요나 시대에는 니느웨가 회개를 하지만 얼마가지 못해 악한 행동을 하면서 결국 하나님의 심판을 당하게 됩니다. 니느웨는 앗수르의 수도입니다. 앗수르는 잔인한 민족입니다. 그들은 피를 많이 흘렸는데 이는 하나님이 가장 싫어하시는 악한 일입니다. 이런 점에서 하나님의 심판은 당연합니다. 악한 독재

자는 반드시 멸망한다는 것이 나훔의 메시지입니다. 역사적으로 앗수르는 주전 612년에 완전히 멸망한 후 다시는 일어서지 못했습니다. 하나님이 나훔을 통해 전한 '네 이름이 다시는 전파되지 않을 것'이라는 말씀이 이루어졌습니다.

> 나 여호와가 네게 대하여 명령하였나니 네 이름이 다시는 전파되지 않을 것이라 내가 네 신들의 집에서 새긴 우상과 부은 우상을 멸절하며 네 무덤을 준비하리니 이는 네가 쓸모 없게 되었음이라 볼지어다 아름다운 소식을 알리고 화평을 전하는 자의 발이 산 위에 있도다 유다야 네 절기를 지키고 네 서원을 갚을지어다 악인이 진멸되었으니 그가 다시는 네 가운데로 통행하지 아니하리로다 하시니라 나 1:14–15

하박국: 남유다 사역

하박국은 하나님에 대한 불평과 하나님의 반응이 두 번에 걸쳐 이루어지고, 바벨론을 향한 다섯 가지 화를 선포하는 내용을 담고 있습니다. 하박국서는 압제자들이 기세등등한 것에 대한 문제제기와 하나님의 구원을 바라는 것으로 마무리합니다. 하박국은 "의로우신 하나님이 어떻게 악을 묵인할 수 있는가?" 질문하고 하나님은 이에 대해 "의인은 그의 믿음으로 말미암아 살리라"고 답하십니다.

우리가 구원을 받는 것은 하나님의 신실하심 때문입니다. 이것은 인간이 하나님을 믿는 믿음의 모습을 말하기도 합니다. 믿음은 하나님과 인간에게 모두 해당되는 이중성을 담고 있습니다. 그리스도인의 믿음은 하나님의 신실하심에 대한 믿음입니다. 하박국 2:4은 로마서 1:17의 인용구절로 알려진 유명한 내용입니다. 이런 믿음을 가진 사람은 어떤 상황에서도 하나님을 신뢰하며 즐거워합니다. 이런 믿음을 가지고 있었기에 하박국은 포도나무에 열매가 없고, 감람나무에 소출이 없고, 밭에 먹을 것이 없으며, 우리에 양이 없고 외양간에 소가 없을지라도 하나님으로 인하여 기뻐한다고 고백했습니다. 이 고백은 믿음으로 사는 의인이 어떤 모습인지 잘 알려 주고 있습니다.

> 보라 그의 마음은 교만하며 그 속에서 정직하지 못하나 의인은 그의 믿음으로 말미암아 살리라 합 2:4
>
> 비록 무화과나무가 무성하지 못하며 포도나무에 열매가 없으며 감람나무에 소출이 없으며 밭에 먹을 것이 없으며 우리에 양이 없으며 외양간에 소가 없을지라도 나는 여호와로 말미암아 즐거워하며 나의 구원의 하나님으로 말미암아 기뻐하리로다 합 3:17–18

스바냐: 남유다 사역

스바냐는 이스라엘을 선택하신 이유와 하나님의 왕권에 대한 메시지를 담고 있습니다. 이스라엘을 선택하신 것은 이방에게 복 주기 위함입니다. 세상의 운명은 이스라엘의 역사와 긴밀하게 연관이 있습니다. 이것은 하나님이 만유의 주이심을 드러내고 있습니다. 북이스라엘이 멸망하고 이제 남유다도 멸망할 상황에서 이스라엘에 어떻게 구원이 임할 것인가에 대한 관심이 모아집니다.

이것에 대한 스바냐의 메시지는 '남은 자'입니다. 스바냐는 '여호와의 날'을 강조합니다. 이것은 하나님의 심판의 날이면서 구원의 날입니다. 남은 자란 잠잠히 하나님을 사랑하며 구원을 베푸실 전능자 하나님을 기뻐하는 사람입니다.

너의 하나님 여호와가 너의 가운데에 계시니 그는 구원을 베푸실 전능자이시라 그가 너로 말미암아 기쁨을 이기지 못하시며 너를 잠잠히 사랑하시며 너로 말미암아 즐거이 부르며 기뻐하시리라 하리라 습 3:17

바벨론

바벨론은 유프라데스 강가에 세워진 도시입니다. 바벨론은 인류 최초의 영웅 니므롯에 의해 세워진 여러 도시들 중 한 곳으로 창세기 10:10, 11:1-9에 언급되었습니다. 바벨론 제1왕조에서 가장 유명한 왕은 제6대 함무라비 왕입니다. 그는 고대 바벨론 문화의 황금시대를 이루었고, 특히 사회 질서 유지와 경제적 정의 실현을 위해 '함무라비 법전'을 제정했습니다. 그 후에 바벨론은 나보폴라살과 그의 아들 느부갓네살 2세(BC 605-562년경) 때 최고의 전성기를 누렸습니다. 당시 바벨론 도성의 성벽은 2중 구조를 갖추고 있었고, 도시를 가로질러 유프라테스 강의 수로와 운하가 흘렀습니다. 당시에 세웠던 공중 정원은 지금도 세계 7대 불가사의로 꼽히고 있습니다. 성경에 나오는 유다의 바벨론 포로 역사는 이때 이야기입니다(왕하 24-25장). 특히 예레미야서를 읽을 때는 바벨론 배경을 염두에 두어야 합니다. 바로 이 시기가 고대 세계에서 바벨론이 강대국으로서 가장 큰 영화를 누렸습니다. 하지만 거대한 제국이었던 바벨론은 한순간에 멸망하고 말았습니다. 성경은 바벨론의 멸망이 그들의 죄 때문이라고 말합니다. 벨사살(BC ?- 539년) 왕 때, 바사의 고레스(Cyrus Ⅱ, BC 539-530년)에 의해 바벨론이 멸망당했습니다(BC 539년경). 이 이야기는 다니엘서 5:30에 기록되었습니다. 한때 하나님의 심판의 도구로 유다를 치는 데 사용되었던 바벨론은 허무하게 역사에서 사라지게 됩니다.

돋보기로 삶에 적용하기

1. 시대마다 하나님은 선지자를 택하여 하나님의 말씀을 전하십니다. 선지자는 하나님의 도구가 되어 하나님의 말씀을 가감 없이 그대로 전합니다. 나는 이 시대 속에서 하나님의 부름에 어떻게 응답하고 있습니까?

2. 구약의 선지자들은 외롭고 고독한 길을 갔습니다. 백성이 선지자들의 말을 듣지 않고 거부했기 때문입니다. 그럼에도 끝까지 갈 수 있었던 것은 하나님이 주신 은혜 때문입니다. 하나님의 일은 인간의 힘으로는 할 수 없습니다. 오직 하나님이 은혜를 주실 때만 감당할 수 있습니다. 나는 주님에 대한 사랑이 얼마나 있습니까? 하나님 나라와 의를 구하며 좁은 십자가의 길을 가고자 하는 마음이 어느 정도 됩니까?

"쉽게 설명할 수 없다면 제대로 이해한 것이 아니다"
알버트 아인슈타인

장면 6

하나님 나라를 다시 꽃 피우기까지 :

포로시대·귀환시대

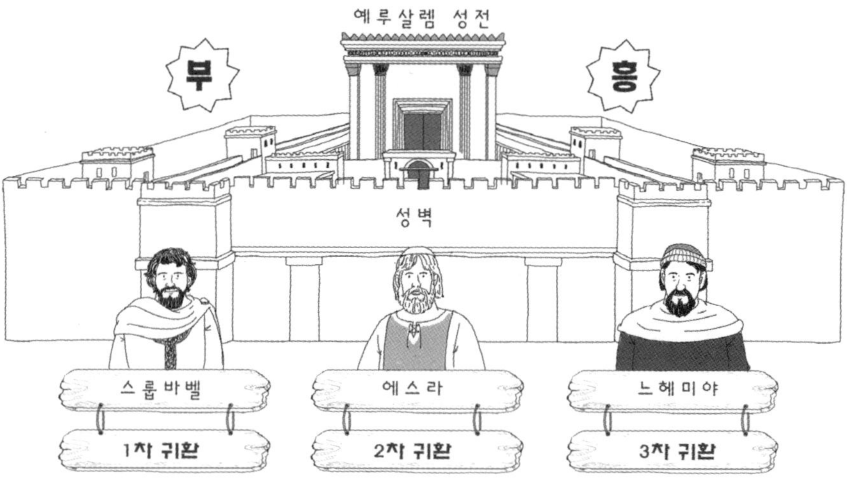

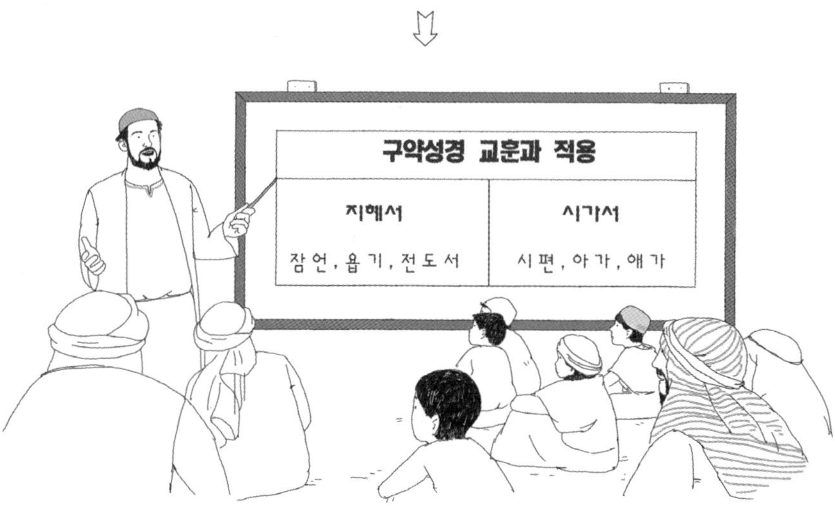

하나님의 심판을 받은 이스라엘은 바벨론에서 70년 동안 포로생활을 합니다. 그러나 하나님은 70년이 지나면 다시 돌아오게 하겠다고 약속합니다. 70년은 하나님이 이스라엘을 회복시키는 기간입니다. 하나님의 생각은 재앙이 아니라 평안입니다. 고난을 통하여 이스라엘을 정결하게 하여 다시 돌아오게 하는 하나님의 계획은 이스라엘 백성이 40년 광야 생활을 한 것과 같습니다. 이때 사역한 선지자로 예레미야와 다니엘과 에스겔을 들 수 있습니다. 그리고 그 말씀에 순종한 남은 자들을 통하여 다시 구원을 이루시는 하나님의 사랑을 엿볼 수 있습니다.

하나님은 때가 되자 고레스를 사용하여 포로 귀환을 통해 다시 이스라엘을 건설합니다. 백성은 예루살렘 성전과 무너진 성벽을 재건합니다. 그러나 그것도 잠깐 또다시 이스라엘은 타락합니다. 하나님을 잊고 이방 여인이 이스라엘 가정에 들어와 자녀들을 타락시키면서 이스라엘은 또다시 무너지는 경험을 하게 됩니다. 에스라와 느헤미야가 말씀을 통한 개혁 메시지를 전하지만 소용이 없습니다. 그리고 400년의 암흑시대로 접어들게 됩니다. 하나님의 긴 침묵이 시작됩니다. 포로 귀환 장면은 역대기, 에스더, 에스라, 느헤미야, 학개, 스가랴, 말라기가 해당됩니다.

이런 이스라엘의 역사를 통해서 우리에게 주는 교훈과 고백은 무엇일까요? 그것이 지혜서와 시가서입니다. 잠언-욥기-전도서를 통해 인생의 지혜를 제시합니다. 하나님을 경외하는 삶이야말로 가장 지혜로운 삶임을 알려 줍니다. 이스라엘 백성의 실패를 통하여 배우는 교훈을 제시합니다. 시가서인 시편-아가-애가를 통하여 인간이 철저한 죄인임을 인식하고 하나님을 찬양하고 동행하며 사는 삶이 무엇인지 소개하고 있습니다.

24
바벨론 포로 70년과 연단

망원경으로 전체 조망하기

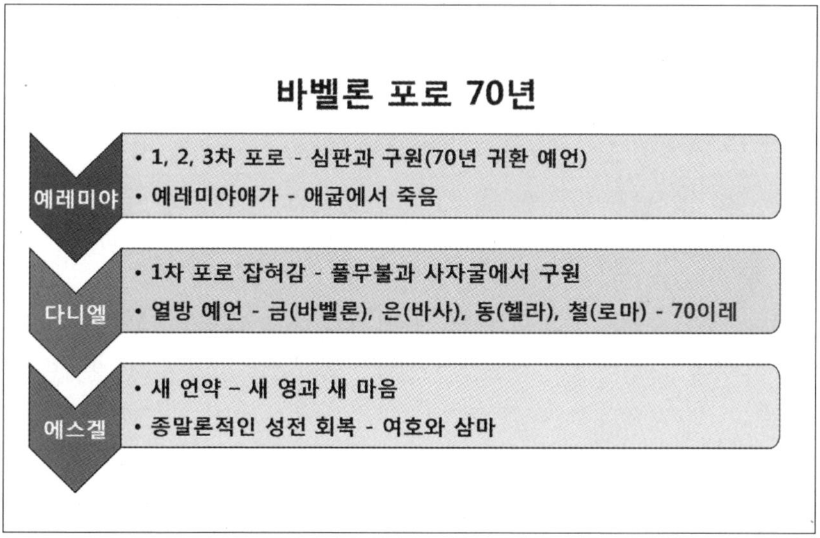

3차에 걸친 바벨론 포로

하나님께 죄를 범한 이스라엘 백성은 심판을 받았는데 그것은 바벨론에 포로로 잡혀가는 것입니다. 바벨론이 강해서 이스라엘이 포로로 잡혀간 것이 아니라 하나님의 심판 도구였기 때문입니다. 포로 압송은 세 차례에 걸쳐서 이루어졌습니다.

- 1차- 다니엘과 그의 세 친구를 비롯 귀족 출신의 몇몇 사람들입니다(BC 605년, 단 1:3-6)
- 2차- 여호야긴 왕과 에스겔 등 많은 사람들입니다(BC 597년, 왕하 24:10 -16).
- 3차- 나머지 백성과 시드기야 왕이 잡혀가고 예루살렘 성벽이 무너지면서 성전과 성읍이 불타 버렸습니다(BC 586년, 왕하 25:1-7).

이것은 하나님의 말씀을 어긴 결과가 얼마나 비참한지를 잘 보여줍니다. 예레미야가 반복하여 외친 메시지는 간단합니다. 지금이라도 여호와의 목소리에 순종하라는 것입니다. 그러면 왕이 복을 받아 생명을 보전할 것이라는 축복의 말씀을 거절하고 바벨론에게 항복하지 않아 결국은 패망에 이르게 됩니다.

예레미야가 이르되 그 무리가 왕을 그들에게 넘기지 아니하리이다 원하옵나니 내가 왕에게 아뢴 바 여호와의 목소리에 순종하소서 그리하면 왕이 복을 받아 생명을 보전하시리이다 그러나 만일 항복하기를 거절하시면 여호와께서 내게 보이신 말씀대로 되리이다 보라 곧 유다 왕궁에 남아 있는 모든 여자가 바벨론 왕의 고관들에게로 끌려갈 것이요 그 여자들은 네게 말하기를 네 친구들이 너를 꾀어 이기고 네 발이 진흙에 빠짐을 보고 물러갔도다 하리라 네 아내들과 자녀는 갈대아인에게로 끌려가겠고 너는 그들의 손에서 벗어나지 못하고 바벨론 왕의 손에 잡히리라 또 네가 이 성읍으로 불사름을 당하게 하리라 하셨나이다 **렘 38:20-23**

하나님은 죄를 그대로 두지 않고 심판하십니다. 그 결과 이스라엘은 바벨론에 포로로 잡혀가 70년간 포로 생활을 했습니다. 그러나 하나님은 이스라엘을 버리지 않았습니다. 하나님은 한 번 선택한 백성은 끝까지 책임지고 돌보시는 분임을 알 수 있습니다.

남유다 백성은 바벨론에서 포로생활을 하는 비운을 맞이했지만 생각보다 그렇게 힘든 생활이 아니었습니다. 학대를 당하거나 하는 심한 고통은 없었습니다. 그들은 하나님이 주신 약속의 땅을 생각하며 그 땅이 회복되기를 고대하였습니다. 지금은 비록 바벨론에서 포로 생활을 하고 있지만, 예레미야의 예언처럼 70년 후에는 다시 고향으로 돌아간다는 하나님의 약속을 믿고 기다렸습니다.

이 모든 땅이 폐허가 되어 놀랄 일이 될 것이며 이 민족들은 칠십 년 동안 바벨론의 왕을 섬기리라 여호와의 말씀이니라 칠십 년이 끝나면 내가 바벨론의 왕과 그의 나라와 갈대아인의 땅을 그 죄악으로 말미암아 벌하여 영원히 폐허가 되게 하되 **렘 25:11-12**

예레미야애가

예레미야는 이스라엘의 패망한 모습을 기록으로 남겨 그것을 역사적 교훈으로 삼기 위해 애가를 지었는데 그것이 예레미야애가입니다. 이는 두 번 다시 실패를 반복하지 않기 위함입니다. 모두 5편으로 구성되었는데 바벨론에게 예루살렘이 멸망당하는 모습을 비통해하는 내용입니다. 문장 형태는 히브리 알파벳 순서로 되어 있습니다. "슬프다 이 성이여"로 시작되는 예레미야애가는 눈물과 슬픔으로 가득 차 있지만 다시 회복하실 것이라는 희망을 포함한 애가입니다. 지금이라도 하나님께 돌아가자는 희망의 메시지가 담겨 있습니다.

> 슬프다 이 성이여 전에는 사람들이 많더니 이제는 어찌 그리 적막하게 앉았는고 전에는 열국 중에 크던 자가 이제는 과부 같이 되었고 전에는 열방 중에 공주였던 자가 이제는 강제 노동을 하는 자가 되었도다 **애 1:1**
>
> 우리가 스스로 우리의 행위들을 조사하고 여호와께로 돌아가자 우리의 마음과 손을 아울러 하늘에 계신 하나님께 들자 **애 3:40-41**

위기 속에 피어난 세 명의 지도자

예레미야

가장 나이가 많은 예레미야는 본토에 남은 유다 백성과 함께했습니다. 예레미야서는 멸망이 끝이 아니라 70년 후에는 다시 돌아올 것이라는 회복의 예언이 담겨 있습니다. 예레미야의 별명은 '눈물의 선지자'입니다. 그는 패망한 본토 유다를 끝까지 지키면서 백성과 함께했습니다. 당시 본토에 남은 자들은 힘없고 가난한 사람들이었습니다. 그는 황폐한 고국에 남아 희망을 선포하면서 하나님의 뜻을 전했습니다.

그리고 포로로 잡혀간 사람들에게도 희망을 선포하면서 그날을 기다리라고 말합니다. 회복되는 그날을 바라보면서 하나님을 끝까지 의지하며 살라고 부탁합니다. 우리를 향한 하나님의 생각은 재앙이 아닌 평안입니다. 예레미야는 마지막에는 애굽으로 도망간 백성을 따라가 거기서 죽음을 맞이합니다. 그는 끝까지 고난 받는 백성과 함께한 지도자였습니다.

> 여호와께서 이와 같이 말씀하시니라 바벨론에서 칠십 년이 차면 내가 너희를 돌보고 나의 선한 말을 너희에게 성취하여 너희를 이 곳으로 돌아오게 하리라 여호와의 말씀이니라 너희를 향한 나의 생각을 내가 아나니 평안이요 재앙이 아니니라 너희에게 미래와 희망을 주는 것이니라 너희가 내게 부르짖으며 내게 와서 기도하면 내가 너희들의 기도를 들을 것이요 너희가 온 마음으로 나를 구하면 나를 찾을 것이요 나를 만나리라 **렘 29:10-13**

다니엘

예루살렘이 처음 포위되었을 때 1차 포로로 잡혀간 소년들이 있었습니다. 그 중에 다니엘과 세 친구들이 있었습니다. 비록 포로 신분이지만 신앙을 타협하지 않고 끝까지 하나님에 대한 신의를 저버리지 않았습니다. 다니엘은 뜻을 정하여 왕의 음식과 포도주로 자기를 더럽히지 않았습니다. 또한 바사(페르시아)에서도 기도하기를 쉬지 않았습니다. 그것으로 사자굴에 들어가게 될 것을 알고도 예전처럼 하루에 세 번 기도하는 믿음을 보였습니다.

다니엘과 세 친구의 신앙은 고난 속에서 더욱 위대했습니다. 이방 나라인 바벨론과 바사의 문화에 물들지 않고 신앙의 순수성을 지켰습니다. 그런 사람을 하나님은 풀무불과 사자굴에서 구해 내어 이방인들 속에서 하나님의 도구로 사용하십니다.

특히 다니엘서는 이방 나라들의 미래의 운명에 대한 예언이 기록되었습니다. 바벨론-바사-헬라-로마의 미래 모습이 소개됩니다. 결국은 그의 예언대로 모두 멸망했습니다. 반면에 식민지였던 이스라엘은 지금까지 살아남았습니다. 다니엘과 세 친구 이야기는 사회생활 속에서 어려움을 만날 때 쉽게 타협하고 작은 손해에도 두려워하며 하나님을 저버리는 우리와 비교할 때 큰 도전을 줍니다(단 1:8-20, 3:13-23, 6:10, 16-23).

> 다니엘은 뜻을 정하여 왕의 음식과 그가 마시는 포도주로 자기를 더럽히지 아니하리라 하고 자기를 더럽히지 아니하도록 환관장에게 구하니 **단 1:8**
>
> 다니엘이 이 조서에 왕의 도장이 찍힌 것을 알고도 자기 집에 돌아가서는 윗방에 올라가 예루살렘으로 향한 창문을 열고 전에 하던 대로 하루 세 번씩 무릎을 꿇고 기도하며 그의 하나님께 감사하였더라 **단 6:10**
>
> 나의 하나님이 이미 그의 천사를 보내어 사자들의 입을 봉하셨으므로 사자들이 나를 상해하지 못하였사오니 이는 나의 무죄함이 그 앞에 명백함이오며 또 왕이여 나는 왕에게도 해를 끼치지 아니하였나이다 하니라 왕이 심히 기뻐서 명하여 다니엘을 굴에서 올리라 하매 그들이 다니엘을 굴에서 올린즉 그의 몸이 조금도 상하지 아니하였으니 이는 그가 자기의 하나님을 믿음이었더라 **단 6:22–23**
>
> 그렇게 하지 아니하실지라도 왕이여 우리가 왕의 신들을 섬기지도 아니하고 왕이 세우신 금 신상에게 절하지도 아니할 줄을 아옵소서 **단 3:18**

예언의 성취

다니엘은 이미 선지자 예레미야에게 임하신 하나님의 예언의 말씀을 깨달았는데, 그것은 포로생활 70년이 끝나면 이스라엘을 돌아오게 하신다는 말씀입니다. 또 다니엘은 금식하고 기도하면서 예레미야에게 말씀하신 70년의 연수에 대한 예언의 말씀을 깨닫게 됩니다. 하나님은 한 번 하신 말씀은 분명히 지키시는 신실한 분입니다. 성경의 역사는 말씀의 예언과 성취의 관계에서 이루어집니다. 하나님이 약속하신 말씀은 언제나 하나님이 정한 때에 분명히 이루어집니다(렘 25:11-12, 29:10; 단 9:2, 24-27).

> 여호와께서 이와 같이 말씀하시니라 바벨론에서 칠십 년이 차면 내가 너희를 돌보고 나의 선한 말을 너희에게 성취하여 너희를 이 곳으로 돌아오게 하리라 **렘 29:10**

에스겔

에스겔은 포로로 잡혀간 백성과 함께 고난을 당하면서 지도자 역할을 했습니다. 하나님이 주신 미래의 환상을 통하여 이스라엘을 격려하고 위로하면서 포로생활을 잘 감당하도록 도왔습니다. 에스겔은 하나님의 영광을 강조하면서 하나님의 공의와 사랑을 전했습니다. 에스겔서에는 악으로 더러워진 이스라엘 백성의 마음을 새롭게 하시는 새 언약의 메시지가 나옵니다. 하나님이 새 영과 새 마음을 우리 속에 주시고 굳은 마음을 제하며 부드러운 마음을 주시고 새 영을 통해서 그동안 이루지 못했던 규례를 지켜 순종하는 일을 이루신다는 메시지는 새로운 희망이 됩니다. 특히 에스겔서는 마른 뼈들에게 생기를 넣어 다시 소생하는 이스라엘의 미래의 환상 이야기와 분열되었던 이스라엘 남과 북이 다시 하나되는 이야기가 나옵니다. 마지막은 파괴된 성전과 비교하여 미래에 나타날 성전의 영광을 말하고 있습니다(겔 14:1-5, 37:15-17, 39:21-22).

> 또 새 영을 너희 속에 두고 새 마음을 너희에게 주되 너희 육신에서 굳은 마음을 제거하고 부드러운 마음을 줄 것이며 또 내 영을 너희 속에 두어 너희로 내 율례를 행하게 하리니 너희가 내 규례를 지켜 행할지라 겔 36:26-27
>
> 주 여호와께서 이 뼈들에게 이같이 말씀하시기를 내가 생기를 너희에게 들어가게 하리니 너희가 살아나리라 너희 위에 힘줄을 두고 살을 입히고 가죽으로 덮고 너희 속에 생기를 넣으리니 너희가 살아나리라 또 내가 여호와인 줄 너희가 알리라 하셨다 하라 겔 37:5-6
>
> 인자야 너는 막대기 하나를 가져다가 그 위에 유다와 그 짝 이스라엘 자손이라 쓰고 또 다른 막대기 하나를 가지고 그 위에 에브라임의 막대기 곧 요셉과 그 짝 이스라엘 온 족속이라 쓰고 그 막대기들을 서로 합하여 하나가 되게 하라 네 손에서 둘이 하나가 되리라 겔 37:16-17
>
> 그 사방의 합계는 만 팔천 척이라 그 날 후로는 그 성읍의 이름을 여호와삼마라 하리라 겔 48:35

돋보기로 삶에 적용하기

1. 이스라엘의 바벨론 포로생활과 같은 인생의 어려움 속에서도 가져야 할 나의 신앙고백은 무엇입니까?

2. 나는 세상과 쉽게 타협하는 신앙인입니까, 아니면 적극적으로 하나님을 끝까지 신뢰하며 세상을 변화시키는 신앙인입니까? 다니엘과 세 친구들, 에스겔과 같은 신앙을 소유하기 위하여 나에게 가장 필요한 것은 무엇입니까?

"쉽게 설명할 수 없다면 제대로 이해한 것이 아니다"
알버트 아인슈타인

25

포로 귀환과 부흥

망원경으로 전체 조망하기

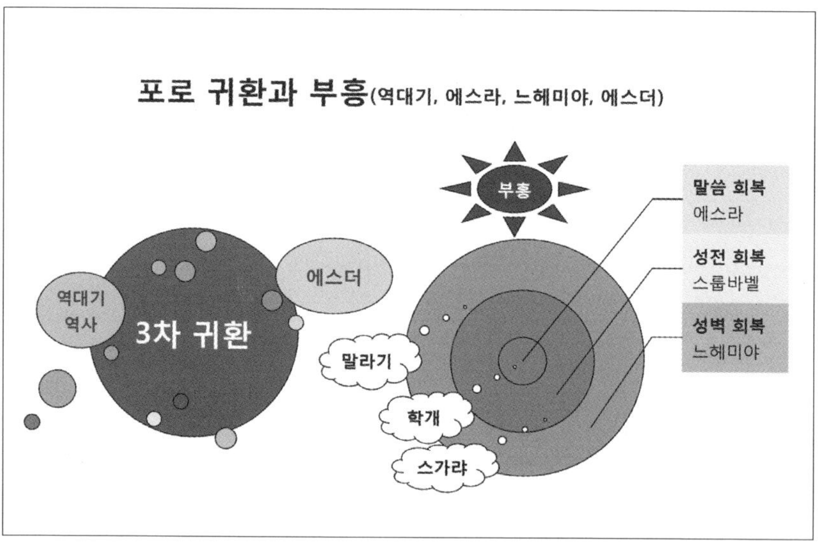

역대기적 역사

역대기적 역사는 포로기 이후의 역사인 역대기, 에스라, 느헤미야, 에스더에 이르는 역사를 말합니다. 그 중에서 역대기는 이스라엘 역사를 재조명한다는 점에서 의미가 있습니다. 포로 전에 기록된 사무엘서와 열왕기서와 달리 역대기는 바벨론 포로 70년 기간 동안에 얻은 교훈을 되새기며 새로운 희망을 이야기한다는 점에서 중요합니다. 새롭게 이스라엘을 건설해야 하는 사명에서 역대기 저자는 이스라엘의 정체성을 재확립하기 위해 역사를 기록했습니다. 그런 이유로 열왕기 역사와 다른 시각으로 기록했습니다.

역사는 사실보다 해석입니다. 다시 말하면 우리는 해석된 역사를 보는 것입니다. 그래서 어떤 시각으로 역사를 바라보느냐가 중요합니다. 역대기는 긍정의 역사입니다. 그런 이유로 이스라엘의 부정적인 역사를 포함하지 않고 전체를 긍정적인 시각으로 바라보았습니다. 왕국의 분열 역시 솔로몬의 죄로 돌리지 않고 하나님의 역사로 남겨둡니다. 자세한 이유에 대해서는 침묵합니다. 그리고 북왕국의 역사는 기록에서 제외하고 남유다 역사만 기록합니다. 특히 다윗 왕에 대한 이야기를 중점적으로 부각합니다. 물론 밧세바 범죄 사건 등도 기록하지 않았습니다. 절망보다는 희망을 이야기하는 역사 해석관에서 비롯된 것입니다.

또한 역대기 저자는 출애굽과 시내 산 사건, 정복 사건을 제외합니다. 새로운 역사를 이야기하고자 하는 의도 때문에 과거의 사건을 제외한 것입니다.

특별히 역대기에서 많은 분량을 차지하는 족보장은(대상 1-9장) 이스라엘의 역사를 믿음의 관점에서 새롭게 정리한 것으로 족보를 통해 새로운 나라를 건설하고자 했습니다. 하나님의 언약 속에서 이어져 내려오는 말씀 중심의 신앙을 강조한 것이라 볼 수 있습니다. 그것은 아담-셋-에노스-게난으로 이어지는 족보에서 발견됩니다.

또한 역대기는 열왕기에서 부정적으로 기록한 솔로몬을 긍정적으로 기록하고 성전 건축에 대한 평가를 강조합니다. 솔로몬의 왕위가 견고하고 하나님이 그와 함께하사 심히 창대하게 하셨다고 기록합니다. 역대기 마지막 장(대하 36장)에 나오는 역대기 기록은 이스라엘뿐 아니라 열국에 대한 내용도 나옵니다. 애굽 왕 시삭과 바사 왕 고레스의 이야기를 통해 하나님이 온 백성을 다스리는 분임을 강조합니다. 고레스 왕 때 이스라엘이 귀환하는 것은 성전을 재건하는 하나님의 역사를 이루기 위한 과정입니다.

> 아담, 셋, 에노스, 게난, 마할랄렐, 야렛, 에녹, 므두셀라, 라멕, 노아, 셈, 함과 야벳은 조상들이라 **대상 1:1-4**
>
> 다윗의 아들 솔로몬의 왕위가 견고하여 가며 그의 하나님 여호와께서 그와 함께하사 심히 창대하게 하시니라 **대하 1:1**
>
> 나의 하나님이여 이제 이 곳에서 하는 기도에 눈을 드시고 귀를 기울이소서 여호와 하나님이여 일어나 들어가사 주의 능력의 궤와 함께 주의 평안한 처소에 계시옵소서 여호와 하나님이여 원하옵건대 주의 제사장들에게 구원을 입게 하시고 또 주의 성도들에게 은혜를 기뻐하게 하옵소서 여호와 하나님이여 주의 기름 부음 받은 자에게서 얼굴을 돌리지 마시옵고 주의 종 다윗에게 베푸신 은총을 기억하옵소서 하였더라 **대하 6:40-42**

바사의 고레스 왕 원년에 여호와께서 예레미야의 입으로 하신 말씀을 이루시려고 여호와께서 바사의 고레스 왕의 마음을 감동시키시매 그가 온 나라에 공포도 하고 조서도 내려 이르되 바사 왕 고레스가 이같이 말하노니 하늘의 신 여호와께서 세상 만국을 내게 주셨고 나에게 명령하여 유다 예루살렘에 성전을 건축하라 하셨나니 너희 중에 그의 백성된 자는 다 올라갈지어다 너희 하나님 여호와께서 함께하시기를 원하노라 하였더라 **대하 36:22–23**

에스더

바사 왕 고레스는 이스라엘 민족이 고국에 돌아가는 것을 허락했습니다. 고국에 돌아온 사람은 약 5만 명 정도밖에 안 됩니다. 하지만 귀환하지 않고 바사 지역에 퍼져 있는 유대인들도 많았습니다. 흩어져 있는 유대인들이 어떻게 지내고 있는지 보여주는 책이 에스더서입니다. 에스더서는 온 백성을 다스리는 하나님을 믿는 유대인들이 삶의 현장에서 어떻게 믿음을 지키면서 살아가는지 모르드개와 에스더의 이야기를 통해 전해주고 있습니다.

에스더가 죽음을 각오하고 삼일 밤낮 금식하는 장면은 감동적입니다. 에스더를 양육하고 뒤에서 지도한 모르드개가 마지막에 하만을 대신하여 아하수에로 왕의 총리대신이 되는 장면은 믿음의 승리가 무엇인지 보여줍니다. 에스더서에는 '하나님'이라는 단어가 한 번도 나오지 않습니다. 그럼에도 이야기 전반 속에 흐르는 핵심은 하나님이십니다. 하나님에 대한 믿음을 가지고 왕궁에서 결단하는 에스더의 믿음은 우리에게 많은 도전을 줍니다. 생활 속에서 어떻게 믿는 것이 하나님이 기뻐하시는 삶인지

에스더서를 통해 잘 읽을 수 있습니다.

> 당신은 가서 수산에 있는 유다인을 다 모으고 나를 위하여 금식하되 밤낮 삼 일을 먹지도 말고 마시지도 마소서 나도 나의 시녀와 더불어 이렇게 금식한 후에 규례를 어기고 왕에게 나아가리니 죽으면 죽으리이다 하니라 **에 4:16**
>
> 유다인 모르드개가 아하수에로 왕의 다음이 되고 유다인 중에 크게 존경받고 그의 허다한 형제에게 사랑을 받고 그의 백성의 이익을 도모하며 그의 모든 종족을 안위하였더라 **에 10:3**

3차 포로 귀환

BC 539년 10월 29일에 바벨론은 고레스 대제가 이끄는 메대와 바사의 군대에 의하여 무너졌습니다. 당시 바벨론 왕 벨사살은 처형되었습니다. 바벨론 왕과 그의 나라가 죄악으로 영원히 폐허가 되었습니다. 이것은 하나님이 심판하신 일입니다. 고레스는 바벨론의 왕으로 메대 사람인 다리오를 세워서 통치하게 하였는데, 이 고레스가 유대인들이 예루살렘으로 돌아가 성전을 짓도록 하였습니다. 하나님의 영이 이방인 고레스 왕에게 임하여 주도적으로 이루셨습니다. 바사 왕 고레스를 통하여 본토로 돌아갈 수 있게 하신 일은 감동입니다. 이것은 전적으로 하나님이 하신 일임을 알 수 있습니다(단 5장; 스 1:1-11; 렘 25:11-12).

> 이 모든 땅이 폐허가 되어 놀랄 일이 될 것이며 이 민족들은 칠십 년 동안 바벨론의 왕을 섬기리라 여호와의 말씀이니라 칠십 년이 끝나면 내가 바벨론

의 왕과 그의 나라와 갈대아인의 땅을 그 죄악으로 말미암아 벌하여 영원히 폐허가 되게 하되 **렘 25:11-12**

유대의 남은 자들은 세 번에 걸쳐 예루살렘으로 돌아오게 됩니다. BC 536년에 스룹바벨의 인도로(성전 건축을 위해서), BC 455년에 에스라의 인도로(백성의 영적 부흥을 위해), BC 445년에 느헤미야의 인도로(예루살렘 성벽을 쌓기 위해) 돌아오게 됩니다. 세 번의 심판에 이어 세 번의 귀환으로 이어졌습니다. 이스라엘 백성이 귀환하면서 그동안 파괴되었던 도시와 성전을 다시 건설하기 시작했습니다. 우리는 이것을 부흥이라고 말합니다(에스라, 느헤미야).

세 가지 부흥

부흥에는 크게 두 가지가 균형 있게 이루어져야 합니다. 그것은 영과 육입니다. 다시 영은 성전과 말씀으로 나누어 생각할 수 있습니다. 성전이 보이는 외적인 부분이라면 말씀은 보이지 않는 내적인 부분입니다. 육은 성전을 감싸고 있는 성벽에 해당됩니다. 결국 성전과 말씀과 성벽은 우리의 영과 육을 상징합니다. 이 세 가지가 균형 있게 회복되는 것이 부흥의 성경적인 의미입니다. 예수님이 다시 오실 때 우리는 영과 육이 함께 온전하게 회복됩니다.

성전 회복: 스룹바벨

첫째, 성전 회복입니다. 귀환한 사람들이 총독이었던 스알디엘의 아들 스룹바벨을 중심으로 성전을 재건합니다. 성전 건축을 반대하고 중상모략하는 주위의 방해가 심했지만, 다시 재건하여 결국 BC 516년 2월 18일에 성전을 완공합니다. 성전을 가장 먼저 건축하는 것은 모든 삶의 중심이 성전이라는 의미입니다. 그러나 이스라엘 백성은 귀환 후에 자기 집 짓는 일을 먼저 했습니다. 아직 성전을 건축할 때가 아니라 판단한 것입니다. 그러나 그것은 하나님의 축복을 저버리는 행위였습니다. 결국 그들에게는 하늘의 복이 멈추었고 아무것도 이루지 못하는 헛된 생활을 하게 되었습니다. 그러나 하나님의 전을 먼저 건축할 때, 비로소 그쳤던 하늘의 복이 임하게 되었습니다. 참된 성전은 보이는 성전이 아닌 보이지 않는 성전입니다. 보이는 성전은 보이지 않는 성전을 새롭게 일깨워 주기 위한 모형입니다(스 3:8-13, 6:19-22; 학 1:1-11, 2:17-19).

> 선지자들 곧 선지자 학개와 잇도의 손자 스가랴가 이스라엘의 하나님의 이름으로 유다와 예루살렘에 거주하는 유다 사람들에게 예언하였더니 이에 스알디엘의 아들 스룹바벨과 요사닥의 아들 예수아가 일어나 예루살렘에 있던 하나님의 성전을 다시 건축하기 시작하매 하나님의 선지자들이 함께 있어 그들을 돕더니 **스 5:1-2**

영적 부흥: 에스라

두 번째, 말씀을 통한 영적 부흥입니다. 이것은 에스라 학사를 통해서 이루어집니다. 그는 함께 온 레위인들과 동역하며 말씀을 가르치는 일에 전념합니다. 과거에 이스라엘이 패망했던 것은 하나님의 말씀을 잊어서입니다. 에스라는 말씀을 가르치는 일에 전념합니다. 타락한 사람들의 마음을 새롭게 하는 비결은 오직 말씀을 통해서입니다. 죄는 말씀을 떠났을 때 짓게 됩니다. 사람들이 악해지는 것은 하나님의 말씀을 잊어버렸기 때문입니다. 하나님의 말씀보다 인간의 말이 우선일 때 죄악이 득세합니다. 진정한 부흥은 말씀으로 돌아오는 것입니다(스 10:1-4).

> 우리 조상들의 하나님 여호와를 송축할지로다 그가 왕의 마음에 예루살렘 여호와의 성전을 아름답게 할 뜻을 두시고 또 나로 왕과 그의 보좌관들 앞과 왕의 권세 있는 모든 방백의 앞에서 은혜를 얻게 하셨도다 내 하나님 여호와의 손이 내 위에 있으므로 내가 힘을 얻어 이스라엘 중에 우두머리들을 모아 나와 함께 올라오게 하였노라 **스 7:27-28**

성벽 재건: 느헤미야

세 번째, 무너진 성벽을 재건하는 일입니다. 이 일은 느헤미야 총독을 통해서 이루어집니다. 느헤미야 총독 당시 예루살렘 성벽이 무너져 있어서 외부의 침입에 무방비 상태였습니다.

성벽을 건축하는 것은 성전을 보호하기 위해, 또 내부에 있는 사람들과 외부에 있는 사람들을 분리하기 위하여 필요했습니다. 이방인과 자유롭게 사귀어 온 그들에게 이런 조치는 아주 중요한 일입니다. 성벽을 중수하는 데 산발랏과 도비야와 아라비아 사람들의 방해가 있었지만(느 4:1-8), 느헤미야는 방해를 이기고 52일 만에 완공하였습니다. 그리고 느헤미야는 성벽 완성 후 이곳에 에스라를 초청하여 하나님의 말씀을 새기는 말씀사경회를 엽니다. 이때 백성은 율법을 듣고 다 울었습니다. 영과 몸이 통합하여 전인적인 부흥이 일어날 때 온전한 사람이 됩니다. 이 일을 마친 후에, 이스라엘 백성은 하나님의 축복을 놀랍도록 경험합니다(느 4:1-3, 6:15-16, 8:1-12).

산발랏과 도비야와 아라비아 사람들과 암몬 사람들과 아스돗 사람들이 예루살렘 성이 중수되어 그 허물어진 틈이 메꾸어져 간다 함을 듣고 심히 분노하여 다 함께 꾀하기를 예루살렘으로 가서 치고 그 곳을 요란하게 하자 하기로 우리가 우리 하나님께 기도하며 그들로 말미암아 파수꾼을 두어 주야로 방비하는데 느 4:7-9

하나님의 율법책을 낭독하고 그 뜻을 해석하여 백성에게 그 낭독하는 것을 다 깨닫게 하니 백성이 율법의 말씀을 듣고 다 우는지라 총독 느헤미야와 제사장 겸 학사 에스라와 백성을 가르치는 레위 사람들이 모든 백성에게 이르기를 오늘은 너희 하나님 여호와의 성일이니 슬퍼하지 말며 울지 말라 하고 느 8:8-9

예언자들의 소리

성전 재건: 학개

학개의 주된 관심은 포로로 돌아온 예루살렘 주민들이 성전 재건에 열심을 내는 일입니다.

학개서의 핵심 주제는 성전 재건입니다. 성전은 하나님이 현존하시는 장소요 예배를 드리는 곳입니다. 하지만 이스라엘의 상황은 아주 좋지 않았습니다. 백성은 각자 자기 생활에 얽매여 성전을 재건할 마음이 없었습니다. 그리하여 성전 재건이 중단되었습니다. 이렇게 손을 놓은 지 19년이 되었습니다. 하나님의 복은 성전을 통하여 흘러나온다는 사실을 이스라엘 백성은 잊어 버렸습니다.

성전 건축은 단순히 건물을 세운다기보다는 하나님 중심의 삶을 사는 것을 의미합니다. 하나님이 도와주지 않는 삶은 허망할 뿐입니다. 하나님의 명령에 따라 성전을 재건하지 않고 자기 일에 더 힘쓰는 것은 헛된 일입니다. 하나님이 도와주지 않는 일은 아무리 인간이 노력해도 헛수고입니다. "너희는 너희의 행위를 살필지니라"(1:5, 7 참고, 2:15, 18)는 구절이 반복해 나오는 것을 통해서 분명히 알 수 있습니다.

하나님은 학개를 통하여 성전 재건을 촉구하는 메시지를 전합니다. 학개서는 성전의 중요성을 반복하여 강조합니다. 성전은 하나님의 현존을 느낄 수 있는 장소입니다. 그리고 거기서 이스라엘 백성은 예배를 드립니다. 이런 성전 중심의 삶은 이스라엘을 구별된 백성으로 만들어 가는 데 중요한 의미가 있습니다.

> 그러므로 이제 만군의 여호와가 이같이 말하노니 너희는 너희의 행위를 살필지니라 너희가 많이 뿌릴지라도 수확이 적으며 먹을지라도 배부르지 못하며 마실지라도 흡족하지 못하며 입어도 따뜻하지 못하며 일꾼이 삯을 받아도 그것을 구멍 뚫어진 전대에 넣음이 되느니라 **학 1:5-6**

회복 예언: 스가랴

스가랴서는 포로시대 이후에 성전 재건을 촉구하는 메시지와 함께 죽임을 당할 것이지만 승리하실 메시아에 대한 예언을 하고 있습니다. 스가랴는 학개와 동시대 사람이지만 학개보다 사역 기간이 깁니다. 스가랴서는 읽기가 조금 난해합니다. 내용이 환상들로 이루어져 있기 때문입니다. 스가랴서는 스가랴 자신이 본 8개의 환상을 기술하고 그것을 해석하는 천사가 나옵니다. 이런 환상은 성전 재건과 앞으로 오실 그리스도와 연관이 있습니다. 미래에 겸손하게 나귀를 타고 오시는 예수 그리스도의 모습을 예언하고 있습니다.

스가랴 11-13장에 나타나는 메시아의 찔리고 고난당하시는 모습은 이사야서의 '고난 받는 종' 이야기와 연결됩니다(사 52:13-53:12). 그런 이유로 신약의 저자들은 예수님의 십자가 사건을 말할 때 스가랴서를 인용합니다.

> 시온의 딸아 크게 기뻐할지어다 예루살렘의 딸아 즐거이 부를지어다 보라 네 왕이 네게 임하시나니 그는 공의로우시며 구원을 베푸시며 겸손하여서 나귀를 타시나니 나귀의 작은 것 곧 나귀 새끼니라 **슥 9:9**

반복된 타락: 말라기

아담의 죄악은 인간에게 계속 내려옵니다. 인간의 죄악된 본성을 노력으로 해결할 수 없습니다. 이것을 잘 보여주는 것이 포로 귀환 후의 이야기입니다. 이스라엘 백성은 바벨론의 포로로 70년간 생활하고 하나님의 은혜로 다시 고국에 돌아옵니다. 성전을 재건하고 다시 영적 생활을 시작하지만 포로생활을 통해서 배운 교훈도 잠시뿐이고, 죄 된 생활을 여전히 반복합니다.

구약의 마지막 선지자 말라기는 그들의 죄악상을 강하게 외칩니다. 처음부터 이스라엘에게 말씀하신 경고라고 말합니다. 당시 지도자들의 타락을 보고 그들의 얼굴에 더러운 똥을 바를 것이라고 말합니다. 제사장들의 형식적인 제사, 백성들의 죄악과 십일조 도적질 등의 죄악을 주로 말합니다. 이스라엘 백성은 많은 징계와 긴 고난을 통해서도 하나님이 주신 교훈을 깨닫지 못하고 다시 죄 된 생활로 돌아갑니다. 이것은 인간의 죄 된 속성이 어떤 것인지 잘 알려 줍니다.

인간의 힘으로는 도저히 본성적인 죄를 청산할 수 없음을 다시 한 번 느끼게 하고 구원을 위해서는 예수 그리스도가 오심이 절실함을 보여줍니다. 하나님은 이스라엘을 끝까지 포기하지 않고 메시아를 보내주셔서 치료하는 광선을 발하여 죄를 해결해 주신다는 희망의 메시지로 구약성경이 마무리됩니다(말 1:7-8, 10, 12-14, 2:10-11, 13, 17, 3:8-9, 4:5-6).

여호와께서 말라기를 통하여 이스라엘에게 말씀하신 경고라 **말 1:1**

보라 내가 너희의 자손을 꾸짖을 것이요 똥 곧 너희 절기의 희생의 똥을 너희 얼굴에 바를 것이라 너희가 그것과 함께 제하여 버림을 당하리라 **말 2:3**

내 이름을 경외하는 너희에게는 공의로운 해가 떠올라서 치료하는 광선을 비추리니 너희가 나가서 외양간에서 나온 송아지같이 뛰리라 **말 4:2**

바사(페르시아)

바사는 바벨론 제국을 멸망시키고 고대 근동 지역을 지배했습니다. 바사는 대단히 광대한 지역을 다스렸는데 이스라엘 땅이 포함된 영토를 차지했습니다. 바사가 통치한 중심 지역은 지금의 이란입니다. 바사는 BC 4세기경 서남아시아 전역을 지배했습니다. 통치 지역은 동쪽으로는 인더스 강, 서쪽은 이집트, 남쪽으로는 티그리스 강, 북쪽으로는 아르메니아 산맥과 카스피 해까지 경계였습니다. 물론 바벨론에 살던 유대인들도 바사의 통치를 받게 되었습니다.
바사인들은 바벨론 사람과 달라서 너그러웠습니다. 그들은 유일신을 숭배했고 신상을 만드는 것을 좋아하지 않아서 유대인과 닮은 데가 많았습니다. 바사의 통치자인 고레스는 유대인들을 귀환시켜 성전을 재건할 수 있도록 배려했습니다. 성경은 이것을 하나님의 전적인 은혜라고 기록하고 있습니다. 바사는 그리스의 알렉산더 왕과의 전투에서 패함으로 멸망하게 됩니다(BC 311년). 바사의 통치자 중에 성경과 관계된 이는 다음에 소개하는 네 사람입니다.

① 고레스 2세(Cyrus Ⅱ): 성경 역사에서 중요한 인물입니다. 그가 고레스 칙령을 통해 바벨론에 포로로 잡혀 갔던 모든 민족들의 본토 귀환을 지시하였기 때문입니다. 유다 백성의 본토 귀환이 이 시기에 이루어졌습니다(대하 36:22-23; 스 1:1-4; 사 44:28, 45:1; 단 10:1).

② 다리오 1세(Darius Ⅰ): 포로에서 귀환한 유다 백성이 예루살렘 성전 재건 도중 많은 훼방에 직면했을 때 고레스의 칙령을 확인하고 성전 재건을 지속할 수 있도록 허락한 왕입니다(스 4:24). 정치, 경제, 사회, 문화 등 여러 측면에서 바사의 황금기를 이루었지만 그리스와의 마라톤 전투에서 패배했습니다(BC 490년경).

③ 아하수에로(Ahasuerus): 다리오 1세의 아들인 크세르크세스 1세(Xerxes Ⅰ, BC 486-464년경)입니다. 에스라서와 에스더서에 등장합니다(스 4:6).

④ 아닥사스다 1세(Artaxerxes Ⅰ): 느헤미야가 예루살렘 성벽 재건 때 바사를 다스린 왕입니다(스 4장). 그는 예루살렘 성벽 재건 작업을 중단시켰다가 느헤미야의 탄원을 받아들여 느헤미야를 총독으로 삼아 성벽 재건에 임하도록 지시했습니다.

돋보기로 삶에 적용하기

1. 나는 성전(교회) 중심의 생활을 얼마나 하고 있습니까? 그리고 나의 몸은 얼마나 성전으로 지어져 가고 있습니까? 그것을 위해 노력하고 있는 부분을 찾아보십시오.

2. 나에게 무너진 영적 생활이 있다면 무엇입니까? 영적 생활을 새롭게 재건하는 데 방해되는 장애물은 어떤 것들이 있습니까?

"쉽게 설명할 수 없다면 제대로 이해한 것이 아니다"
알버트 아인슈타인

26
역사의 교훈과 삶의 적용 : 지혜서

망원경으로 전체 조망하기

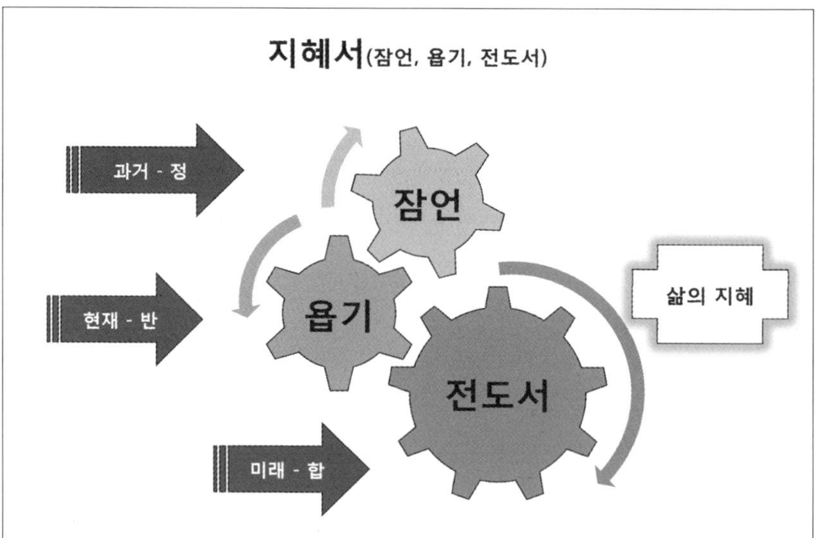

삶의 적용서인 성문서(시가서, 지혜서)의 가치

우리가 읽는 개역성경은 성경 배열 순서가 히브리어 성경과 다릅니다. 특히 성문서(시가서, 지혜서)는 차이가 많이 납니다. 히브리어 성경에는 마지막 부분에 위치해 있지만 개역성경은 에스더서 다음에 위치해 있습니다. 그리고 예언서가 마지막으로 배열되었습니다.

우리가 보는 성경처럼 성문서를 중간에 넣어도 큰 상관은 없지만, 구약성경을 마치면서 읽는 것이 내용 구성상 바람직합니다. 그 이유는 성경을 읽고 공부하는 목적이 적용하기 위함이기 때문입니다. 구약성경은 토라(모세오경)를 원리로 해서 이스라엘 역사를 평가하고 해석하는 구조로 쓰였습니다. 그리고 예언서는 혼란한 분열왕국 시대에 토라에 근거한 바른 역사 해석을 하나님의 마음을 갖고 선포한 것입니다.

역사서는 이스라엘 왕정 시대 왕들이 토라에 얼마나 충실하며 살았는지를 하나님의 관점에서 평가하는 것입니다. 그중에서 다윗은 하나님의 말씀을 따랐던 충실한 왕에 속합니다. 반면에 다른 왕들은 말씀을 떠나 결국은 패망하게 되었습니다. 선지서는 잘못된 길을 가는 이들을 향해 회개를 촉구하고 하나님을 신뢰하라고 선포했습니다. 선지서는 당시의 역사를 하나님의 시각으로 어떻게 보았는지 알 수 있는 기준이 됩니다. 반면에 성문서는 이런 불행한 역사를 겪으면서 얻은 인생의 지혜와 교훈과 고백을 기록한 것입니다. 이스라엘 역사에 대한 믿음의 사람들의 반응을 기록한 것으로 오늘날 우리에게도 적용하기 좋은 모델을 제공합니다. 성문서의 핵심은 하나님의 말씀을 사랑하고 하나님을 경외하는 삶이 인생의 최고의 지혜임을 강조합니다.

지혜서

지혜서는 잠언-욥기-전도서를 말합니다. 지혜서는 하나님의 지혜를 찾는 책을 말합니다. 지혜서의 핵심구절은 "여호와를 경외하는 것이 지혜의 근본"(잠 9:10)이라는 것입니다. 인생을 사는 데 가장 필요한 것은 무엇입니까? 지혜입니다. 이것이 지혜서를 읽는 이유입니다. 지혜를 얻으려면 크게 두 가지가 전제되어야 합니다. 지혜서인 잠언, 욥기, 전도서는 이것을 계속 반복하고 있습니다.

1) 인간의 지혜의 한계를 인정하라(전 8:17; 잠 21:30, 26:12).
2) 지혜는 하나님에게서 온다(욥 28:24; 잠 9:10).

하나님을 경외한다는 말은 하나님을 아는 지식에 머무는 것이 아니라 말씀에 순종한다는 의미입니다. 이것은 마태복음 5-7장에 나오는 산상수훈의 결론이기도 합니다.

잠언-욥기-전도서의 관계

우리는 그동안 잠언과 욥기와 전도서를 분리하여 생각하곤 했습니다. 하지만 잠언과 욥기와 전도서는 서로 긴밀하게 연결된 책입니다. 세 책은 지혜를 얻는 데 필요한 내용을 제공하며 과거와 현재와 미래에 일어나는 문제를 제기합니다. 이것은 지식으로는 알기 어렵고 오직 지혜로만 가능합니다. 어떻게 지혜를 사용하며 적용할 수 있는지 그 실례들을 잠언과 욥기와 전도서를 통해 알려 주고 있습니다.

잠언: 과거

잠언은 지식을 추구하는 책입니다. 현실을 이해하는 많은 지식을 통해 숨어 있는 삶의 원리를 배웁니다. 잠언은 일차적으로 자연과 인간에 대한 충분한 지식을 배우는 것을 목표로 합니다. 겉으로 드러난 세상 지식들에는 결국 숨어 있는 영적 원리가 있습니다. 하나님의 영광은 본질적으로 감추어져 있습니다(잠 25:2). 잠언은 이런 내용들을 알려줌으로써 삶의 지혜로 안내합니다. 과거를 통해 이미 만들어진 사물을 통해 지혜를 찾는 방법을 택하고 있습니다.

욥기: 현재

욥기는 지식보다는 인생의 의문점을 풀어가는 것을 목표로 합니다. 하나님의 임재를 경험하는 데 목적이 있습니다. 세상을 살아가는 데 있어서 풀 수 없는 고난과 문제들이 많습니다. 그것을 하나님과의 지속적인 만남을 통해 해결합니다. 숨어 계시는 하나님을 찾아가는 과정입니다. 주로 인간에게 닥친 문제들을 해결하는 것을 목표로 삼고 질문을 통하여 하나님의 뜻을 알아가는 것입니다.

전도서: 미래

전도서는 인간의 삶의 의미를 탐구하는 데 목표가 있습니다. 욥기는 하나님과 질문과 대화를 하며 문제를 풀어가지만 전도서는 대화를 추구하지 않습니다. 미래에 닥치는 알 수 없는 유한한 인생을 발견합니다. 전도서는 인생의 이런 문제를 제기하면서 결국은 인생의 의미를 찾는 데 실패하고 헛된 인생을 발견합니다. 미래에 관한 내용이 주를 이루고 있습니다.

잠언을 읽는 지침

잠언: 과거의 삶

- 인생을 사는 것은 많은 문제와 직면하고 그것을 매일 풀어가야 하는 과정입니다.
- 순수한 기쁨은 천국에서만 누릴 수 있고 죄인된 인간은 이 땅에서 고난을 피할 수 없습니다.
- 세상에서 만나는 수많은 문제들을 이길 수 있는 방법을 찾기 위해서 읽습니다. 그것을 안내해 주는 지혜를 제공하는 것이 잠언입니다.

잠언, 이렇게 읽으라

1. 잠언은 '비교하다, 비슷하다, 지배하다, 격언'의 의미를 지니고 있습니다. 이스라엘의 지혜자들은 하나님이 만드신 우주 안에는 근본적인 질서가 감추어져 있다고 보고 그것을 찾아 인간과 자연에게 적용했습니다. 잠언은 우주를 지배하는 원리와 인생을 이끌어가는 원리가 있다는 전제를 가지고 지식을 탐구합니다. 지식은 탐구하는 수단이지 목표가 아님을 잠언은 알려 주고 있습니다.

2. 잠언의 특징은 간결성입니다. 이것은 오랜 관찰을 통해서 이루어진 것입니다. 이것이 격언으로 표현되었습니다. 일종의 진리를 담은 압축화일과 같은 것으로 볼 수 있습니다. 잠언은 추상적인 진리를 현실 속에서 구체화하는 것입니다.

3. 잠언은 거의 두 문장으로 구성되었습니다(참고, 잠 16:18). 그런 이유로 기억하기가 좋습니다. 잠언을 기술하는 시적인 특징은 평행법입니다. 평행법은 세 가지로 나눕니다. 반의적 평행법, 동의적 평행법, 점진적 평행법입니다. 이것을 알면 잠언을 읽는 데 도움이 됩니다.

4. 세상 지혜는 경험과 세상 만물 속에 감추어진 규칙을 찾아 적용하는 것입니다. 하지만 하나님의 지혜는 하나님에게서 오기에 차원이 더 깊고 원초적입니다. 내가 지혜를 찾는 것이 아니라 지혜가 나를 찾을 때 지혜로운 사람이 됩니다. 이런 점에서 여호와를 경외하는 것이 지혜의 근본입니다. 하나님을 사랑하는 사람에게 하나님은 지혜를 주십니다.

지혜는 생명나무와 같습니다(잠 3:18). 또 지혜가 길 가에서 부른다(잠 8:1-3)고 표현함으로써 누구나 어렵지 않게 지혜를 찾을 수 있음을 강조합니다. 하지만 지혜의 주체는 내가 아닌 하나님이십니다. 우리가 지혜를 얻으려고 노력하지만 우리 힘으로 지혜를 얻을 수 없고 지혜가 나에게 다가올 때 가능합니다.

5. 잠언의 내용 구조는 크게 두 가지로 구성되었습니다. ① 여호와를 경외하는 지혜서(1-9장) ② 일반 잠언서(10-31장). 그렇기에 1-9장의 기초 속에서 10-31장을 읽어야 제대로 읽을 수 있습니다. 이런 구조적인 문제

를 이해하지 못하면 잠언 후반부를 읽을 때 세상적인 것으로 오해할 수 있습니다.

> 여호와를 경외하는 것이 지식의 근본이거늘 미련한 자는 지혜와 훈계를 멸시하느니라 **잠 1:7**
>
> 교만은 패망의 선봉이요 거만한 마음은 넘어짐의 앞잡이니라 **잠 16:18**
>
> 고운 것도 거짓되고 아름다운 것도 헛되나 오직 여호와를 경외하는 여자는 칭찬을 받을 것이라 **잠 31:30**

삶을 지혜롭게 하는 인생 사용 설명서

잠언은 삶의 지혜를 알려 주는 책입니다. 잠언 1-12장은 인생에서 만나는 문제를 분별할 수 있는 지혜의 창고입니다. 선과 악을 두 가지로 비교하는 방식으로 지혜를 제시하고 있습니다. 잠언은 의인과 악인의 삶의 방식을 알려줍니다. 인생은 늘 선택 속에서 갈등합니다. 잘못된 선택은 큰 대가를 치르게 합니다. 잠언은 지혜로운 선택을 할 수 있는 길을 제공합니다. 다음은 잠언 10장을 풀어서 두 가지로 정리한 것입니다. 다른 잠언도 이와 같은 방식으로 내용을 정리할 수 있습니다.

주제	지혜로운 자 (의인)	성경	어리석은 자 (악인)
자녀	아버지를 기쁘게 한다.	10:1	어머니를 근심하게 한다.
재물	공의는 사람을 구한다.	10:2	부정하게 모은 재물은 쓸모없다.
생명	주리지 않게 한다.	10:3	밥그릇을 깨버린다.
근면	부지런하여 부유하다.	10:4	게을러 가난하게 된다.
	가을에 추수한다.	10:5	가을에 잠을 잔다.
축복	머리에 복이 임한다.	10:6	입에 독을 머금는다.
칭찬	기억된다.	10:7	사라진다.
입	명령을 받아들인다.	10:8	입을 놀리다 망한다.
흠	흠없이 살면서 평안하다.	10:9	그릇되게 살다가 들통난다.
입		10:10	눈을 흘기고 입을 놀린다.
입	생명의 샘	10:11	독을 머금는다.
	사랑은 허물을 덮는다.	10:12	미움은 다툼을 일으킨다.
	입술에 지혜가 있다.	10:13	등에는 매가 떨어진다.
	지식을 간직한다.	10:14	입으로 멸망을 재촉한다.
재물	부자의 재산은 견고한 성이다.	10:15	빈곤은 망하게 한다.
상급	수고로 생명을 받는다.	10:16	소득으로 죄를 받는다.
훈계	훈계를 지켜 생명에 이른다.	10:17	책망을 저버려 잘못된 길로 간다.
거짓말		10:18	마음을 감추고 거짓말한다.
			남을 중상한다.
입	입을 조심한다.	10:19	말이 많아 허물이 생긴다.
	순수한 은과 같다.	10:20	아무 가치가 없다.
	입술로 많은 사람을 살린다.	10:21	생각 없이 살다가 죽는다.
부자	근심과 부를 함께 주지 않는다.	10:22	
	주님이 복을 주어야 부자가 된다.	10:22	
지혜	지혜를 좋아한다.	10:23	악한 일을 좋아한다.
선행	착하게 살면 바라던 것을 얻는다.	10:24	나쁜 일을 하면 꺼리던 일이 닥친다.
회오리 바람이 지나갈 때	영원하다.	10:25	사라진다.
게으른 사람		10:26	이에서 신물, 눈에서 연기가 난다.

수명	장수한다.	10:27	수명이 짧아진다.
희망	희망을 거둔다.	10:28	희망이 사라진다.
말씀	힘이 된다.	10:29	멸망이 된다.
보장	영원히 흔들리지 않는다.	10:30	땅에서 사라진다.
입	슬기가 된다.	10:31	거짓말 혀로 결국 잘린다.
입술	남을 기쁘게 한다.	10:32	거짓을 말한다.

욥기를 읽는 지침

욥기: 현재의 삶

욥기는 지혜서입니다. 이것은 잠언을 기초로 이어져 있고, 잠언의 또 다른 해석학적 관점을 말해 주고 있습니다. 지혜서인 잠언, 욥기, 전도서는 모두 '여호와를 경외'를 뿌리로 두고 진행됩니다. 욥기서 역시 '여호와를 경외하는 신앙'이 핵심적인 요소로 구성되어 있습니다(1:1, 8, 21, 2:10, 42:10). 하나님을 진정으로 경외하는 욥의 모습은 우리에게 도전을 줍니다. 욥은 하나님을 믿으면 축복도 받지만, 또 하나님이 주신다면 저주도 감사하게 받아야 한다고 말합니다. 축복이냐 저주냐가 중요한 것이 아니라 그 안에 담긴 하나님의 뜻이 더 중요하기 때문입니다.

잠언이 인생의 성공과 행복에 대한 실용적 지침이고, 전도서가 인생의 고통과 의미를 사색하는 책이라면, 욥기는 사색(경건한 자의 부르짖음과 탄식, 기도)을 대화체로 기록한 책입니다. 특히 인생의 다큐멘터리를 보여주는 것처럼 전체가 구성되었습니다(하나님과 만남-축복-고통-깨달음-은혜). 그리고 욥기는 "의인이 과연 고난을 당하는가?" 하는 인생의 난해한 문제를 다룹니다. 이것에 대한 답을 욥의 세 친구와 하나님과의 대화를 통해서 찾아갑니다.

욥기, 이렇게 읽으라

1. 욥기는 문제에 대한 토론(대화)이 주를 이루고 문제를 찾아가는 해결 과정을 보여 줍니다. 전체가 대화체로 구성되어 있습니다. 욥의 세 친구가 반복적으로 교차해서 등장합니다. 그리고 질문에 대해서 욥이 대답을 하는 방식입니다. 이런 과정을 통해서 해답을 찾아가는 구조로 욥기가 구성되었습니다.

2. 욥기는 "누가 지혜로운가?"에 대한 질문을 계속하고 있습니다. 그것에 대한 답은 하나님만이 참 지혜자이시며 하나님이 지혜의 근원임을 보여줍니다.

3. 욥기는 "의인이 과연 고난을 당하는가?"에 대한 주제를 찾아가고 있습니다. 잠언처럼 인과응보의 틀로만 볼 수 없습니다. 고난의 문제를 풀지 않으면 인생을 해결하기 어렵습니다. 이것은 지금 우리에게도 동일하게 해당되는 이야기입니다. 욥기는 고난이 주는 의미를 추적합니다. 고난은 우리의 신앙과 하나님을 아는 지식을 깊이 있게 합니다. 우리는 고난을 하나님을 만나는 기회로 삼아야 합니다. 극심한 고난은 귀로만 들었던 하나님을 이제는 눈으로 뵙는 축복의 기회가 됩니다.

이르되 내가 모태에서 알몸으로 나왔사온즉 또한 알몸이 그리로 돌아가올지라 주신 이도 여호와시요 거두신 이도 여호와시오니 여호와의 이름이 찬송을 받으실지니이다 하고 이 모든 일에 욥이 범죄하지 아니하고 하나님을

향하여 원망하지 아니하니라 욥 1:21-22

그가 이르되 그대의 말이 한 어리석은 여자의 말 같도다 우리가 하나님께 복을 받았은즉 화도 받지 아니하겠느냐 하고 이 모든 일에 욥이 입술로 범죄하지 아니하니라 욥 2:10

욥이 여호와께 대답하여 이르되 주께서는 못 하실 일이 없사오며 무슨 계획이든지 못 이루실 것이 없는 줄 아오니 무지한 말로 이치를 가리는 자가 누구니이까 나는 깨닫지도 못한 일을 말하였고 스스로 알 수도 없고 헤아리기도 어려운 일을 말하였나이다 내가 말하겠사오니 주는 들으시고 내가 주께 묻겠사오니 주여 내게 알게 하옵소서 내가 주께 대하여 귀로 듣기만 하였사오나 이제는 눈으로 주를 뵈옵나이다 욥 42:1-5

전도서를 읽기 위한 지침

전도서: 미래의 삶

전도서는 네 편의 설교집으로 구성되었습니다. 전도서는 너무나 솔직하게 인생의 의미를 본질적으로 그려냅니다. 그래서 신앙인의 관점에서 보면 다소 충격적일 수 있습니다. 전도서는 해 아래 경험할 수 있는 세상 모든 것을 다 열거한 후에, 인생의 진정한 의미가 무엇인지 발견하게 된다는 결론에 이릅니다. 전도자는 인간의 지식을 신뢰하고 있지 않습니다. 어느 것도 증명되지 못하며 인간의 노력은 절망적이라고 봅니다. 그렇다면 인생은 어떤 의미가 있는가 하는 질문을 하게 만드는 책입니다(전 1:13-14).

전도서, 이렇게 읽으라

1. 문제점을 가지고 전도서를 읽으면 도움이 됩니다. 전도자는 하나님을 상실한 인간이 가지는 다섯 가지 문제점을 제시합니다.

1) 죽음은 모든 것을 없앤다.
2) 지혜는 그 목표를 이루지 못한다.
3) 하나님은 알 수 없는 분이다.
4) 세상은 구부러져 있다.
5) 쾌락은 사람들의 마음을 끈다.

이것에 대한 해답은 하나님을 찾고 경외하는 데 있습니다.

2. 전도서의 핵심주제를 알고 읽으면 쉽게 이해됩니다. 핵심구절은 "헛되고 헛되며 헛되고 헛되니 모든 것이 헛되다"(1:2, 12:8)입니다. 예를 들면 수고, 지혜, 의, 부, 권세, 낙, 평생, 장래일, 죽음 등입니다. 인간이 풀 수 없는 수수께끼와 같은 세상의 부조리 속에서 영원하고 본질적인 것이 무엇인지 그 의미를 찾는 것이 전도서의 관심입니다. 인간은 하나님의 일을 능히 알아 낼 수 없습니다. 이것을 알고 겸손히 받아들이는 것이 참 지혜입니다. 자신이 부족하다는 것을 알지 못하면 인간은 참 지혜에 이르지 못합니다.

3. 전도서는 인간의 죽음의 문제를 다룹니다. 세상 모든 것은 죽음 앞에서 헛되고 헛될 뿐입니다. 하나님 없는 이 세상의 모든 삶은 헛됩니다. 그렇기에 세상에서 진정한 지혜를 찾아야 하는데 그것이 하나님을 경외

하는 삶입니다(전 12:13-14).

전도서는 세상 속에서 절대적인 절망을 경험하면서 절대적인 희망으로 나아감을 이야기합니다. '하나님을 경외하는 것이 참 지혜'라는 내용은 잠언, 욥기에 이어서 전도서에도 동일하게 나옵니다.

4. 전도자가 가장 두려워하는 죽음을 정복한 분은 예수님이십니다. 세상의 의미 없는 것을 의미 있게 만드신 분이 예수님이십니다. 전도서는 예수님께 더욱 가깝게 가게 하는 책입니다. 예수님이 있으면 사망은 끝이 아닌 새로운 시작이 됩니다.

하나님 없는 삶은 허무합니다. 오직 예수 안에서만이 그 허무를 의미로 바꿀 수 있습니다(참고, 갈 3:13).

> 전도자가 이르되 헛되고 헛되며 헛되고 헛되니 모든 것이 헛되도다 전 1:2
>
> 또 내가 하나님의 모든 행사를 살펴 보니 해 아래에서 행해지는 일을 사람이 능히 알아낼 수 없도다 사람이 아무리 애써 알아보려고 할지라도 능히 알지 못하나니 비록 지혜자가 아노라 할지라도 능히 알아내지 못하리로다 전 8:17
>
> 일의 결국을 다 들었으니 하나님을 경외하고 그의 명령들을 지킬지어다 이것이 모든 사람의 본분이니라 전 12:13

돋보기로 삶에 적용하기

1. 인생을 잘살기 위해서는 하나님이 정하신 법칙에 따라야 합니다. 하나님이 만드신 모든 것은 하나님이 정하신 법을 벗어나면 멸망합니다. 그럼에도 사람들이 하나님의 법을 싫어하는 이유는 어디에 있다고 생각합니까?

2. 하나님이 주신 지혜를 얻기 위해서 나는 어떻게 해야 합니까? 잠언과 욥기와 전도서를 연결하여 정리해 보십시오.

"쉽게 설명할 수 없다면 제대로 이해한 것이 아니다"
알버트 아인슈타인

27
역사의 교훈과 삶의 적용
: 시가서

망원경으로 전체 조망하기

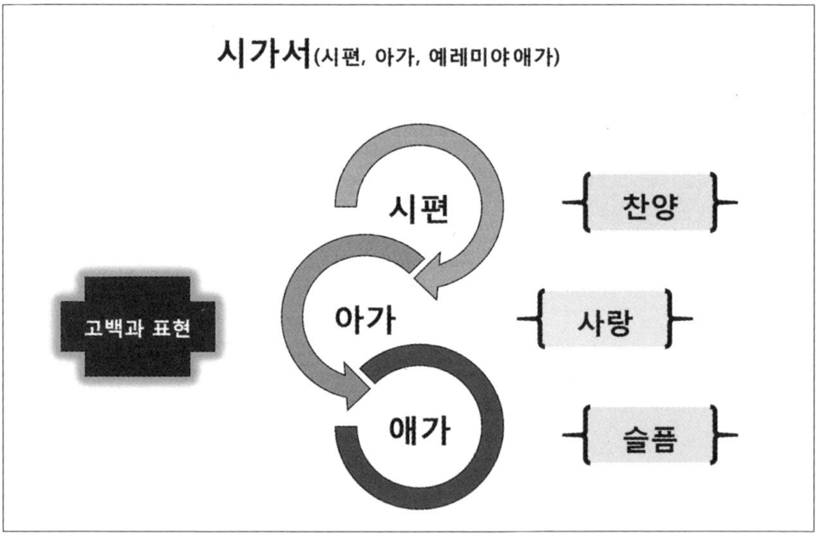

시가서

삶의 적용을 위한 책

시가서는 시편, 아가, 애가를 말합니다. 시가서는 지혜서와 마찬가지로 삶의 적용에 대한 내용입니다. 실제적인 적용에 초점을 두고 기록되었습니다. 역사나 교리적인 내용으로 접근하기보다는 실제적인 현장에서 이루어지는 신앙고백이며 시와 노래와 찬양입니다. 이런 점에서 시편은 주로 예배 때 사용되었습니다.

시를 중심으로 기록된 책

시가서는 시를 중심으로 구성되었습니다. 시는 압축된 이야기입니다. 교리나 지식을 전달하기보다는 이야기로 읽어야 합니다. 시는 상징과 은유와 비유로 이야기를 압축한 것이라 보면 됩니다.

은유는(메타포) "건너편(메타)으로 운반(페레인)하다"로 서로 다른 두 사물을 말을 통해 운반하여 결합시켜 전혀 새로운 것을 창조하는 것입니다. 비유는 은유를 확대한 것입니다. 비유나 은유를 사용하면 귀로 듣는 것이 눈과 마음으로 보게 되며 진리를 알게 됩니다. 시로 구성된 시가서는 비유와 은유가 가득 차 있습니다. 시는 마음으로 상상하며 읽어야 합니다. 마음이 청결하면 상상이 잘됩니다. 은유나 비유는 하늘과 땅과 사람을 연결해 주며 본래의 인간을 발견하게 합니다. 시는 머리와 가슴을 연결하여 행동하는 역할을 합니다.

왜 시로 표현해야 하는가?

설교나 연설 그리고 변론은 너무 강하고 직설적입니다. 당장 결단하고 받아들일 것 같지만 오히려 방어벽을 세웁니다. 긴박성이 커질수록 사람의 마음은 닫히게 됩니다. 하지만 비유나 은유는 긴박성이나 부담 없이 진실과 사실로 받아들이게 해서 쉽게 공감할 수 있게 합니다. 본질적인 면을 파고들어가 생명을 불어 일으킵니다. 이런 점에서 선지자들(예수님)이 주로 시(은유나 비유)를 사용했습니다.

시편: 찬양의 시

시편은 이스라엘의 예배를 위한 것이 대부분입니다(찬양집. "여호와의 산에 오를 자가 누구이니까?"(시 24편), 시 5:7, 시 66:13-15). 공적인 예배를 위하여 만들어진 것이기에 역사적인 면에서 구체성을 띄지 않습니다. 회중이 하나님께 드리는 찬양입니다. 성경은 하나님이 우리에게 말씀하십니다. 이것을 말씀이라고 합니다. 시편은 우리가 하나님에 대해서 말합니다. 이것을 기도라고 말합니다. 시편은 하나님과 관계를 맺는 방법을 구체적으로 제시합니다. 이런 점에서 시편은 기도 교과서입니다. 기도와 찬양을 배울 때 시편처럼 좋은 지침서는 없습니다.

시편을 읽는 지침

시편의 세 가지 장르(150개의 시)

1) 기쁨: 찬양시(왕이심을 찬양-29, 47, 93, 95, 96편, 대찬양-146-150편)
2) 슬픔: 애가(참회)(원수-고난, 아픔, 상실 등)
3) 감사시: 찬양과 비슷하지만 감사가 더 구체적으로 나타납니다(예, 시 18편).

기타 장르

1) 확신시: 하나님은 나의 피난처임을 확신합니다(시 23, 27, 91편).
2) 회상시: 과거에 대한 기억으로(하나님이 행하신 일을 기억한다) 현재의 구원의 근거가 됩니다(시 78, 105, 106, 135, 136편).
3) 지혜시: 시편 1, 45, 73편
4) 제왕시: 하나님을 왕으로 표현합니다(이스라엘과 우주의 왕으로 선포).

시편의 중요한 주제들

1) 언약: 관계적 신앙(목자, 용사, 아버지, 어머니, 왕, 남편).
   기쁨과 슬픔의 기도를 통해서 하나님과 친밀한 관계를 맺습니다.
2) 시온 산: 예루살렘 성을 강조합니다. 축복은 시온으로부터 오기 때문입니다(시 48편).
3) 역사: 역사 속에서 언약을 맺으십니다(시 77편).
4) 율법: 율법은 관계 속에서 주어집니다. 율법을 사랑하고 지키라는 내용이 강조됩니다. 율법을 사랑하고 지키는 자가 복을 받는 사람입니다(시 1, 19, 119편).

5) 왕권: 언약을 맺으시는 왕과 백성과 만왕으로 오신 주님을 찬양합니다.

6) 전쟁: 전투적인 용어들이 많이 나옵니다(거룩한 전쟁, 시 7, 98편).

7) 신약: 시편은 예수님의 책입니다(예수님은 성취 사건으로 시편을 많이 인용하십니다). 시편은 예수님의 기도서(히 2:12)입니다. 신약성경에서 인용한 구약의 3분 1이 시편입니다(시 2:7, 110:1, 4, 118:22-23).

8) 찬양: 시편은 하나님을 찬양하는 책입니다. 인간의 창조 목적은 위대하신 하나님을 모든 악기를 동원하여 찬양하는 데 있습니다.

복 있는 사람은 악인들의 꾀를 따르지 아니하며 죄인들의 길에 서지 아니하며 오만한 자들의 자리에 앉지 아니하고 오직 여호와의 율법을 즐거워하여 그의 율법을 주야로 묵상하는도다 그는 시냇가에 심은 나무가 철을 따라 열매를 맺으며 그 잎사귀가 마르지 아니함 같으니 그가 하는 모든 일이 다 형통하리로다 악인들은 그렇지 아니함이여 오직 바람에 나는 겨와 같도다 그러므로 악인들은 심판을 견디지 못하며 죄인들이 의인들의 모임에 들지 못하리로다 무릇 의인들의 길은 여호와께서 인정하시나 악인들의 길은 망하리로다 **시 1편**

할렐루야 그의 성소에서 하나님을 찬양하며 그의 권능의 궁창에서 그를 찬양할지어다 그의 능하신 행동을 찬양하며 그의 지극히 위대하심을 따라 찬양할지어다 나팔 소리로 찬양하며 비파와 수금으로 찬양할지어다 소고 치며 춤 추어 찬양하며 현악과 통소로 찬양할지어다 큰 소리 나는 제금으로 찬양하며 높은 소리 나는 제금으로 찬양할지어다 호흡이 있는 자마다 여호와를 찬양할지어다 할렐루야 **시 150편**

아가: 사랑의 시

아가서는 히브리 성경의 성문서에 속하는 책입니다. 잠언-룻기-아가-전도서-애가-에스더로 이어지는 순서에 속해 있습니다. 아가서가 룻기 다음에 나오는 것은 보아스와 룻의 이상적인 남녀 간의 사랑의 실체를 보여주는 책이기 때문입니다. 또한 기독교 정경의 순서에서는 잠언-전도서-아가로 이어지고 있습니다. 이것은 솔로몬의 지혜서에 해당되는 것으로 지혜의 틀 속에서 해석될 수 있습니다.

아가서는 남녀 사랑에 대한 이야기입니다. 하지만 하나님과 인간의 친밀한 사랑을 비유적으로 그리고 있다고 볼 수 있습니다. 하나님과 인간을 사랑하는 실제적인 방법을 제시하고 있습니다. 하나님과 인간을 자랑하고 칭찬하는 모습들을 배울 수 있습니다.

아가서를 읽는 지침

아가서의 구조

아가서는 남녀 사랑의 시적 대화라고 할 수 있습니다. 전체 내용이 대화적 구조를 지니고 있습니다. 그들 대화 사이에 여자친구들의 목소리가 등장합니다. 여자와 남자와 친구들이 등장인물인데, 이 목소리들을 염두에 두고 아가서를 읽으면 도움이 됩니다.

아가서, 이렇게 읽으라

아가는 독특한 책입니다. 하나님에 대한 언급이 전혀 없으면서 하나님을 이야기하고 있습니다. 아가서는 인간의 성과 사랑을 하나님을 경외하는 지혜의 안목에서 바라보고 읽으면 좋습니다. 남자와 여자의 사랑을 하나님의 선물로 이해하면서 성에 대한 올바른 이해를 가질 수 있습니다. 이는 하나님 앞에서 더욱 지혜로워지는 것을 의미합니다.

인간의 사랑이 이기적인 사랑으로 변질될 때 어리석은 방향으로 갈 수 있습니다. 타락된 성과 사랑을 그리스도 안에서 새롭게 구속함을 입는 창조적 구속사역으로 나가야 합니다. 성(性)을 인간이 누려야 할 축복과 선물로 이해하면서 그리스도인의 건강한 사랑 안내 지침서로 이해할 수 있습니다.

> 우리를 위하여 여우 곧 포도원을 허는 작은 여우를 잡으라 우리의 포도원에 꽃이 피었음이라 내 사랑하는 자는 내게 속하였고 나는 그에게 속하였도다 그가 백합화 가운데에서 양 떼를 먹이는구나 아 2:15-16
>
> 내 사랑 너는 어여쁘고도 어여쁘다 너울 속에 있는 네 눈이 비둘기 같고 네 머리털은 길르앗 산 기슭에 누운 염소 떼 같구나 네 이는 목욕장에서 나오는 털 깎인 암양 곧 새끼 없는 것은 하나도 없이 각각 쌍태를 낳은 양 같구나 아 4:1-2

예레미야애가: 슬픔의 시

예레미야애가는 예루살렘 멸망을 슬퍼하는 애가시 5편이 들어 있는 책입니다. 애가는 목소리 셋을 이해하면서 읽어야 합니다. 저자와 의인(시온, 예루살렘)과 시온의 사람들입니다. 애가는 이스라엘의 패망의 모습을 그림 언어로 생생하게 그리고 있습니다. 이것은 후대가 예루살렘 멸망에 대한 사실을 분명히 인식하고 두 번 다시 이런 일이 일어나지 않도록 해야 함을 강조합니다.

우리는 애가를 통해 하나님의 신실하신 성품을 배울 수 있습니다. 심판 속에 담긴 하나님의 자비와 사랑을 발견하게 됩니다. 선택받은 이스라엘 백성을 끝까지 버리지 않는 하나님의 성실하심을 애가를 통해서 느낄 수 있습니다. 아울러 하나님의 말씀을 떠난 결과가 얼마나 비참하고 슬픈 일인지 깨달을 수 있습니다.

예레미야애가를 읽는 지침

예레미야애가의 구조

첫 번째 애가: 파멸을 탄식하는 노래(1:1-22)
두 번째 애가: 탄식과 호소(2:1-22)
세 번째 애가: 절망, 소망, 저주(3:1-66)
네 번째 애가: 황폐한 예루살렘 성의 모습(4:1-22)
다섯 번째 애가: 시온에 남은 자들의 애곡(5:1-22)

> 슬프다 이 성이여 전에는 사람들이 많더니 이제는 어찌 그리 적막하게 앉았는고 전에는 열국 중에 크던 자가 이제는 과부 같이 되었고 전에는 열방 중에 공주였던 자가 이제는 강제 노동을 하는 자가 되었도다 밤에는 슬피 우니 눈물이 뺨에 흐름이여 사랑하던 자들 중에 그에게 위로하는 자가 없고 친구들도 다 배반하여 원수들이 되었도다 애 1:1-2

이것들이 아침마다 새로우니 주의 성실하심이 크시도소이다 내 심령에 이르기를 여호와는 나의 기업이시니 그러므로 내가 그를 바라리라 하도다 기다리는 자들에게나 구하는 영혼들에게 여호와는 선하시도다 사람이 여호와의 구원을 바라고 잠잠히 기다림이 좋도다 **애 3:23-26**

돋보기로 삶에 적용하기

1. 시편은 믿음의 사람들이 고백하는 기도와 찬양입니다. 나는 하나님과 어떤 방법으로 친밀함을 누리고 있는지, 어떤 방법으로 하나님께 사랑을 표현할 수 있는지 시편을 통해서 정리해 보십시오. 아울러 우리 믿음이 삶의 고백과 찬양과 감사로 잘 표현되지 않는 이유는 무엇이라고 봅니까?

2. 아가서는 사랑의 시입니다. 예레미야애가는 슬픔의 시입니다. 사랑과 기쁨 그리고 슬픔과 탄식은 인생의 두 가지 면을 알려 줍니다. 기쁨과 슬픔과 사랑과 탄식을 신앙적으로 바람직하게 적용하는 법을 말해 보십시오.

"쉽게 설명할 수 없다면 제대로 이해한 것이 아니다"
알버트 아인슈타인

| 에필로그 |

구약성경을 정리하면서, 신약성경을 고대하면서

구약성경은 한 사람 아브라함을 선택하신 하나님이 구원 역사를 이루기 위해 어떻게 이스라엘을 민족으로 번성케 했는지, 또 이스라엘은 왜 패망했는지를 생생하게 그리고 있다. 한 사람에게서 시작된 믿음의 씨가 찬란하게 성장하는 듯하다가 어떻게 파멸하게 되었는지 2000년의 과정을 드라마틱하게 보여주고 있다. 한번 잡으면 눈을 뗄 수 없는 하나님의 대하드라마인 구약성경은 읽는 것 자체가 큰 축복이다. 구약성경의 내러티브는 어느 책과 비교할 수 없는 내용과 구성력을 갖추고 있다. 모순과 긴박성과 갈등과 절정과 반전 등의 성경 역사 이야기는 읽으면 읽을수록 성경 속으로 빠져들게 하는 신비감이 있다. 성경을 몇 번 손에 잡았다가 중간에 포기한 경험이 많은 사람들에게 이 책은 성경을 단숨에 읽을 수 있게 해주는 좋은 도구가 될 것이다.

구약성경을 통하여 우리는 왜 인생에 변화가 없는지 중요한 사실을 알게 된다. 그것은 인간의 고집스러운 죄악의 모습 때문이다. 구약성경을 읽으면 읽을수록 가슴에 와닿는 반복적인 메시지는 '인간은 죄인'이라는 사실이다. 하나님이 부르면 부를수록 오히려 하나님을 떠나는 인간의 죄악된 모습을 이스라엘 백성을 통해 분명하게 보여주고 있다. 자기 힘으로 이룬 나라가 아님에도 마치 자기 힘으로 이룬 것처럼 착각하고 힘과 부귀를 하나님을 거역하는 데 사용하는 이스라엘의 모습은 지금 우리 모습을 그대로 재현하고 있다.

인간은 근본적으로 타락한 존재임을 구약성경은 쉬지 않고 말하고 있다. 아담 이후로 인간의 죄가 너무 심해 하나님이 눈뜨고 볼 수 없는 지경이 되었다. 구약성경에 반복적으로 나오는 "하나님께 돌아오라"는 회개의 외침에서 우리는 하나님의 한없는 사랑을 느낀다. 하나님은 끊임없이 회개의 기회를 주시고, 다시 새롭게 시작하게 하시지만 인간은 얼마 가지 못해 교만을 드러낸다. 이스라엘의 역사는 우리에게 너무나 분명한 메시지를 전하고 있다.

"모든 인간은 죄인이다. 의인은 없나니 하나도 없다."

구약성경은 쉬지 않고 반복하여 죄를 범하고 하나님을 배신하는 이스라엘 백성을 그리고 있다. 그러면서도 오랫동안 포기하지 않고 지속적으로 신실한 사랑(헤세드)을 베푸시는 하나님의 마음을 동시에 말하고 있다. 세상에 이런 사랑이 있을까? 아무리 생각해도 자격없는 죄인을 한없이 사랑하시는 하나님의 사랑에 감격하지 않을 수 없다. 때로는 당신이 매를 대시고 징계를 하시면서 한편으로는 눈물을 흘리며 안타까워하시는 하나님의 사랑을 구약성경 전체를 읽다 보면 강하게 느끼고 그 사랑에 설복당하게 된다. 특히 선지서를 읽으면 이런 하나님의 마음을 깊게 느낄 수 있다.

구약성경을 읽으면 누구든지 자기가 죄인임을 고백하게 되고 "화로다 내가 망하게 되었다"고 고백하게 된다. 이것이 성경을 읽는 자에게 주시는 축복이다.

인간이 정말 죄인이고, 나 같은 죄인이 없다고 생각하는 순간 우리는 하나님을 찾게 된다. 하나님의 사랑에 사로잡히게 되고 그 속에서 하나님을 만나게 된다. 어느 누구도 회개 없이 주님을 만나지 못한다. 그러나 회개하는 일은 세상에서 가장 어려운 일 중 하나다. 기나긴 세월을 기다려도 회개하지 않는 사람이 얼마나 많은지 모른다. 하나님을 떠난 결과가 어떤지, 또 자기가 지금 하나님을 떠나 있는지조차 모르는 악한 사람들이 우리 주위에 너무 많다. 이런 사람들에게 구약성경은 자기 자신을 제대로 보게 도와준다. 변증과 논리나 설득을 통해 죄인임을 알게 하는 것이 아니라 이스라엘 백성의 역사적 모델을 통해, 그 안에 존재하는 다양한 많은 사람들의 삶을 통해서 내가 죄인임을 체험적으로 알게 된다.

구약성경은 우리의 진실한 모습이 무엇인지, 나는 과연 누구인지를 분명하게 보여준다. 많은 사람들은 자기 자신이 누구인지도 알지 못한 채 죽어간다. 그들은 죽은 이후에 어디로 가는지조차 모른다. 생각하면 얼마나 안타까운 일인지 모른다. 세상에서 잠시 성공한들, 세상에서 부귀영화를 누리고 장수한들, 자기의 정체성을 모르고 산다면 허무한 인생일 뿐이다. 이런 사람들에게 복음을 전해주는 구약 이야기는 우리 모두가 들어야 할 생명의 소식이다.

구약성경은 해피엔딩이 아닌 좌절과 슬픔과 암흑과 절망으로 마무리 한다. 인간의 힘으로는 아무리 노력해도 안 되는 것임을 이스라엘 백성을 통해 오늘날 우리에게 보여준다. 이런 비참한 인간의 모습에서 벗어나는 길을 이제 하나님이 제시한다. 구원의 길을 어떻게 우리가 얻을 수 있겠는가? 이제 그 새로운 시대의 이야기가 펼쳐진다.

구약 이야기가 1부의 막을 내리고 이제 기쁜 소식을 전해주는 복음 이야기인 신약이 2부의 막을 올린다. 절대 절망이 변해 절대 희망을 갖게 한다. 나의 숨겨진 죄악된 모습을 발견하고 철저히 좌절과 절망을 겪어본 사람만이 예수 그리스도를 진정 만날 수 있다. 그 감격 또한 놀랍다. 물론 그 이후에는 완전히 새로운 인생이 전개된다. 자기를 부인하고 자기를 죽이는 과정을 구약 이야기를 통하여 선물로 받았다면, 이제 희망의 메시지가 신약성경을 통해 열릴 것이다. 계속 이어지는 《이야기 성경관통 신약편》을 기대하며 복음의 놀라운 세계에 참여하는 축복이 모두에게 임하기를 기도한다.

| 이야기 성경관통을 마친 후에 |

(구약 이야기를 잘 이해했는지 스스로 점검하면 성경이 새롭게 정리되며
다음편 신약성경관통을 읽는 데 유익할 것입니다.)

1. 구약의 이야기를 관통하는 핵심 키워드를 순서대로 정리해 보세요.

창조시대 | 족장시대 | 출애굽시대(애굽)

광야시대 | 사사시대

정복시대 | 통일왕국시대 | 분열왕국시대

선지자

단일왕국시대 | 포로시대 | 포로귀환시대

선지자 | 선지자

성 문 서

지혜서/

시가서/

2. 구약 이야기를 관통하는 핵심 키워드를 보고 글로 정리하거나 하나의 이야기로 설명해 보세요[참고, 아삽의 시(시 78편), 베드로 설교(행 2장), 스데반 설교(행 7장)].

3. 서론에 해당되는 창세기 1-11장의 원역사 이야기는 창세기 12-50장의 족장 이야기와 서로 어떤 관계가 있습니까? 이것은 믿음으로 구원받는 우리에게 어떤 의미를 줍니까?

4. 아브라함-이삭-야곱-요셉으로 이어지는 족장 이야기가 오늘 우리에게 주는 교훈은 무엇입니까?

5. 출애굽기-레위기-민수기-신명기는 토라의 내용으로 앞으로 이스라엘의 성패를 결정하는 믿음의 뿌리를 다지는 내용입니다. 어떤 점에서 그런지 이스라엘 역사를 통해서 말해 보십시오.

6. 여호수아-열왕기하까지 이어지는 이스라엘 역사 이야기는 점점 타락해 가는 과정을 그리고 있습니다. 왜 이스라엘 백성이 멸망에 이르게 되었는지 그 원인을 다섯 가지 이상 정리해 보십시오.

1)

2)

3)

4)

5)

7. 하나님이 이스라엘 백성에게 죄의 대가로 주신 바벨론 포로 70년은 이스라엘에게 어떤 유익이 되었습니까? 오늘날 우리에게 주는 의미는 무엇입니까?

8. 이스라엘 백성은 포로귀환 후 심기일전하여 나라를 재건합니다. 포로 이전의 나라 건설과 포로 이후의 나라 건설의 차이점은 무엇입니까? 에스라와 느헤미야의 개혁 노력에도 불구하고 이스라엘은 다시 패망의 길로 가게 됩니다. 왜 그런지 이유를 말해 보십시오. 이것이 우리에게 주는 역사적 교훈은 무엇입니까?

9. 성문서(지혜서와 시가서)를 통해 구약 이야기의 교훈과 적용점을 간략하게 정리 해 보십시오. 구약 이야기는 오늘 우리에게 어떤 유익을 줍니까? 이것은 앞으로 오실 메시아인 그리스도를 만나는 데 어떤 역할을 합니까?

10. 《이야기 성경관통 구약편》을 읽고 공부한 소감과 나의 결단을 적어 보세요.